Einar Schlereth

DIE VERHASSTEN DEUTSCHEN

Einar Schlereth

DIE VERHASSTEN DEUTSCHEN

Die Mär von der deutschen Kriegsschuld am 1. Weltkrieg und vom Holocaust, der zwar stattfand, aber nicht in Auschwitz sondern viel schlimmer in Russland und China.

Woodrow Wilson

Förlag: BoD - Books on Demand, Stockholm, Sverige
Tryck: BoD - Books on Demand, 22848 Norderstedt, Tyskland
ISBN: 978-91-7851-036-8

Ein Geleitwort

Ich bitte euch, sorgsam zu lesen und gerne zu Fehlern kurze Notizen zu machen, wofür ich sehr dankbar wäre. Ihr könnt euch ja denken, welch schweren Entschluss ich gefasst habe.

Ich habe ihn mindestens 10 Jahre mit mir herumgeschleppt, bis ich ihn endlich trotz der Gefahren umgesetzt habe, umsetzen musste.

Dies ist ein *J'accuse* (Ich klage an) in meinem und in meiner Heimat Namen all jene, die am Untergang Deutschlands mitgewirkt haben. Das waren nicht nur Ausländer und ausländische Mächte, sondern auch Deutsche und Agenten. Ein Prozess gegen alle diese Verbrecher würde jeden Rahmen sprengen und wird natürlich niemals stattfinden. Aber er könnte im Stockholm-Format oder Kuala Lumpur-Format geführt werden, wo dann wenigstens die Namen aller Verbrecher der Welt bekannt gemacht würden. Für mich wird es ein Traum, für meine Nachwelt eine Möglichkeit.

Unser Land, mein Land wird seit über 100 Jahren mit Schmutz beworfen, zweimal ins Elend gestürzt, mit Schande übergossen und seiner Rechte beraubt mit einer Intensivität, die unfassbar ist. Aber die gewaltige Mehrheit hat sich daran gewöhnt und buckelt und küsst den Verleumdern noch die Füße. Dass ich die volle Wahrheit erst so spät erfuhr (vor 10 Jahren), hat seine guten und seine schlechten Seiten. Die schlechte ist natürlich, dass sich Lügen, je größer umso mehr, so ewig lange halten können und dadurch ganze Generationen verkrüppeln können und mit einem gediegenen Untertanengeist ausstatten können. (Denkt dran, was Engels zu den Folgen der Bauernkriege gesagt hat).

Die gute Seite ist, dass ich mit dem Alter natürlich einen noch besseren Überblick gewonnen habe. Im Alter von etwa 30 Jahren hatte ich alle Ängste überwunden. Aber als ich mit 70 Jahren anfing nachzudenken, wie ich die Wahrheit ans Licht bringen sollte, hat mich doch immer wieder der Mut verlassen. Denn mir wurde klar, welche Dampfwalze auf mich zurollen wird. Aber ich habe die Feigheit überwunden, was mir, wenn ich ehrlich bin, mein Alter erleichtert hat.

Schließlich habe ich ein Alter erreicht, wo man sein Leben gelebt hat und ich bereit bin, es wenn nötig auch der Wahrheit zu opfern.

Dieses Buch habe ich natürlich auch in der vagen Hoffnung geschrieben, dass der eine oder andere Anwalt, Richter, Intellektuelle oder Politiker auf den Plan tritt, um Anklage zu erheben gegen alle, die den wahren Holocaust verleugnen, um die unschuldig verurteilten Menschen zu rehabilitieren und die Zionisten zur Rückzahlung der erpressten Milliarden € und $ zu zwingen, die ungekürzt an Russland und China gehen sollten.

Klavreström, den 12. November 2018

Inhaltsverzeichnis

Vorwort

„Of the many myths that befog the modern political mind, none is so corrupting of the understanding or so incongruent with historical fact as the notion that the wealthy and the powerful do not conspire. They conspire continually, habitually, effectively, diabolically and on a scale that beggars the imagination. To deny this conspiracy fact is to deny both overwhelming empirical evidence and elementary reason."

[Von den vielen Mythen, die das moderne politische Hirn umnebeln, ist keiner so korrumpierend für das Verständnis oder so unvereinbar mit historischen Fakten, wie die Vorstellung, dass die Reichen und Mächtigen nicht konspirieren. Sie konspirieren ununterbrochen, gewohnheitsmäßig, effektiv, diabolisch und in einem Maße, dass jede Vorstellungskraft übersteigt. Diesen Konspirations-Fakt zu leugnen, bedeutet sowohl die überwältigenden empirischen Beweise, als auch die elementare Vernunft zu leugnen.]

Anthony C. Black in seiner hervorragenden Besprechung von ‚*The Hidden History*'

„Denk ich an Deutschland in der Nacht, dann bin ich um den Schlaf gebracht."

Heinrich Heine „*Nachtgedanken*"

Auf meinem Desktop liegt eine Mappe, in die ich seit zwei Jahren alles hineinwerfe, was mit diesem Thema zu tun hat. Da liegen Bücher, Artikel, Tips, Videos, Ideen. Ein Riesenhaufen und jetzt sitze ich davor und weiß nicht, wie ich anfangen soll. Ob ich überhaupt anfangen soll. Ich mache mir vielleicht fünf Freunde und fünftausend Feinde. Egal, ich habe angefangen.

Die Menschheitsgeschichte wird im Laufe der Jahre immer älter, weil immer wieder noch ältere Relikte von Ur-Menschen gefunden werden. Vor kurzer Zeit ist in Äthiopien ein fast vollständiges Relikt einer nur 1.20 m großen Frau – Adi genannt – gefunden worden, das 4.4 Millionen Jahre alt sein soll. In Georgien fand man einen bislang unbekannten Ur-Menschen, der über 1.8 Millionen Jahre alt sein soll.

Einig sind sich die Wissenschaftler nur in wenigen Punkten. Erstens, dass der Mensch in Afrika entstanden ist und von dort aus sich die Welt eroberte, besser gesagt, sich „erwandert" hat. Wenn jemand, dann waren sie die ersten Entdecker der Welt. Und zwar jeden Winkel der Erde – vom ewigen Eis der Arktis bis hin zu den glühend heißen Wüsten der Kalahari, Sahara und Gobi, vom tibetischen Hochplateau bis zu den Dschungeln Lateinamerikas, Afrikas und Südostasiens. Aber jene ersten Menschen wanderten nicht nur, sondern sie wurden sehr zeitig auch Seefahrer und besiedelten sogar die vielen tausend Inseln in allen Weltmeeren, die ja nur per Boot erreicht werden konnten, eine Leistung, die uns heute noch in Erstaunen versetzt, weil jene Vorfahren nicht nur seetüchtige Fahrzeuge herstellen konnten, sondern außerdem großartige Navigationsmittel erfunden hatten, um selbst die kleinsten Inseln in dem immensen Pazifischen Ozean wiederzufinden.

Diese Periode der „Entdeckungen" - so möchte ich es nennen – dauerte einige Millionen Jahre in einer Periode also, als wir alle schwarz waren. Die Unterschiede der Hautfarbe traten ja erst gerade mal vor 30 000 Jahren auf. Man kann sich fragen, wer diese satanische Idee aufbrachte, nachdem sich die Menschheit in den ersten viereinhalb Millionen Jahren doch ausgesprochen wohl gefühlt hat und außerordentlich erfolgreich gewesen ist. Ohne diesen Schabernack der Natur wäre der Menschheit sehr viel Unheil erspart geblieben.

Wie ich sagen kann, dass sie sich ‚wohlgefühlt' hat? Diese Frage zu beantworten, ist viel einfacher, als man glaubt. Denn die Menschheitsgeschichte zerfällt in zwei völlig unterschiedliche Perioden, in das Matriarchat und das Patriarchat. Die Forschung zum Matriarchat wurde verständlicherweise bisher sträflich vernachlässigt, weil die Männer, die immer noch überwiegend das Sagen haben, am liebsten gar nichts davon wissen wollen und lieber in ihrer äußerst kurzen Patriarchatsgeschichte herumstochern. Aber gleichwohl wurden im Matriarchat, das 99% der Menschheitsgeschichte ausmacht, einige sehr wichtige Entdeckungen und Erfindungen gemacht, wie etwa Marija Gimbutas (eine litauisch-amerikanische Historikerin) herausfand. Sie wird von vielen Frauen verehrt, weniger von Männern. Aber ich halte viel von ihr, auch wenn ich nicht Experte bin. Aus jener Zeit wurden **keine** befestigten Städte und Siedlungen gefunden, **keine** Mauern mit Zinnen und Türmen, **keine** Schwerter und Rüstungen, was nur heißen kann, dass diese Dinge im Matriarchat überflüssig waren. Hierzu noch ein Zitat von der Webseite der ‚Internationale Akademie HAGIA'

„Die Moderne Matriarchatsforschung erforscht die matriarchalen Gesellschaften weltweit. Die Aufmerksamkeit gilt sowohl diesen Gesellschaften in der Vergangenheit und den heute noch existierenden Gesellschaften in Asien, Afrika, Amerika und dem Pazifischen Ozean.

Matriarchale Gesellschaften sind keine Umkehrung des Patriarchat mit Frauen statt Männern an der Spitze. Stattdessen zeigen sie sich alle als egalitäre Gesellschaften, in denen die Geschlechter und Generationen gleichwertig zusammenleben. Das heißt, sie kennen keine Klassen, Hierarchien und keine Herrschaft des einen Geschlechts über das andere.“ (Dr. Heide Göttner-Abendroth)

Ich stelle mir das als Goldenes Zeitalter vor. Es gab natürlich noch nicht diese unüberschaubaren Menschenhorden wie heute, sondern die Menschen lebten verstreut, aber von ständiger Neugier getrieben. Sie wollten wissen, wie es jenseits der Horizonte aussah. Und ich denke, dass sie immer froh und glücklich waren, wenn sie auf ihresgleichen in den endlosen Weiten Afrikas, Europas, Asiens und natürlich Amerikas stießen, die sie mindestens ein paar hunderttausend Jahre vor Kolumbus, vor den Wikingern und vor den alten Ägyptern entdeckt hatten. Dass sie sich nicht sofort an die Gurgel gingen, sondern dass man seine Erfahrungen austauschte über neue Früchte, Wurzeln und Knollen, über Mittel und Werkzeuge, die das Leben vereinfachten, dass sie sich über gute Wohn-, Jagd- und Fischplätze austauschten, dass sie immer Neues voneinander lernten, sich liebten und vielleicht gemeinsame Projekte anpackten. Sie hatten keine großen Besitztümer, sie brauchten keine Angst haben, ausgeraubt zu werden, wofür sie wahrscheinlich noch nicht einmal Worte hatten.

Da der Mensch in Afrika entstanden ist, gedieh dort auch zuerst die Kultur und zwar in Ägypten. Das wird seit Ende des 2. Weltkrieges vehement bestritten und umgelogen. Da nicht sein kann, was nicht sein darf. Eine schwarze Kultur aus Schwarz-Afrika? Unmöglich. Für Herodot und alle gebildeten Griechen war es völlig klar, dass die Kultur aus Ägypten kam und sie reisten dorthin, um sich die ersehnte Bildung zu erwerben. Und die Ägypter selbst betonten immer, dass ihre Kultur aus dem Süden, dem Sudan stammt, wo auch die Heimat der Pyramiden ist. Champollion d. J. fing schon mit dem Verdrehen und Umbiegen an, was dann von seinen Jüngern fleißig nachgeahmt und fortgesetzt wurde.

Inzwischen ist man mit dem Lügen so weit gekommen, dass man in der ganzen Welt drei Stellen „gefunden" hat, wo die Landwirtschaft entstanden sei. Vor allem im Halbmond zwischen Euphrat und Tigris (weil das ein bisschen näher beim lieben Jesulein liegt) und dort Semiten lebten und keine Schwarzen. 1956 hat die Büchergilde Gutenberg ein Buch herausgegeben von Heinrich Eduard Jacob: „6000 Jahre Brot". Und wo ist Brot in Dutzenden verschiedenen Sorten erfunden worden? In Ägypten, wo es wahrscheinlich ganz ohne Landwirtschaft vom Himmel gefallen ist.

Und zweitens gibt es ein großartiges Standard-Werk von „*The African Origin of Civilization*" (Der afrikanische Ursprung der Zivilisation, Lawrence Hill & Co, Westport, 1974), dessen Thesen auf einem internationalen Historiker-Kongress in Kairo in den 60-er Jahren anerkannt wurden. Anta Diop, 1923 im Senegal geboren, hat sich auch eingehend mit den Betrügereien und Lügen der Weißen befasst. Als in dem heutigen Irak angeblich die Landwirtschaft erfunden wurde, war der Halbmond eine ägyptische Kolonie. Auf den Tempeln kann man all die Barbaren-Völker fast als fotografische Abbildungen finden, die ständig in Ägypten eingefallen sind und immer wieder geschlagen wurden: Germanen, Semiten, Assyrer, Hetiter, libysche Völker etc. Ich wollte hier ein Foto einfügen, aber solche Bilder finden sich nicht unter den tausenden Abbildungen auf Google. So typisch. Aber die Weißen mit ihren Komplexen müssen zwanghaft lügen und alles verdrehen, bis es in ihre Theorien hineinpasst. Das Matriarchat hat es ihnen zufolge ja auch nicht gegeben.

Sodann kam also das Patriarchat. Und das war ein langer Kampf, der in die Mythologie vieler Länder eingegangen ist, wo am Ende immer die Herren Götter siegen. Und das Ganze wird natürlich in sehr schönen Farben gemalt und wortreich ausgeschmückt. Stattdessen muss es mit reichlich viel Gewalt vor sich gegangen sein, als die Herren der Schöpfung den Frauen zeigten, wo es lang geht. Das war mit Sicherheit der Anfang der Vergewaltigung, des Verprügelns und – des Einsperrens (im Haus oder in Gewänder), was ja mehr oder weniger heute noch in vielen Ländern üblich ist. Und da man schon dabei war, die Frauen zu unterjochen, wurden nach und nach auch Männer, schwächere und kleinere Menschen ins Joch gebracht, um für die Starken, die Tüchtigen, die Herren zu arbeiten. Dadurch wurde Reichtum angehäuft; Diebstahl, Mord und Totschlag kamen in die Welt, nach und nach auch Staatsgründungen, von dem Stadtstaat bis zum Territorialstaat, der mit der Zeit immer mehr anwuchs, wozu Bürokraten, Schergen oder Polizisten, Gesetze und Gefängnisse geschaffen wurden, die den Menschen das Leben richtig sauer machten.

Er wuchs derart an, dass sich der eine oder andere Staat zu Imperien entwickelte. Aber nur in Europa, Vorder-, Zentral- und Südasien und später mit der Dépendance in Nordamerika. Ende des Mittelalters/Beginn der Neuzeit gelang den Europäern mit ihrer „Friedensreligion“ ein EINZIGER großer

Vorsprung vor allen anderen Hochkulturen: In der Waffenindustrie. Dies ermöglichte die Unterdrückung anderer Länder und Völker und auch die Erpressung, Ausbeutung und Plünderung ihrer Reichtümer und Schätze. Diese Imperien wuchsen derart, dass in ihnen die Sonne nicht unterging – wie in Spanien und in Großbritannien – die also Besitzungen rund um die Welt angesammelt hatten. Natürlich wurden dadurch das Morden von Mal zu Mal schlimmer und umfassender. Die Spanier schafften es allein mit gediegener Hand-Arbeit in knapp einem Jahrhundert ca. 60 Millionen Menschen auf die brutalste und abscheulichste Weise umzubringen, worauf sie mächtig stolz waren, weil es zu Ehren ihres Gottes geschah. Weißen aus aller Herren Länder – vor allem Skandinavien, Großbritannien, Deutschland, Italien, Russland – gelang es, nochmal dieselbe Menge in Nordamerika zu liquidieren, weil sie dringend deren Land brauchten mit allen seinen Bodenschätzen. Allein durch die unermesslichen Mengen Gold, Silber, Diamanten und anderer Edelsteine, die in den beiden Amerikas, in Afrika, Asien, Australien zusammengestohlen wurden, gelang es Europa, eine sprunghafte Entwicklung in allen Bereichen der Technik, Agrikultur und der Wissenschaften zu machen.

Natürlich kam es beim Aufteilen der Beute zu ständigen Keilereien, kleinen und großen Kriegen zwischen den Mächten, was man durch Schlichtungsversuche verhindern wollte. So griff der Papst in den Streit zwischen Portugal und Spanien ein, wobei er den Spaniern das Land vom Kap der Guten Hoffnung bis nach Kalifornien/Mexiko zusprach und das riesige Brasilien den Portugiesen. Später fand 1884 in Berlin eine große Afrikakonferenz statt, wo die Kolonialländer den

Kontinent unter sich aufteilten – ohne die Anwesenheit eines einzigen Afrikaners, versteht sich.

Und nur **sieben Jahre später** trafen sich in einem Londoner Hinterzimmer drei Leute, von denen einer eine glorreiche Idee hatte, und das war Cecil Rhodes , einer der ganz großen Räuber, der es durch Gewalt und List und Tücke schaffte, das halbe Afrika für sich und seine Queen Victoria an sich zu reißen – was ihm aber nicht reichte. Er wollte keinen Zank und keinen Streit, endlose Auseinandersetzungen in so vielen verschiedenen Sprachen. Er wollte **EIN WELTREICH**, mit EINER Regierung, EINER Währung, EINER Sprache, EINEM Glauben und vor allem mit nur EINER herrschenden Rasse, der weißen anglo-sächsischen Rasse. Sein Traum war der Griff nach der **WELTHERRSCHAFT**.

Bei allen Kriegen seither ging es nur um eine Sache: Um die absolute Macht in der ganzen Welt. Alle diese Kriege – darunter der 1. und 2. Weltkrieg – haben hunderte Millionen an toten Menschen gefordert, von weiteren hunderten Millionen Krüppeln ganz zu schweigen. (Darüber gibt es die umfassenden und genauen Aufstellungen von dem Australier Dr. Gideon Polya, der in 50 Jahren über 130 Bücher schrieb, wie etwa „Body Count. Global avoidable mortality since 1950“ [Melbourne, 2007]. Er hat nicht nur die tatsächlichen, direkten Todeszahlen aufgelistet, sondern auch die nachfolgenden, durch Hunger, Elend, Seuchen und Krankheiten verursachten Toten UND auch die durch all die Toten verloren gegangenen Generationen. Und da kommen MILLIARDEN Tote zusammen.)

Ich beschränke mich hier auf einen Zeitraum von 120

Jahren, was aber im Grunde auch nur mit Stichworten geschehen kann, weil es auf keine Weise zwischen zwei Buchdeckel gepresst werden könnte. Vor allem aber will ich damit 2 ganz große Lügen richtigstellen, die schon im Titel genannt wurden. Diese Richtigstellung der ganz großen Lügen scheint in der Luft zu liegen. In England erschienen wichtige Texte von Docherty und Macgregor, die in den USA gerade vom Corbett Report publiziert wurden (auf YouTube sind mehrere Videos mit Docherty & Macgregor zu finden) und gestern hörte ich Dr. Holger Strohm eine Rede in Hamburg halten, bei der man hätte meinen könnte, dass er aus diesem noch nicht veröffentlichten Buch zitiert. Er hat dort öfters Reden zur nicht vorhandenen Kriegsschuld der Deutschen an beiden Weltkriegen gehalten, die alle auf Videos festgehalten wurden. Doch leider werden sie ständig gehackt und gelöscht.

Weil das Thema äußerst toxisch ist und ich mit den wüstesten Beschimpfungen rechnen muss, will ich damit anfangen zu zeigen, wie ich mich aus nachtschwarzer Unwissenheit und der angeborenen Blödheit, die durch Elternhaus und Schulen verstärkt wurde, langsam und mühselig befreit habe. Dass wir auch in den Schulen auf den Arm genommen wurden, wurde mir als einem der Wenigen natürlich erst viel später und nach und nach klar. Unsere Eltern hielten den Mund, da sie sich ihn einmal verbrannt hatten und das ihrer Meinung nach reichte. Es hat mich später oft zu Raserei und Wutausbrüchen gebracht, wenn ich feststellen musste, dass ich wieder einer Lüge aufgesessen war. Ja und dann ist es ja so, dass du mit deinem jeweils neuesten Fund, den du gründlich durchdacht hast, als Idiot hingestellt wirst oder noch schlimmer – als Verschwörungstheoretiker.

Dann tröste ich mich mit Karl-Heinz Deschner, der in seiner ‚Kriminalgeschichte des Christentums' (1986 kam der 1. Band, dem regelmäßig weitere Bände beim Rowohlt Verlag folgten mit jeweils ca. 700 Seiten; gibt es alle zusammen inzwischen auch als DVD.) tausende und aber tausende Lügen entlarvte, womit er zeigte, dass die gesamte Kirchen-Geschichte von A bis Z eine einzige Lüge war und die Kirche die größte organisierte Mafia der Weltgeschichte ist. Es hat ihm viele Feinde, aber auch viele Freunde verschafft. Und am Ende mussten sogar Bischöfe und andere hohe kirchliche Würdenträger ihm bescheinigen, dass er leider Recht habe.

II Erkenntnis-Schwierigkeiten

Verzweifelt versuche ich zu rekonstruieren, wie das bei uns zuhause eigentlich gewesen ist. Wann und wie ich tatsächlich ein politisches Bewusstsein erlangte. Ich habe oft das Gefühl, dass die Zeit im Elternhaus ein dumpfes Vor-mich-hin-Brüten im dichten Nebel war. Nach meiner Selbstanalyse, die ich 1956 bei Beginn meines Studiums der Romanistik/ Anglistik in Hamburg begann und die einige Jahre andauerte, habe ich das Thema ZUHAUSE gefühlsmäßig abgeschlossen und habe den Schlüssel weggeworfen, quasi ein neues Leben begonnen. Sagen wir mal, dass vieles einfach auf Eis gelegt wurde, allerdings keine wesentlichen Fragen.

Wenn ich dann intensiv nachdenke, fallen mir doch eine Reihe Schlüsselerlebnisse ein, schon aus dem 7. und 8. Lebensjahr. Das erste Erlebnis ist kurz vor der Abfahrt von Schloss Bristow inmitten von Mecklenburg-Vorpommern gewesen, wo ich als kleiner Knirps ein Gespräch meines Vaters mit dem Grafen von Bassewitz auf der Freitreppe mithörte und nie vergaß. In der Ferne hörte man schon die russischen Kanonen. Es war gerade Roosevelt gestorben „… und jetzt ist der Truman am Ruder, der die Russen hasst. Also werden wir jetzt mit den Amerikanern zusammen gegen die Russen ziehen. Und dann gewinnen wir den Krieg doch noch." Wer was sagte, ist mir nicht mehr in Erinnerung. Wahrscheinlich mein Vater. Der konnte alle immer an die Wand reden (s. hierzu S. 95 „Churchill and the Unthinkable" S. 95). Kurz danach mussten wir Schloss Bristow in einem endlosen Konvoi verlassen, der aus Pferde- und Kuh-Fuhrwerken und Menschen mit Leiterwagen oder zu Fuß und nur mit einem Rucksack bestand, in Richtung Schwerin.

Unterwegs wurden wir in einem Warteraum eines Bahnhofs mit Dutzenden anderen Menschen für die Nacht einquartiert. Es war schon dunkel, bis auf zwei Glühlampen, die im Wartesaal von der Decke baumelten. Da ging die Tür auf und sofort wurde geflüstert: „RUSSEN!" Und dann herrschte Totenstille. Wir – d. h. die Mutter mit dem 2 Monate alten Baby im Arm, Vater, meine Schwester (5) und ich (7) – saßen in der Ecke an der Seite, wo am anderen Ende sich der Eingang befand. Die meisten Leute hatten sich schon schlafen gelegt. Die beiden Russen kletterten vorsichtig über alle Schlafenden und kamen schnurstracks auf uns zu und gaben meiner Schwester und mir jeder einen Riegel Schokolade, machten kehrt und kletterten ebenso vorsichtig wie vorher wieder über alle die Schlafenden und verschwanden ohne ein einziges Wort. Das waren also die ‚bösen Russen'. Weder Vater noch die Mutter haben einen Pieps gesagt.

Das zweite Erlebnis fand in Bad Neustadt statt, genauer in Bad Neuhaus – der eigentliche Kurort – auf der anderen Seite der Fränkischen Saale, wo wir unterhalb der alten Kaiserpfalz in einem 20 qm Zimmer eines alten Hauses mit 5 Personen wohnten und auf der Burg oben der Freiherr von und zu Guttenberg wohnte, der allerdings Anfang 1945 von einem SS-Kommando erschossen worden war wegen Mitgliedschaft im Widerstand. Irgendwann hatte ich die falsche Auskunft erhalten, dass dort der spätere Adenauer Intimus Guttenberg gewohnt hatte, der Ende der 40-er Jahre schon Milliardär war, wie Bernt Engelmann in „Meine Freunde, die Millionäre“ (1963) schrieb. Aber das war einer aus der weit verzweigten Familie Guttenberg. Das Schlosshotel und alle schönen Villen waren von der US-Army beschlagnahmt worden. Ich lernte einen US-Soldaten kennen, der im Rückblick kein einfacher Soldat war, sondern ein soignierter, gebildeter und sehr höflicher Mann. Also ein Offizier, der mit Sicherheit Deutsch sprach, denn mit den paar Brocken Englisch, die wir aufgeschnappt hatten, hätten wir uns kaum miteinander unterhalten könnten. Wir trafen uns 2-3 Male. Er fragte mich aus über mich und meine Familie. Wir spazierten auf den kleinen Waldwegen oberhalb des Kurortes und er erzählte auch von seiner Heimat und von seiner Frau. Und berichtete, dass sie leider keine Kinder hätten und er mich daher gerne mitnehmen würde. Aber ich sollte unbedingt zuerst meine Eltern fragen. Ich hatte nichts dagegen, denn in meinem Zuhause fühlte ich mich ungeliebt und bekam auch regelmäßig Prügel. Ich rannte also nachhause und berichtete atemlos alles haarklein und glaubte allen Ernstes, sie würden froh sein. Weit gefehlt. In dem engen, kleinen Zimmer stand ich direkt neben meinem Vater – er schnappte mich und verprügelte mich nach allen Regeln der Kunst.

Viel viel später bin ich ihm für die Prügel dankbar gewesen, als ich später überlegte, was wohl dort drüben aus mir geworden wäre. Wahrscheinlich eine Leiche in Vietnam. Oder ein richtiger Yankee – was ebenso übel gewesen wäre, als wenn

„WIR“ den Krieg gewonnen hätten. Aber ich bin sicher, dass jener Offizier ein anständiger Kerl war.

Nun will ich rekonstruieren, wie das wirklich zuhause war. War da wirklich nichts? War da nur Leere? Ja, es gab keinerlei Diskussionen, die den Namen verdienten, so viel ist richtig. Es gab auch keine Erinnerungen der Eltern, die sie an uns hätten vermitteln können, aber uns nicht weitergeben wollten. Über die Vergangenheit wurde aus lauter Vorsicht so gut wie nie gesprochen. Auch keine Andeutungen. Keine Witze über die Vergangenheit – ich erinnere mich an nichts dergleichen. Bei uns wurde nicht diskutiert. Nicht über die Gegenwart, nicht über die Vergangenheit, nicht über die Zukunft. Die Vergangenheit wurde abgeschlossen, als ich in Schwerin, wo alle alliierten Truppen aufeinandergestoßen waren, zum Einkaufen in einen Laden geschickt wurde und mir eingeprägt wurde: „Heb‘ bloß nicht die Hand zum Hitler-Gruß! Verstanden? Mach‘ uns nicht unglücklich!“ Das muss meine Mutter so suggestiv gesagt haben, dass diese mechanische Geste automatisch abgestellt wurde.

Normalerweise bieten sich die Mahlzeiten für Gespräche an. Nichts da. Machte man das Maul auf (der ‚man‘ war zu 95 % ich), dann bekam man/ich also eins aufs Maul und zwar richtig mit der rechten Rückhand meines Vaters, was saumäßig schmerzte. „Beim Essen spricht man nicht.“ Basta. Nach dem Essen verzog sich mein Vater stante pede in sein Arbeitszimmer, wo er täglich einen Stapel Post fertig machte, Bestellungen von Buchhandlungen, Artikel, Briefe an Verlage etc. Und ich musste jeden Tag die Post zum Bahnhof oder zur Hauptpost bringen.

Meine Mutter widmete sich ihren Liebesromanen und

gleichzeitig strickte sie Pullover, Socken, Handschuhe etc. Das nötigte mir Bewunderung ab, zumal sie ja gleichzeitig noch die Maschen zählen musste. Wenn's spannend wurde, dann verzählte sie sich schon mal. Es wurden zu viele oder zu wenige Maschen und dann musste sie mühsam alles nachzählen. Und der Haushalt, Wäsche etc.? Also ich weiß, dass der Großteil der Hausarbeit an mir hängen blieb. Mein Vater hatte seine Arbeit und außerdem nur ein Bein und meine Mutter und die älteste Schwester waren ja krank! Die Schwester hatte ihre schwere Diabetes und die Mutter hatte alles – nun ja, ich will nicht ungerecht sein, da sie wirklich nach meiner Geburt eine totale Lähmung erlitt, die durch Elektro-Schocks in Königsberg nach ziemlich langer Zeit geheilt wurde. Aber ich hatte sie im Verdacht, dass sie das auch im nachhinein waidlich ausnutzte. Sie durfte nicht überanstrengt werden – es reichte nur, um das Mittagessen zuzubereiten, das leider oft anbrannte – die Liebesromane! – und den verbrannten Scheiß musste ich dann rauskratzen, das war meine Aufgabe. Das Putzen und die Wäsche erledigte eine Frau, die einmal in der Woche antrat. Intellektuelle Herausforderungen gab es also weder zuhause noch in der Schule.

Mein Vater schrieb regelmäßig für die ‚Quelle', die Hauspostille der Ludendorffer, was eine Art von Religionsgemeinschaft war, gegründet von der Dr. Mathilde Ludendorff. Das war Pflichtlektüre bei uns, aber sie wurde kaum gelesen, weil mein Vater es nicht überprüfte oder mit uns diskutierte. Dunkel erinnere ich mich, dass die Mathilde nicht gut auf die Juden zu sprechen war. Deswegen wurde wohl auch das Blatt in Bälde verboten. Die Mathilde schrieb viel darin, vor allem über „das Gute, Schöne und Wahre", was mich eine Weile in den Bann zog.

Doch an einen Artikel erinnere ich mich ziemlich genau. Ein langer Hetzartikel gegen Russland, den ich dann ab- und umschrieb und als Vortrag im Gymnasium benutzte, was in der 8. oder 9. Klasse gewesen sein muss. Ich weiß auch noch, dass unser Rektor, Dr. Eberwein, ein deutscher Jude (der während der Hitlerzeit in die USA geflüchtet war und als ‚Direktor' zurückkam), bei dem wir Deutsch und Englisch hatten, meinen Vortrag über den grünen Klee lobte, was mir außerordentlich peinlich war, da ich ihn ja hauptsächlich abgeschrieben hatte.

Das passierte mir im übrigen noch ein 2. Mal, wieder von einem Rektor, und zwar dem Boss der Hamburger Uni Prof. Schiller und späterer Finanzminister. Ich hatte zwei Semester Russisch gemacht und war Mitglied im Studententheater. Da hatte sich einer einen Sketch zur Verspottung der Russen ausgedacht. Und das sollte ich vortragen, weil ich so einen prima russischen Akzent drauf hatte. Habe Null Ahnung, um was es ging. Dem tosenden Beifall nach zu schließen, in dem größten Saal des größten Luxushotels in Hamburg, wurden die Russen ins Lächerliche gezogen. Schiller kam an, haute mir ins Kreuz und zog mich an die Bar. Darauf müssen wir einen trinken, meinte er. Tja, ich hätte nur auf dieser Schiene weiter arbeiten müssen, dann wäre ich sicher irgendwann Chefredakteur geworden.

Aus der Bibliothek meines Vaters las ich einige Bücher über Afrika, von ‚Forschern' und Kolonialisten und über Koltschak, General Wlassow etc. in Russland, die mir alle nicht gefielen. In den Afrika-Büchern siegten immer die Weißen und in Russland, ja, da siegten auch immer die Weißen. Und das hasste ich geradezu. Meine Sympathien lagen aus unerfindlichen Gründen immer bei den Schwarzen und in Russland bei den Roten.

Das Gymnasium war eine Katastrophe. Es gab EINEN ausgezeichneten Lehrer, den wir durch die Bank alle liebten und den wir zuerst im Englisch-Unterricht hatten, als die Schule wieder mal umgestellt wurde. Wir hatten für jeden Jahrgang zwei Parallellklassen – eine, die mit Englisch anfing und die andere, die mit Latein begann. Ich nahm die Englisch-Klasse, wo nach drei Jahren Französisch-Unterricht dazu kam, und bei erneuter Umstellung, bei der unsere beiden Klassen zusammengelegt wurden, hatte es zur Folge, dass wir von der 6. bis zur 9. Klasse, in drei Jahren also, das große Latinum, resp. unsere Parallellklasse den gesamten Stoff im Französischen nachholen mussten. Nach dem prima Lehrer bekamen wir den Direktor Eberwein in Englisch und der brachte es fertig, unsere Klasse in den Dutt zu fahren. Im Abitur gab es EINE Zwei für den Klassenbesten, der eigentlich immer nur Einsen hatte, zwei mal die Drei – eine davon hatte Freund Heinrich und die zweite ich – und der Rest waren vierer und fünfer. Dem Direktor wurde danach untersagt, jemals wieder eine Abiturklasse in Englisch zu unterrichten, was wir alle mit großer Genugtuung aufnahmen.

In der Geschichte war 1920 das Ende gekommen – also lange, bevor Francis Fukuyama es 1992 verkündet hat. Da hatten wir einen ultra-Katholiken, von dem wir EINEN Satz über Marx hörten: Der Marx hat sich irgendwann bei der *New York Times* beworben und wurde abgelehnt und aus Wut hat er das Kapital geschrieben. Hahaha – na klar, weil wir ja alle dumm wie die Nacht waren und noch blöder gemacht wurden. In Deutsch war ebenfalls nach dem 1. Weltkrieg das Ende der Fahnenstange. Wir hörten nie etwas von Bert Brecht, Heinrich Mann, Kurt Tucholsky, Carl v. Ossietzky etc. pp.

Die ganze Hitlerei fiel unter den Tisch. Auch Juden waren kein Thema. Ich habe lange überhaupt nichts darüber gewusst. Ab und zu hörte man mal `nen blöden Judenwitz, von Schülern, nicht von Erwachsenen.

Es wurde hin und wieder sogar noch geprügelt, allerdings ist es in unserer Klasse nie vorgekommen (abgesehen von einem Vorfall, bei dem wir den Klassenraum räumen mussten, aber unser Lehrer war mit dem Thema nicht ganz fertig und sagte einem langen Lulatsch, er möge noch einen Moment warten. Als er zum 3. Mal die Tür aufriss und reinkam, machte unser drahtiger, sehr kleine Sportlehrer einen Tigersprung und scheuerte dem langen Kerl eine, dass der rückwärts aus der Klasse flog).

Als Tageszeitung gab es in Bad Neustadt a. d. Saale die ‚Rhön- und Saalpost', gemeinhin Stöhn- und Qualpost genannt. Das Meiste interessierte mich nicht, aber am Wochenende gab es Beilagen über Länder der 3.Welt (die es damals allerdings noch nicht gab – nicht als Begriff jedenfalls) und die sammelte ich eifrig und außerdem schnitt ich Artikel über den Koreakrieg der Amerikaner und den französischen Indochinakrieg aus und klebte sie in Hefte. Mit der Zeit entdeckte ich, dass mein Großvater in seiner Bibliothek interessante Bücher hatte, viel spannendere als mein Vater. Z. B. eine schöne illustrierte Jules Verne Ausgabe, von der mir „20 000 Meilen unter dem Meer" und der Folgeband „Die geheimnisvolle Insel" am besten gefielen. Vom Großvater erfuhr ich auch, dass es sich bei dem Kapitän Nemo in Wirklichkeit um den ersten großen indischen Freiheitskämpfer Prinz Dakkar handelte. Dieser Freiheitsheld wurde dann die Hauptfigur in den 2 Bänden von Sir John Retcliffe „Nena Sahib“, der aber Deutscher war und den Namen nur annahm, um größeren Erfolg zu haben. Und den hatte er. Der Monsterroman hatte aus den unterschiedlichsten Milieus 5 oder 6 Buchanfänge. Er beschrieb minutiös die kolossalen Verbrechen der Engländer, wie umgekehrt die Engländer sehr gute Bücher über die Verbrechen der deutschen Kolonialisten schrieben. Aber über die eigenen Verbrechen behielten sie alle Stillschweigen oder sie lobten sich selbst über alle Maßen. Und beim Opa fand ich auch die Bücher von Heinrich Barth, der größte und wirkliche Afrika-Forscher, der kein Rassist war wie alle die anderen. Ein universal gebildeter Mann, befreundet mit Alexander und Wilhelm v. Humboldt, mit Goethe und vielen mehr. Dazu gehören auch wieder viele Geschichten, die ich hier aber nicht ausbreiten kann. (Seine Reisen und Entdeckungen in Nord- und Centralafrika. 5 Bände. Gotha 1855–1858“ erschienen einmal in kleiner Ausgabe. In Afrika wird er bis heute sehr verehrt.)

Ich kann sagen, dass eigentlich alles, was außerhalb der Schule stattfand, für mich viel wichtiger war. Etwa, dass ich die Gegend in einem Umkreis von 5 km sehr genau erforschte. Nach Essbarem und Brennbarem. Die ersten Jahre bis zur Währungsreform waren ja nicht einfach. Lebensmittel waren rationiert, d. h. man brauchte für alles Essensmarken, was auch zu lebhaftem Tausch führte. So wurde bei uns nicht geraucht und nicht getrunken und die Marken konnten eingetauscht werden gegen Zucker, Fleisch, Milch etc. Aber wir waren 5 Personen und hatten eigentlich immer Hunger. Es ging so weit, dass wir Eicheln leicht in der Backröhre rösteten, um die Bitterstoffe etwas zu dämpfen, aber sie schmeckten trotzdem teuflisch. Heizungsholz wurde zugeteilt und reichte auch nie. Also ging ich im Wald sammeln, aber man durfte keine trockenen Äste abreißen, nur vom Boden Holz und Zapfen auflesen. Die Wälder sahen aus, als wäre jemand gründlich mit dem Staubsauger durchgegangen. Das Haus, in dem wir wohnten, stand ganz dicht am Berg zum Wald, wodurch es einfacher war, auch etwas „herauszuschmuggeln". Beim Obst ergab sich ein anderes Problem. Als erstes bleute mir mein Vater ein, dass ich bei den Bäumen an der Landstraße nur Obst vom Boden auflesen durfte. Von wegen. Ich hielt mich daran, bis ein paar Bauern kamen und uns mit der Mistgabel jagten. Tja, wenn das so war, dass diese Kerle einem nicht einmal das Fallobst, das sie selbst niemals aufsammelten, gönnten, dann mache ich es anders, dann pflücke ich es eben. Dabei lernte ich exakt, wann und wo Äpfel, Birnen, Pflaumen, Kirschen reif wurden. Da war ich zur Stelle und versorgte die ganze Familie. Und es ging immer gut. Ein paar Male war es sehr knapp, aber ich war ein guter Läufer. Massenhaft Pilze sammelten wir auch und natürlich auch Blaubeeren und sogar Bucheckern.

Dann gab es meinen einzigen richtig guten Freund Heinrich, der bei uns am Rande des Städtchens ein paar Häuser weiter wohnte. Wir klauten und lernten zusammen und sorgten im Städtchen auch für Aufregung. Von der Landstraße nach Königshofen aus konnte man weit unten am Saale-Fluss doch regelmäßig Nacktbader entdecken. Aber zwischen Straße und Fluss lagen mindestens 1000 m Wiesen und Felder und die

Bahnlinie nach Königshofen, weshalb keine Chance bestand, uns jemals zu erwischen. Das sprach sich bis zum Gymnasium herum und es wurden Anschläge angebracht mit „Das Nacktbaden ist strengstens verboten!“ Dies Geheimnis gaben wir allerdings nie preis. Die Stadt war so stramm katholisch und so prüde, dass Schüler, die küssend hinter der Stadtmauer angetroffen wurden, gnadenlos von der Schule gejagt wurden. Eigentlich durften wir mit Heinrichs Familie nicht verkehren. Deren Vater war Gauleiter gewesen und hatte nicht wie meiner einen der berühmten Persilscheine erwischt. Er bekam einige Jahre Erziehung in ‚Sachen Demokratie‘. Der eigentliche Grund für das Verbot, mit ihnen umzugehen, war wohl, dass sie noch ärmer als wir waren. Das Ergebnis des Verbots war, dass jeder von uns Geschwistern das Pendant bei den Baers hatte und der zweitälteste Bruder Heinrichs am Ende meine Schwester heiratete, die auf der Flucht geboren worden war.

Außerdem schrieb ich insgeheim Gedichte. Das war supergeheim. Habe ich zuhause niemandem erzählt. Und ich kam durch meine Kontakte mit einfachen Menschen, auch Bauern auf einige eigene Gedanken, die eigentlich sozialistisch waren. Dabei gab es niemanden in der Stadt, der davon sprach, auch keine Bücher, aus denen ich so etwas hätte aufschnappen können. Z. B. der Grundsatz, dass Arbeit nach Zeit bewertet werden und die Stunde gleich für alle bezahlt werden müsste. Nicht nur gleichen Lohn für gleiche Arbeit, sondern gleichen Lohn für jede Stunde Arbeit, egal welche, wobei besonders schwere Arbeit natürlich einen extra Obolus verdient.

Außer Heinrich hatte ich noch einen Freund, Dieter Lenk, mit dem ich philosophische Probleme wälzen konnte. Wir diskutierten etwa „Zum ewigen Frieden“, die berühmteste Schrift von Kant, die direkt oder indirekt Vorbild für die Charta der Vereinten Nationen werden sollte. Es verblüfft mich jetzt, dass ich damals schon meine wichtigsten Themen gefunden hatte: Frieden, Gerechtigkeit, Liebe, Literatur und Sozialismus oder sagen wir mal, weniger großspurig, soziales Denken. Und das in einer extrem feindlichen Umwelt. Leider war Dieter Lenks Vater auch bei Siemens angestellt und diese Ingenieure wurden dauernd versetzt.

Wieso feindlich? Nun, mit meiner Mutter stand ich seit dem sechsten Lebensjahr auf Kriegsfuß und mit dem Vater erst etwas später – nach der Flucht. Das entwickelte sich in Bad Neustadt, wo sich für ihn immer Gelegenheiten ergaben, mich zu verprügeln, denn er lebte und arbeitete ja zuhause. Manchmal zu Recht, oft zu Unrecht. Häufig hatten meine jüngeren Schwestern Schuld, die als Lieblinge vom Vater diesen Vorteil waidlich ausnutzten. Wenn ihnen was nicht passte, schrien sie, die Tür ging auf, der Vater griff mich und ich bekam eine Abreibung. Weil ich der Älteste war und ich die Verantwortung tragen sollte. Aber es kamen dann ja noch die Prügel hinzu, die ich außerhalb des Hauses bekam, weil wir waschechte Heiden waren. Ich bekam von halbwüchsigen Mädchen Prügel, weil ich nicht in die Kirche ging. Mir lauerte auf dem Heimweg von der Schule eine ganze Gruppe von älteren Lümmeln auf, die über mich herfielen. Aber ich wehrte mich immer wie ein Berserker. Dabei ging das eine oder andere Kleidungsstück kaputt und sogar mal ein Schuh. Das war natürlich in den schlechten Zeiten immer katastrophal. Aber schließlich war es nicht meine Schuld. Trotzdem bekam ich zuhause die nächsten Prügel, weil ich selbstverständlich auch Schuld hatte.

Dabei lernte ich einige wichtige Lektionen. In der Volksschule griff mich auf dem Nachhauseweg ein Kerl an, den ich schnell auf den Rücken legte, auf ihm saß und seine Arme festhielt. Ich hatte gelernt, dass man jemanden, der liegt, nicht prügelt. Also ließ ich ihn los und stand auf. Er auch und haute mir eins in die Fresse, dass mir ein Zahn rausflog. Das war mir eine Lehre. Von da an drosch ich auf alle so lange ein, bis ihnen gründlich die Lust auf mehr verging. Aber auch am Gymnasium bekam ich noch reichlich Dresche, weil ich der Jüngste war. Kriegsbedingt waren die Ältesten 3-4 Jahre älter. Also wenn einer 17 ist und du bist 13, dann hast du keine große Chance. Aber mit 15 Jahren hatte ich meine Größe und Stärke und nahm an allen bei passender Gelegenheit süße Rache und dann war endlich Ruhe. Seither habe ICH nie mehr Prügel bekommen, sondern immer nur die anderen.

Es ist ja erstaunlich, dass ich trotz alledem an meinen oben genannten Prinzipien festhielt und sie langsam, aber stetig weiterentwickelte. Woher nahm ich die Energie, die innere Stärke, mich nicht kleinkriegen zu lassen, obwohl ich ständig runtergemacht wurde. Vom Vater und auch von der Mutter. Dass ich später gesund wurde, während ich zuhause sämtliche Kinderkrankheiten hatte, sogar Gelbsucht, Unfälle und einen hoch komplizierten Beinbruch und mit 7 Jahren, als wir flüchteten, schon fünf Operationen hinter mir hatte, lag meiner Ansicht nach am definitiven Bruch mit dem Elternhaus zu Beginn des Studiums und an meiner Selbst-Analyse, die mich mit der Zeit auch von den furchtbaren Alpträumen befreite, an denen ich seit frühester Kindheit litt. Meine Schwestern schafften die Lösung vom Elternhaus nicht und waren lebenslänglich krank – die älteste starb sogar mit 26 Jahren.

Ich war wie ein Pferd, das Bosheit niemals vergisst. Als wir praktisch als arme Teufel in Franken ankamen, der Heimat meines Vaters, wo sein katholischer Klan in Bad Neustadt und vielen Dörfern den Pfarrer stellte (sogar einen Bischof in Bamberg gab es), ein anderer Teil aus reichen Bauern bestand, aber wir von niemandem nur einen Brotkanten bekamen, schwor ich, gerade mal acht Jahre alt, niemals mit der Bande von Verwandten nur ein Wort zu wechseln. Und diesen Schwur habe ich gehalten. Dasselbe – nicht so drastisch – mit meiner Mutter, als ich sechs war. Ich ließ sie nicht mehr an mich rankommen und wenn ich gefragt wurde, was ich mir zum Geburtstag wünsche, sagte ich immer: NICHTS.

Sie schenkten mir natürlich doch immer eine Kleinigkeit, ein Buch war ja das billigste für meinen Vater, aber zur mittleren Reife bekam ich ein Fahrrad. Dahinter steckte natürlich auch eine Portion Eigennutz. So konnte ich besser Obst ranschaffen.

Doch in einer Sache bin ich meinem Vater zu tiefstem Dank verpflichtet. Er hatte einen Freund in Schweden, mit dem er in Leipzig studiert hatte, der wiederum einen Sohn in meinem Alter hatte und so wurde ausgemacht, dass Jerker 5 Wochen zu uns kam und ich 5 Wochen hoch zu seiner Familie fuhr. Damit wurde ich der erste, in unserer Klasse zumindest, der ins Ausland fuhr. 1952 – was für eine Reise! Von Bad Neustadt mit ein paar Mal umsteigen nach Frankfurt und von dort ging direkt ein Zug nach Stockholm (heute gibt es das nicht mehr. Durch die großartigen Privatisierungen muss man auf der Strecke mindestens dreimal umsteigen). Nun ja, damals ging es, allerdings furchtbar langsam bis nach Linköping, 175 km vor Stockholm, fuhr ich insgesamt von zuhause 75 Stunden im Stehen. Umfallen konnte man nicht, weil der Zug rappelvoll war. Als erstes kam ich in das Sommerhaus der Freunde (damals wussten weder ich und viele andere nicht, was das ist), danach besuchten wir seine Großmutter am zweitgrößten See Schwedens, dem Vättern. Danach Freunde in den Schären von Karlskrona, ein pensionierter Admiral, dem eine ganze Insel gehörte und am Ende noch Annelöv, ein kleines Städtchen, ihr eigentlicher Wohnort in der Nähe von Lund. Ich hatte also eine Menge zu sehen bekommen und war völlig begeistert. Von den Menschen, der Weite des Landes, den endlosen Wäldern, den tausenden Seen und den Elchen natürlich. Es erinnerte mich an die verlorene Heimat in Westpreußen. Sehr stark hat mich auch die ganz besondere Kultur Schwedens beeindruckt und beeinflusst. Natürlich trug das auch dazu bei, dass ich vor 23 Jahren hier in Småland gelandet bin.

Aber zurück nach Deutschland. Als ich 1956 bei Beginn meines Studiums der Romanistik und Anglistik in Hamburg mit meiner jahrelangen Selbstanalyse begann, habe ich, wie ich oben schon sagte, das Thema ZUHAUSE abgeschlossen und quasi ein neues Leben begonnen. Aber ich bin mir bewusst, dass es nur teilweise neu war, dass mich zahllose Fäden immer noch mit dem Zuhause verbanden. Und ich muss nach meiner kurzen Zusammenfassung hier sagen, dass ich selbst in dem elenden Bad Neustadt (nicht das Städtchen selbst und die bezaubernde Umgebung) auf krummen, geheimnisvollen Wegen Anregungen erhalten habe, die teilweise sogar zur Basis meines politischen Bewusstseins wurden.

An der Uni hatte ich Glück. Ich erhielt nur für zwei Semester ein Stipendium, obwohl ich fleißig meine Prüfungen machte, aber dann war Schluss. Mein Vater hatte versucht, einige seiner Einkünfte nicht anzugeben und so musste er das Geld zurückzahlen. Aber das war nicht mein Bier. Von ihm nahm ich kein Geld an und somit saß ich zwischen allen Stühlen und habe mein Studium selbst erarbeitet und war daher niemandem Rechenschaft schuldig. Ich kann sogar mit Maxim Gorki sagen, dass alle die Jobs, die ich im In- und Ausland machte, meine Universitäten waren. Dies zum einen und als Lehrer fungierten die wunderbaren Freunde aus Spanien, Italien, Türkei, Ägypten, Persien, mit denen ich häufig zusammen arbeitete, die alle meinen Blick weiteten. Wir halfen uns gegenseitig, gaben Tipps weiter und halfen im Notfall mit einem Bett aus. Das große Problem war ja damals, dass man um aller Heiligen willen keine Freundin mit aufs Zimmer bringen durfte. Weil die Frau Wirtinnen ja an nichts anderes als ans Bumsen dachten. Wurden wir erwischt, war ab sofort, selbst mitten im Monat, für uns der ERSTE.

Mir fällt jetzt auf, dass ich an der Uni nie einen Engländer, einen Franzosen oder Amerikaner und nicht mal einen Skandinavier zu Gesicht bekam. Bei denen war Deutschland offensichtlich nicht in, wohl aber bei den Südländern. Und die hatten es nicht dicke, so dass viele ebenfalls ihre Brötchen selbst verdienen mussten. Das war meist mühsam, aber manchmal hatte man Glück und konnte richtig ‚Geld scheffeln'. Ich hätte damals sogar in Paris beim größten Meinungsforschungsinstitut Frankreichs einen Topjob haben können, wo ich so viel verdiente wie sonst nur als Statist beim Film. Sie wollten mich unbedingt haben und machten es mir nicht leicht, nein zu sagen. Ich wusste jedoch genau, dass es mich nach ein paar Monaten tödlich langweilen würde und da hätte auch kein Geld geholfen. Außerdem muss ich erneut anmerken, dass meine weit mehr als 50 ‚Berufe', in die ich mehr oder weniger ‚reinriechen' konnte, mir später bei meiner Arbeit als Rundfunk-Journalist außerordentlich nützlich waren.

Bei meinem ersten Aufenthalt 1957 in Paris, wohin ich der Sprache willen fuhr, lernte ich Peruaner, überwiegend Indios, in einer Jugendherberge kennen und auch einen Afro-Amerikaner, der mich in den Jazz einweihte, indem er mich mitnahm zum BoulMich und die Rue Huchette mit dem weltweit bekannten Jazzkeller Caveau de la Huchette, in dem ich die Legende Sidney Bechet noch kurz vor seinem Tod hörte. Ich nehme an, dass ich mit diesem Freund englisch sprach und mit den Indios spanisch, das ich auch schon ein Semester lang gelernt hatte. Mit dem Französisch haperte es anfangs gewaltig. Ich saß auf der Hinfahrt in einem Coupé mit lauter Franzosen, die natürlich neugierig auf den Deutschen waren. Ich verstand herzlich wenig und sie wahrscheinlich auch. Ich kam am Gare du Nord an und da stand ich dann vor dem Bahnhof mit meinem Köfferchen und schaute mir die schwarzen Fassaden der 5, 6, sieben-stöckigen Häuser an. Erst einige Jahre später setzte De Gaulle durch, dass Paris neu gestrichen werden muss. Da kam ein Franzose aus dem Coupé zu mir und sprach mich in perfektem Deutsch an. Er stellte sich als Elsässer heraus und gestand mir, dass er es nicht wagen konnte, im Abteil mit mir deutsch zu sprechen. Das war streng verboten. Er half mir dann, ein kleines, preiswertes Hotel zu finden, das sich als Absteige entpuppte. Nun, eine Nacht blieb ich und am nächsten Tag ging ich ein wenig auf Abstand von den vielen Freudenmädchen, die nicht gerade nach

Freuden aussahen. Auf der Rückreise hingegen hatte ich in der Bahn ein beeindruckendes Erlebnis. Ich saß einer älteren, sehr distinguierten Dame gegenüber am Fenster. Wir kamen ins Gespräch – mein Französisch war durch die 2 Monate Paris-Aufenthalt erheblich besser geworden – und sprachen wohl über Gott und die Welt. Erinnern kann ich mich an nichts, außer an einen Satz, den sie beim Abschied sagte, als sie mir die Hand reichte: „J'ai confiance en vous." (Ich habe Vertrauen in Sie.) Ich war verwirrt und tief beeindruckt. Wieso? Womit hatte ich das verdient. Vertrauen – obwohl ich Deutscher war oder wie? Wegen dem, was ich geäußert hatte? Ich kann es nicht sagen.

Hiermit will ich auf einen sehr wichtigen Punkt verweisen: überall, wo ich hinkam – ob Frankreich, später auch Belgien und Holland, mit 15 schon in Schweden und Dänemark – immer freundlich an- oder auch aufgenommen wurde. NIEMALS habe ich irgendwo mir gegenüber Hassausbrüche erlebt, nicht einmal gegen Deutsche im allgemeinen – wovon so viele Deutsche berichten. Ganz im Gegenteil, ich habe in Frankreich z. B. auf einem Postamt am Schalter von dem Beamten, als er merkte, dass ich ein Deutscher war, eine ausgiebige Lobeshymne auf Deutschland mir anhören müssen, die er auch an die lange Schlange hinter mir richtete: er sei Gefangener in Deutschland gewesen und sei auf dem Bauernhof wie der eigene Sohn behandelt worden, es herrschte Ordnung und Sauberkeit etc. etc. Und mir war es ungeheuer peinlich und ich fürchtete, dass gleich eine Schlägerei ausbrechen würde. Keineswegs, alle hörten andächtig zu und manche nickten. In Spanien erlebte ich es später noch häufiger. Das waren aber in den meisten Fällen Franquisten, die Lobeshymnen auf die Deutschen sangen. Viel später hörte ich dann in Guardamar del Seguro (https://de.wikipedia.org/wiki/Guardamar_del_Segura) auch Loblieder auf die linken Deutschen, die für die Republik gekämpft haben, von denen viele ihr Leben ließen. Also nirgends habe ich **den geringsten Hass auf die Deutschen** erfahren.

Meinerseits habe ich auch keine Menschen und kein Land gehasst. Weder Engländer, noch die Franzosen, Russen, Amerikaner, Chinesen, Afrikaner und auch nicht die Juden. Ich war auf alle Länder neugierig, liebte Sprachen, fremde Sitten, fremdes Essen, fremde Kulturen. Der Hass hat sich erst später entwickelt, als ich immer mehr Wahrheiten erfuhr über das, was verschiedene Völker und Länder anderen antaten.

Die Hamburger Studienphase ging mit einem Clou – in mehrfacher Hinsicht – zu Ende.

Mein Freund Christian und ich beschlossen, aus Hamburg abzuhauen, als Peter, unser gemeinsamer Freund, bei einem selbst verschuldeten Unfall tödlich verunglückte. Er studierte auch Romanistik, weswegen wir uns für Freiburg i. Bg. entschieden haben, weil es dort den hervorragenden Romanisten Prof. Friedrich gab. Ich musste einen Job zu Ende machen und Krischan fuhr vor, um vielleicht eine Bude zu ergattern. Als ich per Zug nachkam, wäre ich fast an Freiburg vorüber gefahren, denn ich sah draußen nur eine Baracke. Ich konnte gerade noch vom Zug abspringen. Später erfuhr ich, weshalb die Stadt keinen anständigen Bahnhof hatte. Der Herr Oberbürgermeister und sein Kumpan, der Erzbischof, mit ganz niedriger SS-Nummer, beschlossen, die Stadt nicht zu übergeben, weshalb sie platt gemacht wurde. Die beiden Ehrenmänner saßen oben auf dem Schauinsland und schauten sich das Feuerwerk an. Und diese Freiburger waren so versklavt, dass sie die beiden Typen nicht an die Laternen hängten.

Mit der Zeit fand ich auch in Freiburg Arbeit, wobei mein Führerschein mir gut zupass kam, vor allem durch den Taxischein, den ich zusätzlich noch machte. Aber Taxifahren wurde ganz miserabel bezahlt, was nicht durch üppige Trinkgelder ausgeglichen wurde. Ganz sicher nicht durch Figuren wie Prof. Heidegger, der glatt durch einen hindurchschaute und weder Guten Tag noch Danke sagen konnte. An der Uni ließ ich mich immer seltener sehen. Ich ging eigentlich nur noch zu Vorlesungen über französische resp. englische Literatur, mit der ich mich aber nie recht anfreunden konnte. Wie ich dann in den Künstlerkreis Freiburgs geriet, kann ich beim besten Willen nicht mehr sagen. Es ist mir sogar entfallen, wie ich meinen besten Freund, den Maler Walter Heckmann (https://de.wikipedia.org/wiki/Walter_Heckmann) kennenlernte – eine Schande, wo wir doch viele Jahre völlig unzertrennlich waren.

Damals ereignete sich die Entführung von Eichman aus Argentinien durch den Mossad mit seinem nachfolgenden Prozess in Tel Aviv. Ich erinnere mich, dass die Basis unserer heftigen Diskussionen die felsenfeste Überzeugung von der Schuld der Deutschen war. Das stand in jeder Zeitung, in jedem Käse-Blatt, dröhnte aus allen Radios und Fernsehern und war folglich eine unumstößliche Wahrheit, obwohl ich jedenfalls nie einen wissenschaftlich ernst zu nehmenden Text darüber gelesen hatte. Die Mehrzahl war für die Todesstrafe, denn der Holocaust wurde nicht angezweifelt. Die Fakten lagen ja auf dem Tisch. Wirklich? Ich habe nie welche gesehen, außer mal Fotos von Leichenhaufen, die sonstwo aufgenommen worden sein konnten. Ich war genau so indoktriniert, wie ein Katholik bezüglich der Jungfrau Maria. Die gab es einfach, Punkt Schluss. Man kann klar sagen, dass ich eigentlich null Ahnung hatte. Und ich bin überzeugt, dass es bei den anderen nicht viel anders bestellt war. Uns wunderte es deshalb keineswegs, dass Eichmann von vornherein als schuldig bezeichnet wurde, was nicht gerade demokratische Gesinnung kennzeichnet. Wir alle fanden es folglich auch völlig in Ordnung, dass er gehängt wurde.

Sehr wichtig für mich in Freiburg war das Liebesleben, das kam wegen meiner extrem beschissenen Erziehung endlich sehr verspätet in Gang. In Freiburg/Bg. kam es sogar zu einer Beziehung mit einer Halbjüdin, d. h. nach jüdischem Recht Volljüdin, da die Mutter Jüdin war. Die ganze Familie hatte unbehelligt auf ihrem Hof in Schleswig-Holstein die Nazizeit auch „überlebt“. Aber Zweifel kamen bei mir immer noch nicht auf. Auf Rosemarie komme ich nochmal zurück.

Hierzu muss ich sagen, dass Frauen in meinem Leben stets eine weitaus größere Bedeutung hatten als Männer. Richtig gute Freunde kann ich an einer Hand abzählen, bei den Frauen geht das nicht. Mit meiner Aufrichtigkeit, Prinzipienfestigkeit und Konsequenz kamen Männer schlechter zurecht als Frauen, auch wenn ich von ihnen zuweilen hörte: Du bist zu ehrlich. Damit musste ich halt leben, weil ich einfach Menschen, die ich liebe, nicht anlügen kann. Linda stieß mich auch darauf, dass Männer sich aus Eifersucht und Wut von mir zurückzogen, während ich immer am Grübeln war, was ich ihnen wohl angetan haben könnte.

Eine weitere wichtige Erfahrung war für mich das Jahr

1965 in der Schweiz, wo ich artdirector der renommierten Kunstgalerie Toni Brechbühl wurde, der, wie ich gerade lese, vor drei Monaten im 99. Lebensjahr verstorben ist. Es war mein Freund Walter Heckmann, der dort zuvor schon früher ausgestellt hatte, der das einfädelte. Der Galerie-Gründer Brechbühl bekam einen Herzinfarkt und brauchte jemanden, der die Galerie leasen konnte (wie man heute sagt). Walters Idee war, dass ich die Galerie in Schwung bringen und sodann meine Lebensgefährtin Ulrike einweisen solle, sodass sie dann die Galerie weiterführen und ich schreiben könne. Zu schön, um wahr zu sein. Ich habe ein Jahr ziemlich hart gearbeitet und praktisch – von Wasser und Brot gelebt. Weil ich der dümmste Galerist der Schweiz war, der nach jeder Ausstellung immer als erstes die Künstler ausbezahlt hat. Das war sehr unüblich. Aber gegen Ende 1965 hatte ich den Verkauf einer Plastik von dem damals schon sehr bekannten Schweizer Bildhauer Luginbühl angeleiert. Die Prozente bei so einem Verkauf hätten mir tatsächlich einen annehmbaren Jahresverdienst verschafft. Doch das hat mir dann Brechbühl, der sich wieder erholt hatte, vor der Nase weg geschnappt und ich wurde aus der Schweiz rausgefeutelt – ganz einfach durch Nichtverlängerung meiner Arbeitserlaubnis – weil, ungelogen – die klugen Schweizer herausgefunden hatten, dass ich ein Kommunist sei. Haha, davon wusste ich zwar nichts, aber sie wussten es. Für sie war nämlich Kommunist schon einer, der das Maul zu weit aufreißt. Einer, der sagt, was er für die Wahrheit hält.

1966 war ein schwieriges Jahr. Die 5-jährige Beziehung mit Ulrike zerbrach Anfang des Jahres und sie trennte sich von mir. Später bedauerten wir es. Wir sind einfach zu jung und unerfahren gewesen und machten viele Fehler. Im Herbst lernte ich Linda kennen und wir besprachen im vorhinein, auf welche Weise wir zusammen leben wollten. Nun, das hat immerhin 20 Jahre gehalten. Doch ich will nicht vorgreifen. Wir wollten erst einmal eine kleine Reise unternehmen und einigten uns dann auf Schweden, das sie auch schon kannte. Wir fuhren in ihrem kleinen DKW kreuz und quer durch das Land bis hinauf zu dem Siljansee, der siebtgrößte See Schwedens in Dalarna, gefährlich wie auch der zweitgrößte Vätternsee. Wir wohnten in einem Almhüttendorf in einem Original-Blockhaus ohne Strom und fließendes Wasser, mit alten bemalten Bauernmöbeln und Schrank-Betten und es war schon spät im Herbst. Morgens, wenn wir im See badeten, mussten wir erst vorsichtig das Eis beiseiteschieben. Aber wir fanden es herrlich.

Als es immer kälter wurde, fuhren wir nach Stockholm, wo ich Edlef Ter Haar Romeny kannte, ein großartiger Maler, den ich in der Schweiz erstmals und erfolgreich ausgestellt hatte und der später weltberühmt wurde. Vor genau 5 Monaten ist er verstorben, wie ich gerade aus dem Internet erfuhr (Bei Édisud, Aix- en-Provence, erschien 1997 ein Prachtband mit seinen Malereien). Er hatte in Stockholm gerade ein Atelier mitten in der Stadt in einer riesigen leerstehenden Villa, die abgerissen werden sollte, um einen Büroklotz hinzustellen. Dort konnten wir eine Weile wohnen, bis wir eine Wohnung, nein ein Zimmer fanden. Die Preise für Wohnungen waren so hoch wie in deutschen Großstädten. Und da erfuhren wir auch, dass Linda schwanger war. Und ich hatte ein Problem. Weil ich nie Kinder wollte, denn mir war bewusst, dass ich als Schriftsteller – und das wollte ich partout werden – nie ausreichend und geregelt etwas verdienen würde. Aber Linda wollte unbedingt ihr Kind, sonst würde sie gehen. Wegen früherer böser Erfahrungen schreckte ich vor dieser Alternative zurück und es blieb mir nichts anderes übrig, als ja zu sagen. Sie versprach jedenfalls, dass sie für das Kind aufkommen würde. Ihr Einkommen reichte aber kaum für sie selbst.

Wir arbeiteten beide, Linda in einem Restaurant, ich in der zweit-größten Brotfabrik des Landes (heute die größte), dessen Chef – ein massiver Typ – ich eine Tracht Prügel anbot, weil er mich am Mittag eines Samstags, als meine Schicht zu Ende war, flegelhaft anbrüllte, ich solle in der Bäckerei weiterarbeiten. Nach heftigem Krach, bei dem ich ihn provokativ beleidigte, ist er einer Schlägerei wohlweislich ausgewichen und griff wie alle Bosse dann zur Lieblingswaffe: Du bist entlassen. Und den Lohn für die Woche hat er mir auch geklaut. So sind die Kapitalisten, wie ich sie immer wieder kennengelernt habe.

Als nächstes bekam ich einen Job in Gustavsberg, einer riesigen Fabrik auf halbem Weg hinaus zum Schärgarden von Stockholm mit seinen 32 000 Inseln. Und wir mieteten ein Sommerhaus noch weiter draußen auf Värmdö, der größten Insel – vom 1. Juli bis zum 31. Dezember. Am 15. Mai war unser Kind geboren worden, eine Tochter, die also ihre ersten Monate in einem wunderschönen Sommer auf einer bezaubernden Insel im Schärgarden von Stockholm verbrachte.

Dann hatte ich noch in Stockholm nach einer Großdemo gegen den Vietnam-Krieg einen jungen Kommunisten – etwa in meinem Alter – getroffen und führte mit ihm ein langes Gespräch, über Politik, Vietnam und Sozialismus. Und er empfahl mir dringend, das Kapital von Marx zu lesen, was ich mir auch umgehend besorgte. Und das begann ich draußen auf der Insel gründlich zu studieren nach der Schwerstarbeit in Gustavsberg, alle 3 Bände. Es war ein Aha-Erlebnis erster Güte. Zuerst die Praxis in der Fabrik, danach die Theorie im Kapital. Ich dachte, das sei gestern geschrieben worden, so genau gab es meine Wirklichkeit wieder. Aber ich gab mich damit nicht zufrieden. Ich studierte über einige Jahre hinweg die Klassiker Engels, Lenin, Stalin, Mao, aber auch Lasalle, Trotzky, Rosa Luxemburg und Liebknecht, Bebel, Bakunin und vieles mehr. Am Ende war mir klar, dass die Linie Marx bis Mao die klarste und stringenteste war.

Für diese Erkenntnisse bin ich Schweden bis heute dankbar, abgesehen von dem Land selbst, das so vertraut war, weil es meiner Heimat Westpreußen so sehr glich mit den endlosen Wäldern, diesen zahllosen Seen, den Elchen und noch etwas, was es in Westpreußen nicht gegeben hatte – röda hus med vita knutar – die roten Holzhäuser mit weiß gestrichenen Brettern an den Ecken. Die waren mein Traum, den ich mir dann 30 Jahre später erfüllte.

Aber auch das ist nicht alles. Schweden hat eine ganz besondere Geschichte. Hier haben die Bauern die Ritterheere in Grund und Boden geschlagen, wie nur in zwei weiteren Ländern, in der Schweiz und in Norwegen. Doch in Schweden hat man am meisten daraus gemacht. Hier saßen die Bauern als 4. Stand schon 1435 und endgültig 1527 unter Gustav Vasa zusammen mit den drei anderen Ständen – Adel, Priester und Bürger – im Reichstag. Zudem begann man schon 1620 in Schweden Katechismus-Schulen einzuführen, in denen man lesen und schreiben lernen musste, die von allen besucht werden mussten und wo am Ende alle geprüft wurden. Darüber gibt es die sogenannten Haus-Verhörs-Akten (husförhörslängder), in denen sämtliche Bürger des Landes verzeichnet sind und wo ihre Kenntnisse in Christentum, Lese- und Schreibfertigkeit festgehalten wurden. Das gab es nur in Schweden. Ich kann mir denken, dass deshalb in Schweden auch so viel gelesen wird, auf Grund der langen Lesefertigkeit und weil hier auf dieser Basis auch so eine großartige Literatur entstanden ist. Oh, nach diesem Satz dachte ich, dass dies meinerseits vielleicht ein Wunschdenken ist. Ich googelte ein bisschen und siehe da: ich erlebte eine große Überraschung: ein bisschen Recht und viel Unrecht bzw. Unwissenheit. Indien, Thailand, China, Philippinen, Ägypten und die Tschechische Republik stehen an der Leser-Spitze, dicht gefolgt von Russland und Schweden. Deutschland an 19. und die USA an 20. Stelle und ganz am Ende Japan und Korea, was für mich völlig unbegreiflich ist. Aber wie kam es denn eigentlich zu dem Spruch: Deutschland, das Land der Dichter und Denker? Nun ja, ich würde das gerne etwas genauer wissen wollen. Z. B. WAS gelesen wird.

Aber seis drum. Noch ein paar Worte zur schwedischen Literatur, die eigentlich die Worte von Jan Myrdal sind, denn er hat mich vor Jahrzehnten darauf gestoßen. Hier ist die klassische Literatur die proletarische Literatur mit ihrer Portalfigur. Strindberg. Er war der erste, der in der Sprache des Volkes schrieb, der deswegen vom Volk über alles geliebt wurde. Dessen Sarg daher mehr als 50 000 Menschen folgten. Er war auch politisch ein Mann des Volkes, nicht gerade ein Sozialist, aber mit vielen sozialistischen Gedanken (etwa: Die herrschenden Gedanken sind immer die Gedanken der

Herrschenden!).

Und ihm folgte eine Flut von großartigen Schriftstellern: Ivar Lo-Johansson, Dan Andersson, Jan Fridegård, Josef Kjellgren, Moa Martinsson, Vilhelm Moberg, Artur Lundkvist, Eric Lundqvist und viele, viele mehr. Diese reiche proletarische Kultur hat mich außerordentlich stark geprägt. Einfacher gesagt: sie half mir, Mensch zu werden.

An Malern haben sie nicht so viele große Namen, aber immerhin Anders Zorn und Ivan Aguëli und in der Musik Josef Martin Kraus, Bellman, Berwald, Alfvén, Stenhammer.

III Beginn meines politischen Lebens

Einige Worte vorweg. Ich bin kein Historiker, aber – und das lernt man schließlich als Journalist – ich habe mich nach Kräften bemüht, nicht DIE Wahrheit, sondern MEINE Wahrheit zu finden, die Wahrheit der unterdrückten Klassen, der Arbeiter, Bauern, der Klein-Bourgeosie (die es nie wahrhaben will, weshalb sie nie eine Klasse für sich werden kann, sondern immer nur Anhängsel der Macht i. e. der Bourgeoisie gewöhnlich). Die andere Wahrheit ist die Wahrheit der Billionäre, der Einprozenter, der Macht in den Kulissen, der eigentlichen Regierung hinter unseren Regierungen und meiner diametral entgegengesetzt. Aber Zitate von meinen Gegnern wie Balfour, Churchill, Rhodes, Lloyd George, Wilson, Hitler etc. werde ich nicht zurechtbiegen, sondern natürlich korrekt wiedergeben, aber nicht alles mit Fußnoten belegen. Wer Fragen hat, kann in dem Internet blättern oder mich kontaktieren.

Ich habe nach und nach gelernt, dass wir in den Schulen, den Universitäten, von Presse, dem Staat und Millionen Büchern, Medien, Dokumenten systematisch hinters Licht geführt und belogen werden. So ist z. B. die Geschichte des Christentums von A bis Z, Wort für Wort gelogen, gefälscht und verdreht. Das brauche ich nicht mehr zu belegen, denn das hat Karl-Heinz Deschner für uns getan in den 10 Bänden „Die Kriminalgeschichte des Christentums". Und es geht mit allem so, an dem man ein bisschen kratzt. Eben auch mit der deutschen Geschichte. Alle Geschichtsbücher, die ich habe, schaue ich für dieses Buch an. Die Propyläen Weltgeschichte von dem rechten Golo Mann, Bücher von Ernst Nolte und vom liberalen Veit Valentin, von dem KPD-Mann Paul Merker, das Meyers Lexikon und viel mehr. Sie schreiben alle mehr oder weniger immer dasselbe, weil sie mehr oder weniger voneinander abschreiben und sich gegenseitig auf die Schultern klopfen. Ob Politik, Bankwesen, Wirtschaft, Kriegsindustrie, Geheimdienste, Pharmaindustrie, Industrie und die industrialisierte Landwirtschaft, Holocaust, Khazaren-Story, Deutschlands Schuld am 1. Weltkrieg, wo immer man hinschaut, es wird gelogen, was das Zeug hält. Nicht hier und da, nein durchgängig und unentwegt. Ein einzelner Mensch kann unmöglich durchblicken. Man braucht unendlich viel Hilfe von Freunden, von Menschen, die auf Karrieren und Geld pfeifen, denen es um die Wahrheit geht. Man braucht Geduld und Ausdauer und ein dickes Fell. Und man sollte das eine bedenken: die meisten von uns sind arme Teufel, die sitzen nicht auf gepolsterten Stühlen mit fetten Gehältern, die haben keine reiche Verwandtschaft (und wenn, dann will die nichts von einem wissen), unter denen sich vielleicht ein Mäzen befindet, keine Stipendien, keine fetten Preise. Auch wenn unsere Gegner noch so laut brüllen: Ihr werdet bezahlt von den Russen (alternativ von den Iranern, den Chinesen, Vietnamesen). Gelogen, wie alles, was sie sagen. Uns ist die Arbeit für Wahrheit, Gerechtigkeit und Frieden das Wichtigste. So – und nun mache ich weiter.

In Stockholm hörte ich auch erstmals von den Verbrechen der Deutschen – nicht an den Russen – sondern an den Juden (korrekter heißt es Khazaren, aber das erfuhr ich erst später). Daher begann ich mich erstmals intensiver mit den Khazaren auseinanderzusetzen und da speziell mit dem Warschauer Aufstand. Bei meinen Nachforschungen fand ich heraus, dass in der Führung des Aufstandes auch ein paar Linke saßen. Mit dichterischer Freiheit stilisierte ich den Aufstand von 1943 zu einer Art Mini-Revolution hoch, mit dem Ziel, eine Räterepublik zu errichten. Insgeheim hofften die Juden natürlich, dass die polnische Heimatarmee bei Anfangs-Erfolgen doch noch an ihre Seite springen würde. Aber die Polen fingen gar nicht an, rührten keinen Finger, so dass die Deutschen den jüdischen Aufstand brutal niederschlagen konnten. Mein Stück war als Ehrenmal für den Widerstand der Juden im Ghetto gedacht und hatte, unter heutiger Sicht wenig mit der historischen Wirklichkeit gemein.

Was in den Köpfen der Polen vorging, den Aufstand Ende 1944 durchzuführen, entspricht einfach ihrem Husarenstreich, mit Kavallerie gegen deutsche Panzer anzustürmen. Sie wollten auf keinen Fall von den Russen befreit werden. Das kann ich mir denken, und da ergriffen sie die Chance, als eine Panzerarmee der Russen von den Deutschen in einem Kraftakt östlich von Warschau vernichtet wurde, nicht von den Russen befreit, sondern von den Deutschen heldenhaft besiegt zu werden. Denn die Deutschen waren dadurch klar in eine noch größere Überlegenheit gekommen und konnten den Aufstand relativ schnell niederwalzen. Hinterher haben die Polen es dann dahingehend umgelogen, dass Stalin den Panzern befohlen habe, vor Warschau zu stoppen. Ja, gestoppt wurden sie, aber von den Deutschen.

Hiermit will ich nur möglichst genau beschreiben, wie mein Verhältnis zu den Juden geformt wurde und dass ich noch 1968 starke Sympathien für die Khazaren übrig hatte.

Im Mai ´68 sind wir dann nach Frankfurt/M. umgezogen. Der Grund war ganz einfach der, dass Linda der Sprung nach Stockholm zu weit im Norden lag, zumal wir 67/68 den Jahrhundertwinter erlebten, der am letzten Oktobertag begann und am 1. Mai `68 spazierten wir noch auf dem Eis des Mälaren, während am Ufer schon die Krokusse blühten. Es hatte unaufhörlich geschneit und die Temperaturen sanken auf -32° Celsius. Wir wählten also Frankfurt und kamen mitten in die studentische Bewegung hinein. Ich nahm schnell Kontakt mit dem SDS und Palästinensern und anderen 3. Welt-Gruppen auf. Recht oft führten wir anti-zionistische Demonstrationen durch, weswegen wir natürlich als anti-Semiten beschimpft wurden, was mir egal war.

Obwohl ich/wir also ständig über die Gräueltaten, die schändlichen Verbrechen, die Folterungen, die Inhaftierung von Kindern, wahllose Erschießungen der Zionisten informiert wurden, hatten wir immer noch nicht über das Wesen dieser Entität Israel nachgedacht. Unsere Gehirne waren in der Tat vernagelt durch das (unbewiesene) Faktum des einmaligen und ungeheuren Verbrechens der Deutschen an den Khazaren/Juden, auf eine Weise, dass wir keine Fragen zu stellen, sondern nur die Schnauze zu halten hatten.

Für ein SDS-Blättchen, das am Hektographen von Hand durchgenudelt wurde, schrieb ich den ersten Artikel ‚Die Bürde des Weißen Mannes', der auch veröffentlicht wurde und zwar von K. D. Wolff. Da ich aus Schweden einiges Material über den Putsch von 1965 in Indonesien mitgebracht hatte, löcherte ich die Genossen vom SDS, doch endlich mal darüber was zu machen, weil es in Deutschland ganz unbekannt war. Am Ende verloren sie die Nerven und sagten: Wir wissen doch nichts, dann mach' du es doch. Ich schrieb also einen langen Artikel, den ich im Club Voltaire vortrug, sehr schlecht, weil völlig unerfahren. Aber der Text war gut und wurde vom SDS als Broschüre herausgegeben. Von der EVA, die gewerkschaftseigene Europäische Verlagsanstalt, erhielt ich den Auftrag, das Buch von Philippe Gavi über die indonesische Konterrevolution aus dem Französischen zu übersetzen und gleichzeitig schrieb ich das Buch „INDONESIEN – Analyse eines Massakers“ für den März-Verlag, das sogar von der ZEIT sehr gut besprochen wurde, obwohl ich ja ein Linker war, wie sie auch schrieben. Ich hatte auf alle Fälle eine ausgezeichnete Quelle in einem Indonesier, ein PKI-Mann, der sogar Präsident Sukarno noch kannte. Das Buch war schnell vergriffen, aber Schröder legte es nicht mehr auf oder es war K. D. Wolff, der es verhinderte. Er sagte mir auf der Leipziger Buchmesse vor drei Jahren: ‚Das ist das einzige Buch, was ich bereute, herausgegeben zu haben.‘ Ich lies ihn einfach stehen. Es war ja ganz klar für einen Mann mit Bundesverdienstkreuz und seinem bürgerlichen Verlag, dass er es bereuen musste. Jedenfalls wurde es von der „Solidarität für Osttimor“ noch einmal als ein Raubdruck hergestellt, um ihre Arbeit zu unterstützen, was ich im Nachhinein akzeptierte.

Es war wohl auch in jener Zeit (vielleicht auch früher), dass ich auch von den „enormen Verbrechen der Deutschen“ im 1. Weltkrieg in Belgien hörte. Alle Frauen wurden vergewaltigt, Jungfrauen wurden die Brüste und/oder Hände abgeschnitten. Babies an die Wand geklatscht. Ich weiß nicht mehr, ob ich das wirklich glaubte. Jedenfalls kam es nicht als große Überraschung zu hören, dass irgendeine große Zeitung (*Times* oder *New York Times* ?) einen hohen Preis ausgesetzt hatte für denjenigen, der ein Opfer nennen oder vorführen könnte. Man fand nicht eins. Dennoch wurde die Lüge weiterhin verbreitet. Wie alle anderen Lügen auch, die 9/11 story, die Pearl Harbor story, die Korea Lüge von 1950 und der Tonking Zwischenfall in Vietnam-Lügen – die alle wie von einer tibetanischen Gebetsmühle heruntergeleiert werden, pausenlos, ohne Ende wie alle anderen riesigen Geschichtslügen auch.

In Frankfurt erlebte ich dann auch die Gründung kommunistischer Parteien am laufenden Band. Am Sonntag lagen die Typen noch auf der Haschwiese und am Montag gründeten sie eine KP. Nach ein paar Monaten war auch das nicht mehr in und es wurden ‚Die Grünen' gegründet mit Cohn-Bendit als Star. Ich übte reichlich Kritik an den KPs, weil ich ja in Schweden wirkliche Kommunisten erlebt hatte. In der KPD/ML hatten sich auch etliche Intellektuelle, die ich kannte, versammelt. Und einige von ihnen drängten mich: „Du kritisierst immer von außen. Das erzeugt doch lediglich eine Abwehrhaltung. Du musst reinkommen und dann kann man sich ganz anders mit deiner Kritik auseinandersetzen." Ich ließ mich breitschlagen und es war genau so, wie ich vorhergesagt hatte. Die Kritik flog umgehend in den Papierkorb und nichts wurde diskutiert. Nach 3–4 Monaten stieg ich wieder aus. Oh, wie wurde ich von den größten Revoluzzern kritisiert, die dann die ersten waren, die sich zutiefst enttäuscht vom Kommunismus verabschiedeten. Na klar. Sie begriffen nie, dass man eine Partei nicht aufbaut, wie man einen Wurstladen eröffnet. Aber einige machten länger weiter. Sie schafften es bis in die Spitze der KPs und wechselten dann problemlos über in das Management großer Unternehmen. Machten also doch im gewissen Sinn einen Wurstladen auf. Darüber hat mein Freund Hartmut Barth-Engelbart erbauliche Geschichten auf seiner lesenswerten Webseite geschrieben. Genau so habe ich diese Vögel auch erlebt.

Wir waren 1971 gezwungen, Frankfurt zu verlassen. Wir hatten mit einer Reihe Freunden oder auch Bekannten einen Kinderladen gegründet, den zweiten in Deutschland nach dem anti-autoritären Modell in Berlin. Einige von uns waren gegen dieses Modell, aber wir wurden überstimmt. Doch in dem scheußlichen Klima von Frankfurt am Main waren die Kinder immerfort erkältet, keuchten, husteten, schnupften. Das Stadtzentrum liegt in einem Kessel und der ganze Dreck von den vielen Industrien drumherum sammelt sich im Kessel.

Also wählten Linda und ich Hamburg. Dort hatte ich ja noch einige Freunde aus der Studentenzeit, die mittlerweile alle Karriere gemacht hatten. Aber ich hatte schon vom Frankfurt aus Kontakt mit Joachim Schickel aufgenommen, dem Chef des 3. Programms im NDR. Da wir uns verstanden, hat er mich ganz langsam zu seinem Mitarbeiter herangezogen. Und das wurde vor allem für mich zu einer sehr fruchtbaren Zusammenarbeit, die 20 Jahre lang anhielt. Der CDU war das Dritte NDR-Programm ein Dorn im Fleisch. Also wurde der NDR 3 sukzessive in die Provinz nach Hannover verlegt und Schickel blieb mit seinem Team aus Freelancern allein zurück. Irgendwann fand sich für die Mafia in den Kulissen eine glückliche Gelegenheit, Joachim Schickel zu feuern. Das Gute daran war, dass sein ganzer Haufen an mehr oder weniger linken Mitarbeitern gleich mit rausflog. Ich konnte dann noch ein paar Jahre im Schul- und Bildungsfunk arbeiten, bis sie endlich die Zeiten für eine Sendung/Feature auf zehn Minuten heruntergeschraubt hatten. Und das wurde für unseren Trupp freier Mitarbeiter definitiv das Ende der Fahnenstange und wir gingen. Am Rande hierzu: Es gab eine Protestaktion mit 6000 Briefen an den NDR – einmalig in seiner Geschichte – die allerdings umgehend im Papierkorb landeten. So viel zur demokratischen Haltung der Medien. Genau wie die der sogenannten Linken auch.

Ich habe vorgegriffen. Natürlich machte ich auch in Hamburg mit meiner Solidaritätsarbeit für die 3. Welt weiter. Dort hatte ich viel mehr Kontakt mit Afrikanern aus Eritrea, Äthiopien, Angola und Mosambik. Und ich war 10 Jahre lang Vorsitzender der Gesellschaft für Deutsch-Chinesische Freundschaft (GDCF) in Hamburg, die größte Sektion in Deutschland, in der wir jede Woche mindestens eine Veranstaltung machten und samstags einen Büchertisch – woran auch Linda und unsere Tochter Solveig engagiert mitarbeiteten.

Es war die Zeit der großen Spaltungen. In Deutschland hervorgerufen vor allem durch die Rote Armee Fraktion, die alle angiftete, die nicht mit ihnen solidarisch waren. DKP und all die ML-Parteien bekriegten sich gegenseitig und vergaßen darüber den Klassenkampf. Vietnam gewann seinen endlosen Befreiungskampf 1976 und hatte nichts Eiligeres zu tun, als Laos und Kambodscha anzugreifen und zu invadieren. Das ging auf einen großen Fehler von Ho Chi Minh zurück. Er hatte gleich zu Anfang eine KP gegründet für ganz Indochina, wie die Franzosen ihren Kolonialbesitz in Hinterindien nannten – also Vietnam, Laos und Kambodscha (obwohl das gar nicht Frankreichs Kolonie war). Das war sicher gut gemeint, aber Laos und Kambodscha waren nicht befragt worden. Als sie merkten, dass ihnen die Rolle von Satrapen zugedacht war, gründeten sie bald ihre eigenen KP's, was zu heftigen Auseinandersetzungen mit Hanoi führte. Aber während des vietnamesischen Befreiungskrieges verhielten sich beide Länder – also Laos und das Königreich Kambodscha unter König Sihanouk – gegenüber Vietnam sehr solidarisch und ließen die Vietminh einen Transportweg auf ihren Territorien benutzen.

Das war den Amerikanern natürlich ein Dorn im Auge. In einem geheim gehaltenen und über viele Jahre geleugneten Krieg führten sie einen gnadenlosen Bombenterror gegen Laos und Kambodscha. Dort gingen mehr Bomben nieder als die Amis im ganzen 2. Weltkrieg abgeworfen hatten. Gegen Ende des Krieges führten sich die Vietnamesen in Kambodscha immer selbstherrlicher auf, was Pol Pot nicht duldete. Er stellte die volle Souveränität des Landes nach dem Sieg der Roten Khmer über das Marionetten-Regime Lon Nol der Amerikaner wieder her. Nicht nur die Lakaien Washingtons wurden besiegt, sondern auch die Vietnamesen, die den Osten des Landes in Besitz genommen hatten, wurden rausgeworfen.

Dies ist alles sehr verkürzt dargestellt. Im Grunde ist es eine Endlosgeschichte. Doch Vietnam hielt nach seinem Sieg gegen die USA daran fest, Indochina zu vereinen und invadierte mit seiner lange gestählten Armee und großen Waffenüberlegenheit abermals Kambodscha. Dazumal brachte ‚Das Beste', das übelste US-Propaganda Blättchen, die schreckliche Story der Millionen von Pol Pot geschlachteten Kampuchanern auf, eine Story, die in der ganzen Welt abgeschrieben und wiederholt wurde. Sie war wunderbar geeignet, die massenhaften Toten der wahnsinnigen Bombenteppiche der Amerikaner zu vertuschen, weswegen sie ganz schnell diese Lüge aufgriffen, genau wie die Vietnamesen auch zur Vertuschung ihrer Aggression und Besetzung eines fremden Landes, was mit Kommunismus nun absolut nichts zu tun hatte. Freunde von mir, wie der Weltautor Jan Myrdal und Prof. Malcolm Caldwell von der London School of Economics waren zur Zeit von Pol Pot (1975-1978) im Lande und haben von dem Terror nichts gesehen. Caldwell begab sich später nach Kambodscha, um die Frage genauer zu untersuchen und dort wurde er von den Vietnamesen in einem Hotel feige ermordet.

Auch hier fand eine ungeheure weltweite Kampagne gegen die Holocaust-Leugner Nr. 2 (oder 3?) statt, von den Revisionisten in Moskau bis zu den Oligarchen in Washington und den Liberalen in den übrigen US-Marionettenländern, die so intensiv war, dass eine Reihe von Journalisten, die zusammen mit Myrdal in Kambodscha gewesen waren, sich nicht entblödeten, Abbitte zu leisten, **weil sie nichts gesehen** hätten. Sie fürchteten um ihre Jobs, ihren Lohn, ihre Honorare. Man kann das ja verstehen, aber nicht verstehen kann ich, wenn solche Leute aus Scham wütend über ihre Kollegen herfallen, die sich nicht krumm gemacht haben.

Ende 1979 kam die nächste Katastrophe – der „sowjetische Einmarsch“ in Afghanistan. Da waren wir gerade seit 3 Monaten in Tansania, das den Einmarsch auch stark verurteilte, obwohl Nyerere selbst acht Monate zuvor in Uganda einmarschiert war, um Idi Amin zu stürzen. Durch die beiden Jahre in Sansibar und Tansania, in denen wir in 8 Provinzen dieses großen Landes – im Norden, Süden, im Westen und

Osten – gelebt hatten, wo ich zwei Bücher und Radio-Sendungen schrieb, hatte ich wahrlich wenig Zeit, mich um die Weltpolitik zu kümmern. Folglich wurde ich stark durch das Urteil von Nyerere und – wieder in Hamburg – durch Tilman Zülch von der GfbV (Gesellschaft für bedrohte Völker), beeinflusst. Noch einer, der sich der Macht angeschmiert hat, was sich aber gut für ihn bezahlt machte. Langer Rede kurzer Sinn, ich hatte die Story von den bösen Russen geschluckt (die von der legalen, gewählten Regierung zu Hilfe gerufen wurden) und schloss mich einer afghanischen Solidaritätsgruppe an, in der Rahman mein Freund wurde und ich der Sekretär des Vereins, der demokratisch ausgerichtet war und nichts mit den ultra-reaktionären Dschihadisten (die von Brzeziński gerufen, ausgebildet und bezahlt wurden) gemein hatte. Leider hatte auch mein Freund Joachim Schickel anfangs eine schwankende Haltung, die mich nicht überzeugen konnte. Später hat er das zum Anlass genommen, mit mir zu brechen. Es dauerte einige Jahre, bis ich merkte, dass ich wieder einmal einer monumentalen Lüge aufgesessen war.

Nyereres Krieg gegen Idi Amin habe ich jedoch von Anfang an verurteilt, von dem Augenblick an, wo Nyerere nach dem Rauswurf von Amins Truppen aus dem Land nicht etwa nach einem kurzen 20 km Einmarsch aufhörte, sondern gleich durchmarschierte, Idi Amin verjagte und seinen Freund Milton Obote an die Regierung brachte. Ich hielt das vom kommunistischen Standpunkt für nicht korrekt, sondern orientierte mich an dem chinesischen Beispiel. Als die Vietnamesen ständige Überfälle nach China hinein durchführten, alle Proteste, Vorschläge für Treffen und Diskussionen fortwährend ablehnten, schlugen sie kurz zu, jagten sie 20 – 50 km zurück in ihr Land und zogen sich dann zurück, gaben den Vietnamesen sogar alle ihre Waffen geputzt zurück. So hatten sie auch auf Nehrus Angriff im Himalaya reagiert. Beide Mini-Kriege (Indien 1962) wurden natürlich im Westen aufgeblasen und den Chinesen in die Schuhe gezogen. Der Hass auf die Chinesen gibt dem Hass auf die Russen nicht viel nach. Eine ebensolche Lüge wurde auch über den Iran-Irak-Krieg verbreitet, wo die Iran-Aggression Saddam Hussein untergejubelt wurde.

Das tragische Moment bei allen fünf hier genannten Kriegen ist, dass der Spaltpilz in der linken und progressiven Gemeinde immer schlimmer wucherte. Die meisten Linken konnten nicht einmal die klassischen Bandung-Prinzipien anerkennen, die von Sukarno, Zhou Enlai, Nehru, Tito, Nasser etc. Mitte 1955 aufgestellt wurden (1. Respekt vor den fundamentalen Menschenrechten und den Prinzipien der UN-Charta; 2. Respekt vor der Souveränität und territorialen Integrität aller Länder; 3. Anerkennung der Gleichheit aller Rassen und der Gleichheit aller Nationen, ob klein oder groß; 4. Keine Intervention bzw. Nichteinmischung in die inneren Angelegenheiten anderer Länder und 5. Respekt vor dem Recht jedes Landes, sich selbst zu verteidigen, allein oder kollektiv in Übereinstimmung mit der Charta der UNO.) Sie konnten weder diese noch die kommunistischen Prinzipien einhalten, weshalb sie sich dann auf windige Argumente einließen. Vietnam hat seine Großmacht-Politik unter dem Deckmantel von „Die Menschen vor dem bösen Pol Pot“ zu retten geführt, Nyerere wegen des bösen Idi Amin, der allerdings wirklich Tansania angegriffen hatte, im Gegensatz zu Kambodscha, das niemanden angegriffen hatte.

Regime-Change unter humanitären Vorwänden. Es dauerte denn auch gar nicht so lange, bis dieses Argument von den übelsten alten und neuen imperialen Mächten ebenfalls angewandt wurde.

Im neuen Jahrtausend dann in Serie. Der kürzlich vertorbene William Blum machte sich die Mühe, alle Kriege des CIA und des Pentagon genau zu verfolgen und mit den dazu gehörenden Motiven genauestens aufzuzeichnen (auf deutsch ist von ihm erschienen: Schurkenstaat. Leitfaden zum Verständnis der einzigen noch verbliebenen Supermacht, Kai Homilius Verlag, Berlin 2008) bei dessen Lektüre einem die Galle kocht. À propos Schurkenstaat, empfehle ich, den sehr langen Essay zu lesen, den ich unter dem Titel „Als Amerika groß war ..." auf meiner Seite übersetzt und aufgelegt habe. Es ist die beste von einem Amerikaner geschriebene äußerst kurze, aber präzise Zusammenfassung der Geschichte der USA, der inzwischen mehrmals upgedatet wurde. Diese Vielzahl der Kriege mit Millionen Toten ist fast unüberschaubar, zumal sie schon Jahrzehnte andauern – der Afghanistan-Krieg ist mit 26 Jahren der längste Krieg der USA in ihrer ganzen kriegerischen Geschichte; der schwelende Krieg in Südafrika gegen die Apartheid dauerte auch eine Ewigkeit oder gar der 70-jährige Zionistenkrieg gegen das palästinensische Volk. Man möchte überall und mit allen seine Solidarität zeigen, aber es ist unmöglich. Man kann leicht der Verzweiflung oder der Depression anheimfallen. Aber damit ist niemandem gedient.

1981 kehrten wir aus Afrika zurück. Es war für uns alle drei sehr sehr schwer, wieder in den Normal -Zustand zurückzufinden. Der wahnsinnige Überfluss, die irrsinnige Verschwendung, die Kälte der Menschen, so wenig Freude, so wenig Lachen, so viel Wurstigkeit gegenüber den Mitmenschen, selbst den Nachbarn, den Hausgenossen gegenüber – das alles war schwer zu ertragen. Hätten wir Arbeit in Afrika finden können, wir wären gar nicht zurückgekommen. Das geht vielen Leuten so. Da wir die Wohnung hatten aufgeben müssen (hätten wir finanziell einfach nicht halten können), hatten wir lange zu kämpfen, bis wir eine Bude fanden. Und dann konnten meine beiden Bücher, die ich in Afrika geschrieben hatte, für die ich schon etwas Vorschuss erhalten hatte, in dem Jahr der großen Rezession nicht erscheinen – nicht ein Verlag in ganz Deutschland hat nur ein Buch herausgegeben. Trotz guter Empfehlungen wagte sich kein Verlag an meine Bücher. Bis Linda sagte, dann mach es doch selber. Leicht gesagt. Ich machte es tatsächlich und zwar in Rekordzeit mit Hilfe eines Freundes an der HfbK in Hamburg, wo er mir die Instrumente zur Verfügung stellte. Ich ließ 3300 Expl. drucken, was bei vielen Kopfschütteln verursachte. Aber in einem Jahr waren die Bücher weg. Und ich fuhr nach 5 Jahren nochmals ein paar Monate nach Tansania, um ein neues Kapitel für eine 2. Auflage für den Bremer Verlag CON zu schreiben.

An der Herstellung des Buches habe ich tatsächlich ganz gut verdient. Am Schreiben keinen Penny. Hätte halt Verleger werden sollen.

Verdammt, ich muss allmählich zu meinem eigentlichen Thema kommen. Ja, ich komme, ich komme. Aber ein paar wichtige Dinge muss ich noch rasch sagen. 1988 trennte sich Linda von mir, was ich vorhergesagt hatte. Immer sagte sie, ich würde irgendwann die Flatter machen. Ich dachte scharf nach und konnte mit Sicherheit sagen, dass sie gehen würde. Das hat mich furchtbar mitgenommen, so dass ich regelrecht krank wurde, nicht so sehr äußerlich und nicht besonders sichtbar. Hingegen wurde ich innerlich fast zerrissen. Was mich auch sehr schmerzte, war der Verlust eines großen Teils der Erinnerung. Frauen und Männer haben völlig unterschiedliche Erinnerungen und wenn man sehr lange – über 20 Jahre – zusammengelebt hat, dann geht eine große Menge der gemeinsamen Geschichte verloren.

In jene Zeit fiel ein Ereignis, das ich in meiner Verfassung nicht richtig würdigen konnte. Lange zuvor hatte ich in Freiburg/Bg., wie schon erwähnt, ein kurzes, aber sehr intensives Liebeserlebnis mit einer Jüdin, die mit ihrer Familie auch ungeschoren die Hitlerzeit überlebte. Nachdem Esther, wie ich sie immer genannt hatte, mich in Hamburg ausfindig gemacht hatte und sie ein Treffen in Rom vorgeschlagen hatte, gab es keine Liebesbeziehung mehr, aber gleichwohl führten wir danach noch eine lange und ausführliche Korrespondenz, damals per Fax. Wir diskutierten viel über Politik, Literatur, Musik und dann brachte sie aber immer wieder die Holocaust-Story auf den Tisch. Sie versuchte, mir eine direkte persönliche Verantwortung unterzujubeln, wogegen ich mich ganz entschieden wehrte. Ich vertrat die Auffassung, dass wir als Volk eine kollektive Schuld haben, wie wir sie als Weiße gegenüber allen Völkern der Welt empfinden sollten, die wir geschunden, ausgebeutet, bestohlen, belogen und vergewaltigt haben. Nein, Schuld ist nicht das richtige Wort. Wir sollten eine Verantwortung für jene Menschen und Völker empfinden und alles tun, um ihr jetzigen Leben nach Kräften zu verbessern. Aber das wollte Esther/Rosemarie nicht gelten lassen – sie wollte mein persönliches Schuldgefühl. Das führte zum endgültigen Abbruch der Beziehung. Ich habe vor einigen Jahren, als ich mal wieder in die Briefe hineinschaute, die Wut bekommen und mindestens ein Kilo Briefe verbrannt.

Dass ich nichts mehr für Esther empfinden konnte, hatte natürlich mit meinem Leiden an Linda zu tun. Ich fühlte mich allgemein liebesunfähig. Ich wollte vergessen, aber es ging nicht. Ich stürzte mich in die Arbeit, was damals die afghanische Solidarität war, für die ich auch eine viel gelobte Zeitschrift herausgab, die ‚Afghanistan-Blätter'. Ich steckte meine ganze Kraft und mein ganzes Geld hinein, bis ich am Ende völlig pleite war, sogar zum ersten Mal in meinem Leben ca. 1000 DM Schulden bei der Bank hatte. Zum Glück für mich gab es große Probleme in der Organisation, so dass ich aussteigen musste, weil ich die Misswirtschaft in Pakistan nicht mehr verantworten konnte, vor allem nicht im Namen unserer Mitglieder. Ich war dann noch ein paar Jahre für den Schul- und Bildungsfunk des NDR tätig, bis auch dort das Ende kam. Bücher und Reportagen konnte ich nicht mehr schreiben, denn kein Mensch interessierte sich mehr für die Dritte Welt. Was im wesentlichen auch heute noch der Fall ist. Also blieben mir nur noch die Übersetzungen.

1993 machte ich einen Test, wie es wäre, ein ganzes Jahr in Spanien zu leben, ganz im Süden, in Andalusien. Mir wurden Übersetzungen versprochen, aber nicht ein Versprechen wurde gehalten. Mein schwedischer Freund und Verleger Kalle Hägglund besuchte mich in Motril, wo ich am Südhang der Alpujarras ein Minihäuschen mit Garten bewohnte, hoch über dem Städtchen Motril. Als Kalle meine Lebensgeschichte hörte, sagte er nur: Schreib das auf! Ich wollte nichts davon wissen, weil ich wusste, dass kein Mensch drucken würde, was ich zu sagen habe. Als er dann weg war und keine Arbeit kam, fing ich widerwillig doch zu schreiben an und mit der Zeit machte es mir Spaß. Es wurden 220 S., die dann erst einmal in der Schublade Staub ansammelten. Vor ein paar Jahren legte ich es auf meinem Blog auf, aber ich bin noch nicht dazu gekommen, es in ein e-Buch zu verwandeln.

1994 kam ich nach Deutschland zurück. Ich hatte mich aus verschiedenen Gründen gegen Spanien entschieden. Da sagte mein Freund Uli: „Die Krone liegt im Keller. Für eine DM gibt es jetzt fünf schwedische Kronen. Jetzt oder nie." Er war auch so einer mit dem Skandinavien-Syndrom und dem ewigen Wunsch nach einem Häuschen in Schweden. Er, seine Familie und ich allein fuhren also nach Schweden und suchten und suchten. Es war nicht einfach, aber plötzlich hatten wir auf einen Schlag in einem Dorf das Richtige gefunden. Ich für 24 000 DM, Uli für das Doppelte. Mein Haus hat 120 qm und einen Garten von 1300 qm. Und in Schweden ist jedes Haus bezugsfertig. Es muss alles vorhanden sein, von dem Staubsauger bis zur Tiefkühltruhe und dem Rasenmäher, obendrein noch jede Menge Einbauschränke, sodass ich meine Möbel in Hamburg verkaufen konnte.

Erst einmal hatte ich eine Menge am Haus zu tun, vor allem auch im Garten, der eine Wüstenei war. Die ersten paar Jahre konnte ich noch Übersetzungen machen, aber damit war Schluss, als die Leute aus der DDR rüberkamen und Übersetzungen für die Hälfte von dem miesen Seiten-Lohn machten, den wir bekamen. Ich schlug mich einige Jahre mit allen möglichen Arbeiten durch: ich renovierte Häuser von außen, legte Rasen an, musste Fußballplätze in Schuss halten,

Rasen mähen, Bäume fällen, Sprachkurse geben etc. Mit 68 erhielt ich dann die allgemeine Volksrente, mit der man keine großen Sprünge machen kann, die mir aber reicht. Endlich brauchte ich nicht mehr Klinken putzen gehen, wie wir es nannten, wenn man von Tür zu Tür nach einem Job rennen musste. Wenn man von Rundfunkredakteuren zu hören bekam: Sie sind überqualifiziert. Weil man nicht die allgemein übliche Scheiße, sondern durchdachte, kritische Arbeiten lieferte.

Ich beteiligte mich an Diskussionsgruppen via Email, übersetzte Bücher kostenlos, die ich für wichtig und notwendig hielt. Ich spielte auch oft Boule, wodurch ich viel in Schweden herumkam. Ich wanderte viel, machte ausgedehnte Fahrradtouren, half Freunden und Nachbarn. Machte drei Reportagereisen nach Venezuela, Ägypten und St. Petersburg, die zwar in Schweden veröffentlicht wurden, aber ohne einen Pfennig Honorar. In den Oasen der Wüste machte ich sogar zusammen mit Hesham Bahari eine Entdeckung und zwar von einigen Bauwerken, die wahrscheinlich dem Neolithikum zuzuschreiben sind, aber die selbst Wüstenexperten unbekannt waren. Ich entdeckte außerdem in zwei Oasen Kareze, die kunstvollen, im Orient (China oder Afghanistan) erfundenen Bewässerungsanlagen, die weder dem Reiseleiter noch den Experten bekannt waren.

Zum ersten Mal im Leben habe ich ohne äußeren Druck gelebt. Und erst sehr langsam und sehr misstrauisch näherte ich mich dem Internet. Der Computer war für mich lange nur eine bessere Schreibmaschine, die mich von meinen Tennisarmen befreite. Bis ich allmählich begriff, dass das Internet meinen Zielen dienen konnte.

Und noch eine Vorbemerkung: ich habe die aller tiefste Verachtung für die ganz große Mehrheit des deutschen Akademikerpacks, das mit schöner Konstanz immer schön die Schnauze hält. Das war unter der braunen Diktatur der Fall und das war unter der schwarzen Diktatur der Fall, die nahtlos an die braune anknüpfte, und das gilt bis zum heutigen Tag. Oh wie schnell die Adenauer-Mafia bei der Hand war, die Kommunistische Partei und die ‚Gottgläubigen' (der Kreis um Frau Dr. Mathilde Ludendorff, zu denen sich auch meine Eltern zählten) zu verbieten und die Bücherverbrennung kam auch schnell wieder in Schwung. Ich kann nur zwei Bücher nennen: der ganz wunderbare Band ‚Synchronoptische Weltgeschichte' von Anneliese und Arno Peters, der fertig zur Auslieferung an die hessischen Schulen bereit lag, aber auf Anordnung von Adenauer verbrannt oder eingestampft wurde (Warum? Weil dort sämtliche bekannten Revolutionen und Aufstände der Völker in der Welt- Geschichte verzeichnet sind.) Und dann noch ‚La Gangrène', das ich in der französischen Schweiz erstanden hatte, ein Dokumentarbericht über die schrecklichen Gräuel, die die Franzosen und ihre Fremden-Legion an den Algeriern verübt hatten. Hinzu kommt das schandbare Verhalten Adenauers zum Vorschlag von Josef Stalin zur Wiedervereinigung Deutschlands. Aus reinster Eigensucht und im ureigensten Interesse seiner katholischen Kirche, die ihre Mehrheit in Deutschland verloren hätte, hat er gegen die Interessen des Deutschen Volkes gehandelt. Da hätte man ihn spätestens an die nächste Laterne hängen sollen. Die Franzosen oder Italiener hätten es gemacht, aber nicht wir. Interessant ist ein Argument, das gegen Bismarck als Verrat an Deutschland vorgebracht wird, worauf Dr.

Srdja Trifkovic „Bismarck‘s System of Continental Alliances“ auf http://global-politics.eu/bismarcks-system-continental-alliances/ mich gebracht hat, dass Bismarck u. a. gegen einen Anschluss von Österreich an Deutschland war, weil er keine katholische Mehrheit im zentraleuropäischen Staat haben wollte und auch nicht zu viel konservative Ideen, was durchaus ein ernst zu nehmendes Argument ist. Der Artikel ist im Web- Magazin ‚Chronicles‘ zu finden.

IV DER HOLOCAUST

Nun also zum ersten Knackpunkt, dem Holocaust. Kalle Hägglund, der schwedische Verleger, ließ sich überzeugen, dass er es hier in Klavreström viel einfacher haben würde und eine Menge Geld sparen könnte. Ich konnte ihm ein Lager, ein Büro und ein Haus besorgen für einen Appel und ein Ei. Für seine Doppelwohnung in Stockholm hatte er sehr viel Geld bekommen. Hier konnte er eine Menge sparen, sodass er eine fieberhafte Verlegertätigkeit entfaltete. Bei Gelegenheit ließ er sich dann auch von mir ein paar Kapitel aus meinen Memoiren übersetzen, fand das gut und er begann mit der Lektoratsarbeit, während ich den Text ins Schwedische übersetzte. Nach den ersten drei, vier Kapiteln wurde er dann schwer krank und starb Knall auf Fall. Damit war wieder eins meiner Buchprojekte gestorben.

Aber nicht lange vor seinem Tod hat Kalle, der immerhin zu den bekanntesten linken Verlegern in Schweden gehörte und ein enger Freund von Jan Myrdal war, mich zum xten Mal gedrängt, mich endlich mal zum Holocaust schlau zu machen. Wieso denn, ich weiß doch alles. Du weißt gar nichts. Und dann drückte er mir ein dünnes Büchlein in die Hand: ‚En tom säck kan inte stå' (‚Ein leerer Sack kann nicht stehen' von Lars Adelskogh, Nordiska Förlaget, 2002). Das war ja schnell durchgelesen. Ich hätte einen Tobsuchtsanfall bekommen können. Stattdessen schämte ich mich halb tot. Der Autor Lars Adelskogh (fortan L A) präsentierte die hauptsächlichsten Beweise, von denen einer schlagender war als der andere. Und so eine Scheiße hat man, haben wir, habe ich ein Leben lang geglaubt? Ich musste fast 70 Jahre alt werden, bevor ich mir mal die ‚Beweise' anschaute. Ich habe mit an der Schuld getragen, die auch meinem Volk aufgeladen wurde. Zum Teufel auch. Ein solch ungeheurer Schwindel, dass es auf keine Kuhhaut geht. Und gerade lese ich wieder von einem angesehenen Mann, Prof. Antonio Caracciolo für Öffentliche Ethik in Rom, der ebenfalls die ganze Story bestritten hat, weshalb er seinen Lehrstuhl verlor. Aber er hat auf Schadensersatz prozessiert, zum Teil gewonnen und hält an seiner Auffassung fest, dass kein vernünftiger Mensch diese Story glauben kann. In der Huffington Post vom 16. Februar 2016 steht ein langer Artikel über den Fall.

Selbst die bekannte Zionistin Deborah Lipstadt erklärt in diesem Video „Behind the lies of Holocaust denial", weshalb die Leugnung des Holocaust kein Verbrechen sein sollte. Denkt doch nur an Giordano Bruno. Er stellte fest, dass die Erde nicht der Mittelpunkt der Welt ist und dass das Universum kein räumliches und zeitliches Ende hat. Um GOTTES WILLEN! Darüber durfte nicht geforscht werden, denn die Kirche hatte ein für allemal festgelegt, dass die Erde der Mittelpunkt der Welt ist. Folglich wurde Giordano Bruno vor fast 420 Jahren auf dem Scheiterhaufen verbrannt. Das würden die Zionisten heute hier auch gerne tun, aber sie trauen sich nicht, d. h. nur bei den Palästinensern, die sie gerne mit Phosphor-Bomben bei lebendigem Leibe verbrennen.

Gerard Menuhin, Sohn des weltberühmten Violinisten Yehudi Menuhin, nannte „den Holocaust das gewaltigste Abzock-Unternehmen des Menschheitsverlaufs". Er betont im übrigen mehrfach, dass auch **sein Vater und sein Großvater, der Rabbiner gewesen ist, ganz seiner Meinung**

gewesen sind. Sind sie alle Spinner, Lügner, Verbrecher, die in den Knast gehören? Leider hält Gerard auch Hitler für einen großen Staatsmann, aber das mindert nicht sein Verdienst.

Hier noch ein paar Kostproben aus dem genannten Buch von L. A., das 2002 erschienen ist:

- Dokument-Beweise gibt es nicht ein einziges, obwohl die Amerikaner an die 3000 Tonnen Dokumente abgeschleppt und großenteils unter Verschluss gehalten haben. Der bekannte Zionist und allseits anerkannte größte Koryphäe auf dem weiten Gebiet der Vernichtung der Juden, Raul Hilberg, liefert in seinem Mammutwerk von über 1000 Seiten nicht einen Beweis. Nur reines Geschwafel und reichlich Vermutungen. Er hat in einem Interview mit dem Nouvel Observateur (3. - 9. Juli 1982) zugegeben, dass es keine dokumentären Beweise über die ‚Vernichtung' und die ‚Gaskammern' gäbe. Auch die gleichzeitig in Paris stattfindende mehrtägige Experten-Konferenz hat nicht einen Beweis vorlegen können. (LA, S. 36 ff)
- Die Lüge musste aufgegeben werden. Kein Problem, wir haben eine neue hier von Hilberg mit definitiven Zahlen im Jahr 1997: alle Zahlen wurden revidiert und da waren es 0,7 Mill. weniger. Aber auch das musste revidiert werden und für Vergasungen blieb allein Auschwitz übrig. Dort steht heute ein Schild mit 1 Million, aber die Holocaust-Story spricht heute noch ausschließlich von 6 Millionen. Es spielt alles keine Rolle für das Zionistenpack in Tel Aviv, denn dort gilt immer noch die Zahl 6 Millionen. Ein Freund nannte es mal auf seinem Blog die jüdische Mathematik: 6 – 5 = 6. Punkt Schluss.

- Man ging von der Lüge ab, dass auch innerhalb Deutschlands in den KZ's vergast wurde und verlegte sich auf die Lager in Polen, was weiter weg und schwerer nachprüfbar war. Da wurden ‚genaue' Zahlen angegeben: für Auschwitz ‚WEIT' über eine Million, Treblinka 750 000, Belzec 600 000, Chelmno 300 000, Sobibór 500 000 und Majdanek 250 000 Tote.
- LA kommt in seinem Buch auf einen wichtigen Punkt zu sprechen: die drei Arten Beweise – Sachbeweise (technische Beweise), Dokumenten-Beweise und die Zeugenbeweise. Wie man in jedem Krimi nachlesen kann, sind die Zeugenbeweise die am wenigsten glaubwürdigen. Wenn es bei einem Mord drei Zeugen gibt, dann sagt der erste, dass der Täter groß und blond war, der zweite meint, rund und klein mit schwarzen Haaren und der dritte glaubt einen Afrikaner gesehen zu haben. Und bei den Sachbeweisen sieht es auch sehr finster aus, wie wir oben schon gesehen haben, und auch bei den Dokumentenbeweisen.
- Deswegen kaprizierten sich die Zionisten auf die Zeugenaussagen. Davon gibt es unendlich viele, weil es unendlich viel Überlebende gibt, die alle mit ‚eigenen Augen' Vergasungen und Öfen gesehen haben wollen. Da wurden und werden allen Ernstes die haarsträubendsten Geschichten erzählt und getreulich weitergegeben. Z. B. von den Schornsteinen, aus denen die Flammen lichterloh heraus schlugen, wovon es aus dem Gedächtnis auch ‚künstlerische' Zeichnungen gibt. Doch hier in Schweden weiß jedes Kind, dass sobald der Kamin brennt, das Haus rettungslos verloren ist. Oder dass in eine kleine Garage 200 Menschen gesperrt wurden, reingestopft bis an die Decke und mit einer Holztür ein-

geschlossen wurden. Dann kletterte ein SS-Mann aufs Dach und warf durch ein Loch eine Dose mit Ziankali-Tabletten hinein. Ich schämte mich fast zu Tode, dass für das „GRÖßTE VERBRECHEN ALLER ZEITEN“ solche Beweise angeführt wurden.

Trotz aller Widrigkeiten, aller ‚schlagenden Beweise‘, die sich als feuchter Dreck herausstellten, so ging die Holocaust-Propaganda munter weiter. Und **trotz all dieser pausenlosen Lügen werden die Khazaren, diese notorischen schamlosen Lügner, seit 75 Jahren immer noch ernst genommen, trotz ihrer notorischen Nichtachtung von UN-Beschlüssen, ihren unsäglichen Verbrechen gegen die Menschenrechte. Nach allen diesen millionen-fachen Lügen hätte man ihnen doch ihre immer NEUEN Lügen um die Ohren schlagen und sie zum Teufel jagen müssen.** Doch die Zionisten schossen aus allen Rohren, und alle die „unabhängigen Medien“ beteten es ununterbrochen nach. Tausende und aber tausende Broschüren und Bücher, Filme, Videos, hunderttausende Zeitungsartikel versäumen es selbst heute nach 75 Jahren nicht, ständig vom Holocaust zu schwätzen. Nun ja, damit werden nicht nur Milliarden, nein Billionen verdient und da fällt halt für viele was ab. Ein Film, in dem die Kirche mit Hochzeit oder Beerdigung und schnulziger Predigt vorkommen und in dem mehrfach der Holocaust genannt wird, ist automatisch ein hervorragender Film, der auf fette Preise zählen kann.

Folglich haben die Holocaust Leugner, resp. Revisionisten, wie sie auch gerne genannt werden, immer neue Bücher geschrieben und einen Beweis nach dem anderen vorgelegt, die alle Zionisten-Märchen gründlich widerlegen. Gerade heute habe ich einen langen Essay über die Werke des französichen Prof. Paul Rassinier gelesen. Ein aufrichtiger Mann, ein halber Kommunist und im Widerstand, der 1943 von der Gestapo verhaftet und nach Buchenwald gebracht wurde, später ins Außenlager Dora, wo er Typhus bekam, was ihn für den Rest seines Lebens arbeitsunfähig machte und zu seinem frühen Tod mit 61 Jahren führte. 1949 und 1950 veröffentlichte er „Crossing the Line“ und „The lies of Ulysses“, dem später weitere Titel, zahllose Artikel und Vorträge in Frankreich und Deutschland folgten. Die Bücher sind auf deutsch erschienen und sein Buch „Jahrhundert-Provokation“ kann man als eine pdf-Datei aus dem Netz herunterladen. Selbst sein Gesamtwerk kann auf Deutsch heruntergeladen werden. Auf S. 15 seines oben genannten Werkes schreibt er:

„Im Jahr 1914 war Deutschland ein blühendes, im Aufschwung befindliches Land. Seine Industrie, die durch den Umfang wie auch durch die Qualität ihrer Erzeugnisse an erster Stelle in der Welt stand, war fast zum Alleinlieferanten des Österreichisch-Ungarischen Reichs, der Mitteleuropa- und Balkanländer, Rumäniens, Bulgariens sowie des Osmanischen Reichs geworden. Sie hatte sich in weiten Teilen Afrikas und bis zum Fernen Osten durchgesetzt. Sie griff auf Nord- und Südamerika über, forderte im eigenen Land Frankreich und sein Kolonialreich sowie England und sein Commonwealth heraus. Rußland erschloß sich ihr, ein Absatzmarkt, der mehrere Hundertmillionen von Verbrauchern zählte und sich ständig ausdehnte. Deutschland hatte den höchsten Lebensstandard der Welt, seine Sozialgesetze gehörten zu den fortschrittlichsten, und das erzeugte vielfach Neid.“

Dies steht völlig in Übereinstimmung mit einer neuen Untersuchung des Schweden Fred Torssander über Deutschland von 1870/71 bis in 21. Jahrhundert, wo er meint, dass Deutschland nach der langen Depression von 1870–1889 zum ersten Wohlstandsland wurde.

Rassinier bestreitet vehement, dass es in irgendeinem KZ Gaskammern zum Töten von Menschen gegeben haben sollte. Er reiste kreuz und quer durch Deutschland, um einen Menschen zu finden, der sie mit eigenen Augen gesehen habe, aber er fand nicht EINEN. Ein guter Eintrag über sein Leben findet ihr in dem englischen Wikipedia-Eintrag. Der deutsche ist gefälscht und verlogen. Im Grunde genügt es voll und ganz, seine Bücher gelesen zu haben, um von dem Glauben an den Holocaust kuriert und eines besseren belehrt zu werden.

- Nur 6 Tage nach der Befreiung von Auschwitz erschien in der Moskauer Pravda,' (sic! Auf deutsch heißt das Wahrheit!) ein Artikel des Journalisten und Schriftstellers Boris Polewoi, in dem wohl zum 1. Mal von stationären Gaskammern die Rede war. Da er in Russland bekannt war, erhielt sein Artikel, den er zu einem Buch ausweitete, eine sehr weite Verbreitung und es bildete sich die Auffassung heraus, dass ALLE KZs Gaskammern hatten und man nannte exakte Zahlen an ‚Vergasten'. Elie Wiesel erzählte noch 1985, dass in Buchenwald (Nebenlager von Auschwitz), TÄGLICH 10 000 MENSCHEN VERGAST WURDEN'. Der GROßE Jorge Semprun, ehemaliger Kommunist und Weltautor, sprach in seinem Roman ‚Was für ein schöner Sonntag' auch noch 1980 von Vergasungen in Buchenwald, womit er seinen Absprung aus der Kommunistischen Partei Spaniens einleitete und besessen gegen Stalin und die SU hetzte. Dafür wurde er dann auch Kulturminister. Da hatte man bereits seit langem zugegeben, dass **NUR in Auschwitz** vergast worden sei. Man hat nie davon gehört, dass er seinen Bockmist korrigiert hat.

- In der englischen Wiki steht über Boris Polewoi folgender Eintrag: „Er ist vielleicht am besten wegen seiner Berichte über Auschwitz bald nach seiner Befreiung bekannt geworden, die zuerst in der Pravda veröffentlicht wurden. Seine Berichte unterschieden sich von dem, was andere fanden, einschließlich der Beschreibung eines Förderbandes, das zuerst die Leute elektrisch tötete und dann die Leichen in einem Ofen ablegte."

Ich finde allerdings, dass Rassinier der ehrlichste Zeuge ist, der auch das schändliche Benehmen von Kommunisten in den Lagern nicht verschweigt, obwohl er selbst auch ein Linker war und später als Abgeordneter für die KP im Parlament saß.

Im übrigen hat viel später Professor Robert Faurisson in einem langen Video bestätigt, dass Rassinier völlig Recht hatte. Er legte auch seine eigene Position dar und sagte beiläufig, dass viele ihn als einen Nazi bezeichnen, wozu er schlicht bemerkte: Ich bin kein Nazi. Alles, was er sagt, wirkt absolut glaubwürdig. Faurisson ist vor kurzem gestorben und Gill Bach hat über ihn einen ordentlichen Nachruf auf YoutTube gelegt. Trotz der Terrorgesetze gegen sogenannte Revisionisten hat Faurisson mehrere Prozesse ganz oder teilweise gewonnen. Er wurde im übrigen von den Hitlerfreunden, die den Holocaust kritisieren, weitgehend ignoriert.

An den Hitler-Fanatikern kritisiere ich, das es unehrlich ist, für die eine Wahrheit einzutreten, aber andere Wahrheiten zu verschweigen, zu leugnen oder gar zu bekämpfen wie etwa den wirklichen Holocaust an den Russen und Chinesen, womit sie im Grund nur ihre rassistische Gesinnung offen zur Schau tragen.

Obendrein fand man, als man in Moskau die Archive öffnete (‚Russland öffnet Akten aus dem Dritten Reich' am 13. Mai 2015 auf der Webseite „Schritte zur erfolgreichen Lokalisierung – doch da habe ich mich nicht hineingewagt, weil man da wohl ein Spezialstudium zur Orientierung braucht) und man tausende Dokumente fand, anhand derer man genau belegen konnte, wie viele Menschen in den Lagern von Auschwitz gestorben sind – an Epidemien, Seuchen, Krankheiten – anhand der Mengen an Kohle und Holz, die den Lagern zugeteilt wurden, der Essensmengen etc. Es war alles äußerst sorgfältig erfasst und aufgeschrieben und registriert worden. Was ebenfalls stets verschwiegen wird, ist die Tatsache, dass neben dem Lager Auschwitz die riesigen IBM-Fabriken standen, für die händeringend Arbeitskräfte gesucht wurden. Deswegen wurden alle Arbeiter gut versorgt, auch ärztlich. Dem Herrn Wiesel höchstpersönlich ist durch eine Operation das Leben gerettet worden. Warum? Um ihn zu vergasen? Es hilft alles nichts. Die Wahrheit soll nicht ans Licht kommen, deswegen sperrt man Forscher und Historiker ein, auch wenn sie 70 sind und mal hoch angesehene Professoren waren, oder 90 Jahre wie kürzlich Frau Haverbeck, deren Ruf und Ehre mit Füßen getreten werden; oft wird auch der Besitz dieser Leute zerstört und ihre Karriere zerstört und dann wird tapfer weiter gelogen.

L A nennt einige der wichtigsten Leute, die wirkliche, wissenschaftliche Untersuchungen gemacht haben, was außerordentlich schwierig ist. Ein Mann, in dessen Haus ein Mord geschieht und der nachweislich alle Spuren restlos beseitigt hat, unterschreibt damit sein eigenes Schuldig-Urteil. Hier nun ist „der Welt schrecklichstes und größte Verbrechen geschehen" (auch in sich schon so eine fette Lüge) und die Herren Sieger, die alles Interesse daran hätten haben sollen, das Verbrechen aufzuklären, taten im Gegenteil alles, um alle Spuren des Geschehens zu tilgen. Als das erledigt war, konnten sie in aller Ruhe mit dem Phantasieren beginnen. Ein vergleichbarer Fall ist ja 9/11. Ein so großes, so unerhörtes Verbrechen, das gleich ein Dutzend Kriege rechtfertigte. Aber man hatte nichts Eiligeres zu tun, als jede Spur zu verwischen und zu vernichten. Bei drei riesigen Wolkenkratzern ging das natürlich nicht so einfach. Es blieben somit eine Menge Spuren am Tatort, die deren ausbaldowerte Story Lügen strafte.

Was wurde in Bezug auf die Vergasungs/Vernichtungslager unternommen? Der französische Prof. Faurisson kam auf die Idee, dass man in Auschwitz die angeblichen „Vernichtungskammern" und deren Umgebung untersuchen sollte, da durch Anwendung so großer Mengen Cianyd deutliche Spuren zu finden sein müssten. Diese Idee wurde von dem Amerikaner Frederick A. Leuchter im Jahr 1987 ausgeführt. Man stelle sich das vor: 42 JAHRE NACH DEM KRIEG wird die ERSTE forensische Untersuchung vorgenommen. Fredrick A. Leuchter ist Experte für Gaskammern in den USA zum Töten von Menschen mit Zyanid oder Cyklon B und er hat auch mehrere Gaskammern für Gefängnisse konstruiert. Leuchter hat in Auschwitz in den Räumen, die alle Welt als Gaskammern bezeichnete, Proben genommen und in einem Raum, den die Deutschen als Gaskammer bezeichnet haben, weil dort die Kleidung aller Gefangenen desinfiziert wurden, insgesamt 28 Proben. Er hat sie nicht selbst untersucht, da er nicht Chemiker ist, sondern das tat ein Dr. James Roth, der aber nicht wusste, woher die Proben kommen. Alle Proben zeigten minimale Spuren von Zyanid, nur der Raum zur Entlausung hatte deutlich erhöhte Werte.

Du meine Güte, nun kamen ganz neue richtige Beweise auf den Tisch. Was tun? Ganz einfach. In Deutschland, Frankreich, Schweiz und Österreich wurde der Report schlicht verboten. Später hat der deutsche Chemiker und Diplomingenieur Germar Rudolf nach gründlichen Untersuchungen vor Ort seine Proben von dem angesehenen Institut Fresenius (Max-Planck-Institut) prüfen lassen. Viele Chemie-Professoren und Ingenieure lobten Rudolfs Arbeit in den höchsten Tönen. Als sein Report veröffentlicht wurde, damit natürlich auch der Fundort, war die unmittelbare Antwort, dass er vom Max-Planck-Institut entlassen wurde und nicht einmal seine Doktor-Arbeit mehr abgenommen wurde. Er wurde mitsamt Frau und Kleinkind brutal aus seiner Wohnung geworfen. Ein Mitarbeiter vom Max Planck -Institut ist plötzlich ein Idiot. Na dann wird er ja wohl nicht der Einzige in dem Verein sein oder? Er zog es vor, ins Ausland zu fliehen. Behörden nahmen eine Hausdurchsuchung bei seinen Schwiegereltern vor! Das sind die demokratischen Methoden des Zionistenpacks und ihrer Helfer.

Im übrigen war Rudolf in allen wesentlichen Punkten zu denselben Resultaten gekommen wie Prof. Leuchter in seinem Report. LA schreibt in seinem Buch, dass der Chef des Auschwitz-Museums die Ergebnisse nicht bestreitet, aber in einem Interview mit David Cole versucht, sie wegzudiskutieren: The Truth About the Holocaust (unter diesem Titel ist das Video auf YouTube zu finden). Und hier könnt ihr die Webseite laden, auf der Akademiker, wie der renommierte Prof. Norman Finkelstein oder der weltberühmte Saxophonist Gilad Atzmon sich weigern, den Verboten für gewisse Forschungen zu gehorchen (s. auch S. 87 im Buch von LA). Mir ist es ein Rätsel, wie man Leuten, die seit Jahrzehnten pausenlos und notorisch lügen, die jedes Mal, wenn die eine Lüge widerlegt ist, flugs mit einer neuen kommen, wie man solchen Leuten noch ernsthaft Glauben schenken kann.

Sachte, sachte und ohne großes Tamtam wurde die Zahl der ‚Vergasten' kontinuierlich reduziert. Von 6 Milllionen auf fünf, dann auf vier, 3 und Pressac und Klarsfeld kamen am Ende auf 600 000 – aber es ist trotzdem immer noch das „GRÖßTE VERBRECHEN" der Weltgeschichte und offiziell ist man immer noch bei sechs Millionen, auch wenn das Schild in Auschwitz jetzt 1 Million anzeigt. Und die neue Forschung von Fridjof Meyer vom Spiegel (Die Zahlen der Opfer von Auschwitz) kommt zum Ergebnis, dass in Auschwitz und Birkenau gar niemand, aber außerhalb von Auschwitz auf zwei Bauernhöfen **vermutlich 356 000 Menschen vergast worden seien**. LA schreibt: „Welcher Revisionist kann die Zahl der Umgekommenen mehr reduzieren, als es die vernichtungsgläubigen eigenen Autoritäten getan haben?" (S. 70) Und diese neue Zahl entspricht ziemlich genau derjenigen, die nach dem Krieg von dem Roten Kreuz veröffentlicht wurde und die bei 350 000 Toten lag, was aber sofort als Lüge abgetan wurde. Übrigens genauso wie im Falle der Dokumentarfilme, die das Rote Kreuz im KZ Auschwitz gedreht hat und die unmittelbar und sofort als Lügen abgetan wurden. Das ist schon toll. Die Leute drehen, fahren nachhause, haben unterwegs rasch einen Propagandafilm fabriziert, den sie dann in der Heimat der Öffentlichkeit präsentieren. Vor allem war es zu jener Zeit absolut unmöglich in ein oder zwei Tagen einen Film zu produzieren (s. a. Hitchcock auf s. 107).

Diese Zahl ist m. M. n. immerhin ein großes Verbrechen, die den Zionisten allerdings ganz offenbar als Bagatelle erschien. Deshalb mussten sie notwendigerweise auf ihre alte symbolträchtige Zahl von 6 Millionen zurückkommen, die schon nach dem 1. Weltkrieg den Menschen ins Hirn getrichtert wurde. Hier gibt es z. B. unter dem Titel "Don Heddesheimer: Der Erste Holocaust" ein ganzes Buch zum Runterladen aus dem Netz (jaja, ich weiß, dass er ein Rechter ist, aber er hat freundlicherweise vorgesorgt und die Dokumente in Faksimile abgedruckt). Man braucht ihn also nicht zu lesen, sondern nur die von ihm genannten jüdischen sehr interessanten Stimmen und Schriften, die in der *New York Times* abgedruckt wurden. Wohl gemerkt geht es hier nicht darum, dass 6 Millionen Juden von den Deutschen ermordert wurden, sondern darum, dass ständig von 6 Millionen Juden, die mitten im Kriegsgebiet zwischen Russland und Deutschland leben, die Rede ist in dem Sinne, dass sie ständig untergehen, verhungern, verfolgt und getötet werden andeutungsweise von Russen oder Deutschen – mal tausende, mal 700 000. Die 6-Millionen-Opfer-Zahl ist alt und geht bis in das 19. Jahrhundert zurück, als die Russen angeklagt wurden, die Juden zu verfolgen und zu vernichten.

Da schreibt am 10. Juni 1900 ein Rabbi Wise in der NYT, es gäbe in Russland 6 Millionen „lebende, blutende, leidende Argumente für den Zionismus". Am 14. Januar 1915 verurteilt ein Louis Marshall die Apathie der Juden gegenüber den „Millionen in schwerer Not". (*NYT*) Genau in dem umkämpften Kriegsgebiet Russland, Polen und Galizien würden „Sechs Millionen Juden leben". Und er fährt fort: „Wir hören von Pogromen und wir sitzen hier teilnahmslos herum." In der *NYT* vom 22. Mai 1916 steht: „ … in Polen, Litauen und Kurland sind von der Gesamtzahl von 2, 4 Mill. nur noch 1,7 Mill. übriggeblieben … von denen 700 000 in größter Not leben". 3 Monate später am 10. August 1917 titelt die *NYT*: „Deutsche lassen Juden sterben. Frauen und Kinder in Warschau verhungern." **Juden in den östlichen Kriegsgebieten** lautet ein Artikel vom American Jewish Committee 1916, wo berichtet wird, dass in dem Krieg die sieben Millionen Juden, die zwischen dem feindlichen Russland und dem feindlichen Deutschland sitzen, die „größte Last des Krieges tragen". Juden werden in Russland, Galizien, Rumänien Pogromen ausgesetzt, bei lebendigem Leib in ihren Synagogen verbrannt usw. **Im März 1919 macht Wilson den Zionisten Hoffnung auf Palästina** (*NYT* vom 3. März 1919). Laufend wird von furchtbarer Hungersnot der Juden in Polen berichtet, mal sind es 5 Millionen, mal 10 Millionen. Am 1. Mai 1920 ist in der *NYT* wieder von 6 Millionen Hungerleidenden in Ost- und **Zentraleuropa** die Rede. Am 31. Oktober 1919 meldet The American Hebrew „Die Kreuzigung der Juden muss gestoppt werden!" und weiter: „Sechs Millionen Männer und Frauen sterben … im drohenden Holocaust des menschlichen Lebens ..." Die sechs Millionen und der Holocaust ist damals schon immer präsent, aber mehr als eine Metapher für SEHR VIEL und SEHR SCHLIMM. Und man darf nicht vergessen, dass seit 1891 mit Gründung der Secret Society für die Briten und die Juden die DEUTSCHEN UND DIE RUSSEN DAS ABSOLUT BÖSE DARSTELLTEN. Die sollten sich gegenseitig umbringen, so viel wie möglich und zerstören so viel wie möglich. Sie sollten in Dämonen und Ungeziefer verwandelt werden.

Und mit den Deutschen schafften sie es ganz mühelos nach dem 2. Weltkrieg mit der Erfindung der ‚Gasöfen‘ und dem Märchen, dass in allen KZs die Juden vergast wurden. Ergo auch alle Juden, die in Auschwitz ankamen. Da wird mit komplettem Schweigen übergangen, dass IBM vor den Toren von Auschwitz eine gigantische Fabrik gebaut hatte. Und kein Wort davon, dass die Juden dringendst als Arbeitskräfte gebraucht wurden und dass große Transporte an viele andere Orte weitergeleitet wurden. So konnten die Zionisten dann auch später einerseits die Löhne für die Zwangsarbeiter in IBM-Fabriken von der Bundesrepublik einfordern und dann noch einmal für genau dieselben Leute, die angeblich vergast worden waren. (Arnold Höfs sammelte viele Dokumente, sogar auch eines aus Israel, das festlegte, dass es unter der deutschen Herrschaft 3,5 – 4 Millionen Juden gab; s. „Arnold Höfs: 10 Monate Gefängnis für freie Meinungsäußerung“ auf YouTube). Die **Bundesfinanzbehörde in Köln** gab ihm sodann die Auskunft, dass nach dem Krieg 4-5 Millionen Anträge auf Wiedergutmachung gestellt wurden. Ist das nicht wunderbar? Wenn das kein Reibach war!

Das kleine Buch von L. Adelskogh hat jedenfalls meinen Glauben an geschichtliche „Wahrheiten“ noch gründlicher erschüttert als Schulen und Medien es ohnehin schon taten. Ich habe dann im Netz noch jede Menge Material gefunden, die das bestätigten und untermauerten. Ich habe natürlich auch die Bücher von Germar Rudolf, Jürgen Graf, Carlo Mattogno gekauft. Mich ärgerte allerdings sehr, dass diese Fakten mit Vehemenz oft von Rechten vorgetragen wurden, die leider gerne andere sehr wichtige Fakten wie den wirklichen Holocaust an den Russen unterschlagen und Lügen über Stalin sowie allgemein über Kommunismus und die Kommunisten verbreiten. Das gilt auch für das schon genannte Buch von Gerard Menuhin, auf das ich erst kürzlich stieß und in Auszügen las und auch für sein Buch „Die Wahrheit sagen ….". Aber Gerard Menuhin schreibt auch das Folgende und daran gibt es nichts zu rütteln:

„Allein schon die Tatsache, **dass man den jüdischen 'Holocaust' nicht in Frage stellen darf** und dass jüdischer Druck demokratischen Gesellschaften Gesetze aufgezwungen hat, um **unerwünschte Fragen zu verhindern** – während derselbe angeblich unbestreitbare 'Holocaust' ständig propagandistisch aufgewärmt und der Glaube an ihn durch Indoktrinierung gefestigt wird – verrät schon alles. Sie beweist, dass er eine Lüge sein muss. Warum wäre es denn sonst nicht erlaubt, ihn in Frage zu stellen? Weil dies die 'Überlebenden' beleidigen könnte? Weil es 'das Andenken an die Toten schmäht?' Kaum hinreichende Gründe, um eine Diskussion zu verbieten! Nein; **solche Gesetze wurden verabschiedet, weil die Entlarvung dieser größten aller Lügen Fragen über so viele andere Lügen nach sich ziehen und den Zusammenbruch des ganzen brüchigen Gebäudes heraufbeschwören könnte."**

Hier ist also genau das Gleiche geschehen wie nach dem Ersten Weltkrieg. Die Linke, was damals die riesige **Kom-**

munistische Partei Deutschlands (KPD) war, überließ bestimmte Begriffe und Fakten einfach den Rechten, d. h. der hitlerschen NSDAP, wie der ‚Schandvertrag von Versailles', der doch selbst von vielen Ausländern so genannt wurde, die ‚Schuldfrage', die Begriffe ‚Volk' und ‚Vaterland', ‚Sexualität', ein Tabu -Thema, das sie den Schmutzfinken der Nazipartei überließen, anstatt den revolutionären Vorschlag von Wilhelm Reich ('Die Sexuelle Revolution' – liegt im Netz kostenlos zum herunterladen) aufzugreifen, so überließen die Linken nach dem 2. Weltkrieg ebenfalls alle die brennenden Themen – wie wiederum die Schuldfrage, den Känguruh-Prozess in Nürnberg (an dem die Sowjets leider ein gerüttelt Maß Schuld hatten), die Holocaust-Lüge, die Zerstückelung von Deutschland – alles überließen sie den Rechten. Und die Rechte hat diese eine große Lüge bekämpft, dafür aber viele andere aufgetischt oder flink unter den Teppich gekehrt.

Dass mit der Holocaust-Lüge der Khazaren mit aktiver Hilfe der Russen der eigentliche, wirkliche Holocaust an den Russen selbst hokuspokus zum Verschwinden gebracht wurde, ist den Russen bis heute nicht klar geworden. Daher dürfen sie sich auch nicht wundern, dass ihr ungeheures Opfer, das sie dem russischen Volk, aber auch der übrigen Welt brachten, nicht in das Bewusstsein einer Mehrheit der Menschen gedrungen ist. Ja, dass heute sogar die Amis frech lügen können und sagen, sie hätten den Weltkrieg gewonnen und die Menschheit von den Nazis befreit. Zum Totlachen, wäre es nicht so ernst. Diese Lüge wird so lange wiederholt, bis sie reif ist für die Schulbücher.

Natürlich fragt man sich auch, was diese Khazaren für Menschen sind. In Paranthese: Es war Shlomo Sand, der mit

Koestler der Meinung war, dass die Juden keine Juden waren sondern Khazaren (s. auf YouTube unter dem Titel ‚How I Stopped Being a Jew, Shlomo Sand, SOAS University of London). Wir wissen nur eins: Diese Fake-Juden sind notorische Lügner. Sie lügen aus Prinzip. Das fängt mit ihrer ganzen Geschichts-Schreibung an – das Exil in Ägypten, die Babylonische Gefangenschaft etc. Gilad Atzmon hat das sehr gut untersucht in seinem Buch „Der wandernde – WER?“ Gibt es auf deutsch in meiner Übersetzung im Zambon-Verlag, FFM.

Das waren eigentlich die Phantasien der echten Juden, die dann ja von den Khazaren ebenfalls übernommen wurden. Mit dem Religionswechsel versuchten sie auch, ihre Rasse wegzulügen. Aber sie sind keine richtigen Juden, sondern das indogermanische Volk der Khazaren (wenn das der Gröfaz gewusst hätte!), fake-Juden jüdischen Glaubens (KhjG). Weiß der Kuckuck, was den Häuptling der Khazaren dazu bewog, ausgerechnet den jüdischen Jehova-Glauben an Stelle des Christentums oder des Islam anzunehmen, den dann jedenfalls alle Untertanen befolgen mussten, wie das damals eben üblich war. Vielleicht war der Glaube der Juden, dass sie das auserwählte Volk Gottes sind, die große Verlockung, der Glaube, dass alle die anderen einfach Gojim sind, keine richtigen Menschen, schlimmer als Tiere, ein Dreck eben. ”Hier (im Talmud, d.V.) wird der Rassestolz auf die Spitze des Wahnsinns getrieben. Mit den Augen der Talmudisten bildet allein die jüdische Rasse das Menschengeschlecht; die Nichtjuden sind keine menschlichen Geschöpfe. Sie sind allein tierischer Natur.” (Mgr. Landrieux - Bischof von Dijon in ”L’Histoire et les Histoires dans la Bible”) Wenn das kein proto-faschistischer Glaube ist! Wie jede Religion im übrigen, außer den Naturreligionen. Da konnten sich die Khazaren aber ein wenig in dem Glanz der Juden sonnen. Aber was passiert denn mit einem Menschen, der nicht das sein will, was er ist? Er ist kein Khazare mehr, er verliert seine Heimat, er hat seinen alten Glauben nicht mehr, er hat sich nun einen menschenfeindlichen, frauenfeindlichen Glauben mit abartigen Riten aufzwingen lassen. Ja, wer ist er denn eigentlich? Muss man da nicht schizophren werden? Könnte dies nicht auch dazu geführt haben, dass sie sich nirgends einfügen konnten und daher Fremdkörper blieben?

Natürlich wird auch Shlomos Auffassung stark von den Zionisten bekämpft, doch da will ich mich nicht einmischen. Aber immerhin ist es ihnen gelungen, einen neuen Glauben zu erzeugen: Die Holocaust-Religion. Gilad Atzmon berichtet in seinem schon genannten Buch, dass der prominente israelische Philosoph Yeshayahu Leibowitz wohl erstmals diesen Begriff prägte und erläuterte: „Die jüdische Religion starb vor 200 Jahren. Jetzt gibt es nichts mehr, was die Juden in der ganzen Welt eint, außer dem Holocaust.“ (S. 182)

Gilad Atzmon zitiert weiter den Philosophen Adi Ophir, dass der Holocaust „bei weitem nicht nur ein historisches Narrativ ist, sondern zahlreiche wesentliche religiöse Elemente enthält. Er hat Priester (z. B. Simon Wiesenthal, Elie Wiesel, Deborah Lipstadt) und Propheten (Shimon Peres, Benjamin Netanyahu, die vor dem kommenden iranischen Judäozid warnen). Er besitzt Gebote und Dogmen (z. B. „Niemals wieder“) und Rituale (Gedenktage, Pilgerreisen nach Auschwitz usw.). Er verfügt über eine esoterische symbolische Ordnung (z. B. Kapos, Gaskammern, Kamine, Staub, Schuhe, die Figur des Muselmann [ein fast Verhungerter im KZ. A. d. Ü.] usw.).

....

Die Holocaust-Religion ist ganz offensichtlich judäozentrisch bis ins Mark. Sie definiert die jüdische raison d'être (Daseinszweck. A. d. Ü.]. Für zionistische Juden bedeutet sie eine totale Erschöpfung der Diaspora und sie betrachten den Goj als potenziellen irrationalen Mörder. Diese neue jüdische Religion predigt Rache. Sie könnte gut die finsterste, dem Menschen bekannte Religion sein, denn im Namen jüdischen Leidens erteilt sie die Lizenz zum Töten, zum Plattmachen, Atomwaffen einzusetzen, zu plündern und ethnisch zu säubern. Sie hat Rache zu einem akzeptablen westlichen Wert gemacht. (S. 184 und Ende des Zitats)

Aber Moment mal – dieses Leiden ist doch gewissermaßen ein Phantom-Schmerz – PHANTOM, da der Holocaust ja nie stattgefunden hat, was m. M. n. nicht nur die Oberen genau wissen. Aber das braucht ja das dumme Volk nicht zu wissen. Insofern ist das, was sich Zionisten-Khazaren gegenüber dem Volk der Palästinenser leisten, ein Verbrechen der höchsten Potenz. Ich finde es auch völlig daneben, deren Verbrechen mit der Apartheid zu vergleichen. Im Vergleich dazu war Südafrika geradezu ein Wohlfahrts-Staat.

Zu dem abermaligen Versagen der Linken nach dem 2. Weltkrieg muss man hervorheben, dass es die Linke, d. h. die KPD von dazumal ja nicht mehr gab. Die überwiegende Mehrheit wurde in den KZs zu Tode geschunden oder ermordet, die Reste, die sich in Moskau zusammengefunden hatten, die zum Teil aus suspekten Elementen bestand (s. Jan Myrdal in seinem Roman ‚Karriere'), gingen dann in den abgetrennten Ostteil Deutschlands, die Sowjetische Besatzungszone, die spätere Deutsche Demokratische Republik. Und im Westen saßen nur die aller kläglichsten Elemente. Sie bildeten zwar auch gleich eine Partei, die aber von Adenauer, dem großen Demokraten, ziemlich schnell verboten wurde. Alte Kommunisten traten nirgends mehr in Erscheinung. Den ersten traf ich Ende der 50-er in Paris. Er erzählte mir von dem Terror in der BRD gegen die Kommunisten, was ich einfach nicht glauben wollte und ihn als Spinner betrachtete. Die nächsten traf ich Anfang der 70-er Jahre in Hamburg, die nie eine kommunistische Erziehung genossen hatten. Ein Alter in einer Kneipe sagte im Vertrauen zu mir: „Bald sind wir dran und dann werden wir als erstes die Weiber in Blankenese durchficken." Neben ihm saß sein etwa 17-jähriger Sohn, ein völlig verhuschtes Büblein. Es war klar, dass am Ende dann die DKP entstand, ein ebenso kleinkarierter, ebenso kleinbürgerlicher Verein wie die Gruppe, die im Osten die Regierung bildete. Als dann das Haus von Erich Honnecker im West-Fernsehen nach dem Mauerfall gezeigt wurde, da war mir alles klar. Lieschen Müller hätte das auf ganz genau dieselbe Weise eingerichtet. Spießig bis dorthinaus, aber in jedem Zimmer ein Fernseher. Und konnte man da in einer Ecke nicht auch einen röhrenden Hirsch erkennen? Also, das will ich nicht beschwören, aber wundern würde es mich auch nicht.

V Deutschlands Schuld am 1. Weltkrieg

Allmählich begann ich mich auch zu fragen, woher eigentlich dieser grenzenlose Hass gegen die Deutschen und Deutschland kommt, seit 100 Jahren schon. Wodurch ist der entstanden? Spontan? Etwa so wie gegen die Russen? Obwohl dieser Hass eben gar nicht spontan entstanden ist, sondern daran hat die Heilige römisch-katholische Kirche einen erheblichen Anteil, wie Guy Mettan belegt. (Varför älskar vi att hata Ryssland? Oder das Original auf französisch: "Russie – Occident, une guerre de mille ans. La russophobie de Charlemagne à la crise ukrainienne." [Russland – der Westen, ein Krieg von 1000 Jahren. Die Russenphobie von Karl dem Großen bis zur ukrainischen Krise]). Und der Hass gegen die Deutschen? Wegen des Germanentums? Aber meine Güte, es gibt ja eine ganze Menge davon, die Skandinavier, die Engländer selbst (ohne Waliser und Schotten), die Holländer und Flamen, Österreicher, die Schweizer und die Alemannen und die Franzosen zum großen Teil, die alle nicht gehasst werden. Nur das deutsche Volk. Wegen der Sprache? Nein, denn auch viele ausländischen Sprachenkenner empfinden die deutsche Sprache als eine schöne und eine der präzisesten Sprachen der Welt. Es ist sehr viel einfacher. Weil es mitten in Europa liegt und die größte Bevölkerung hat, die zu allem Überfluss auch noch sehr tüchtig und intelligent ist.

Ich begann Material zu sammeln. Der Ordner wurde immer dicker und umfangreicher. Eine Menge Artikel, Bücher und Zitate. Ende 2016 und Anfang 2017 kaufte ich zwei Bücher – das eine von Peter Haisenko (den ich schon kannte, weil er als erfahrener Pilot eine sehr gute Analyse von dem Abschuss des malaysischen Passagierflugzeugs über der Ukraine geschrieben hatte, die ich übersetzte und auf meinem Blog veröffentlichte – die im übrigen nach wie vor gültig ist, wie jetzt die malaysische Untersuchungskommission festgestellt hat, während die Holländer nur rumeiern und alles verdrehen) mit dem Titel „England, die Deutschen, die Juden und das 20. Jahrhundert – Die perfiden Strategien des British Empire" (München 2010). Das zweite Buch stammt von den englischen Autoren Gerry Docherty & Jim Macgregor „Hidden History - The Secret Origins of the First World War" (Verborgene Geschichte – Die geheimen Ursprünge des Ersten Weltkriegs – das gibt es inzwischen auch auf deutsch.) Die Bücher beginnen im übrigen die Runde im Internet zu machen. U. a. hat James Corbett in seinem Report bereits mehrere Videos unter dem Titel ‚Hidden History' zum Teil mit Docherty & Macgregor veröffentlicht.

Das erste Buch mit 370 Seiten von Peter Haisenko ist ein Text von einem, wie er selbst schreibt, Amateur-Historiker. Er verzichtet auf Massen von Quellenangaben (was ich ebenfalls tue, denn heute kann man ganz schnell im Netz bestimmte Fragen kontrollieren, nicht alle, weil eine Menge Fragen gar nicht gestellt werden dürfen). Was Peter Haisenko zum Nachteil gereicht, ist sein Russenhass, bzw. Kommunisten-Hass, was oft ineinanderfließt. Obwohl sein Vater Russe ist, der unter Stalin zu leiden hatte (was und weswegen, erzählt er nicht), hat er die übelsten und fettesten Enten und Lügen über die Sowjetunion zusammengetragen und streut sie überall ein. Manche könnten einwenden, wenn er da lügt, dann ist das andere auch gelogen. Aber so einfach ist es nicht. Er übt quasi Rache an Russland für den Vater und er liebte seine deutsche Mutter und folglich Deutschland. Und er gibt sich redlich Mühe, die englischen Schandtaten möglichst objektiv zu schildern.

Folglich kann man einiges bei ihm lernen und man kann, wie gesagt, ja jeder Zeit alles auch nachprüfen, wozu es reichlichen Anlass gibt. Was er z. B. über die Entwicklung in England berichtet, ist haarsträubend. Er weiß nicht, dass die Angel-Sachsen, die aus dem norddeutschen-dänischen Raum kamen, England eroberten (was sich deutlich in den Wörtern England und englisch widerspiegelt), weiß auch nichts von der Eroberung Englands durch die Normannen, ein Brudervolk der Angelsachsen, die aus Südschweden in die Normandie auswanderten und dort ein Reich gründeten (die Wikinger waren also keineswegs nur Krieger und Plünderer, sondern Städtegründer – Dublin, Kiew – Reichsgründer und prima Handwerker und Bauern), das die französische Kultur verinnerlicht und angenommen hatte. In der Schlacht von Hastings besiegten und unterwarfen sie die Angelsachsen, die dann den plebs, das Volk, das Pack bildeten – bis heute. Der Grund war, dass sie nicht die elegante, elitäre französische Sprache verstanden (die von den Normannen auch in

Frankreich angenommen worden war), sondern nur das ‚ordinäre' Angelsächsisch sprachen. Folglich gibt es im Grunde zwei Sprachen im Englischen: Wörter mit lateinischem Ursprung und solche mit angelsächsischem Ursprung. Der Adel spricht bis heute hartnäckig das römische Englisch, wobei der großen Mehrheit natürlich nicht bewusst ist, dass sie auch nur einen ganz ordinären Dialekt – die Vulgata – sprachen (was Schopenhauer anmerkte), den die römische Soldateska benutzte.

Aber Haisenko hat darin Recht, dass die allgemeine englische Arroganz ihnen verbot, sich mit anderen zu vermischen. Kein Mann englischer Rasse durfte aus Indien eine Inderin mit nachhause anschleppen. Die Inderinnen waren gerade gut genug, um vergewaltigt zu werden. Ansonsten hasste man sie wie der Churchill geradezu krankhaft. Rassist reinster Rasse gewissermaßen.

Auf dem Holocaust besteht Peter Haisenko aber eisenhart, obwohl er weiß, dass es keine Juden sondern Khazaren sind und obwohl die Bevölkerungs-Zahlen, die er selbst angibt, ihm doch zu denken hätten geben müssen. Für die ganze Welt gibt er 10.6 Mill. im Jahr 1900 an und für 2000 sind es 13.2 Mill. laut der „Jewish Virtual Library". Tja, und dann sind also im 1. Weltkrieg 6 Mill. Juden ermordet worden und im 2. Weltkrieg nochmals 6 Mill., insgesamt also 12 Millionen. Da hätte es doch heute kaum noch einen Juden geben dürfen. Oder wie? Oh, da schreit einer halt! Das im 1. Weltkrieg war eine Lüge, nur im 2. Weltkrieg wurden 6 Millionen vergast. Achso, die 1. Lüge dieser notorischen Lügner glaubt ihr nicht, aber die zweite glaubt ihr ohne weiteres. Aber selbst wenn ihr unbegreiflicherweise die ersten 6 Mill. überseht und nur die

WELTWEIT 10.6 Mill. für 1900 annehmt und dann an die 6 Mill. in den USA und die 5 Mill. in Palästina denkt, dann kann doch da etwas nicht stimmen.

Und dann singt Haisenko das Loblied des Großen Napoleon. Dabei hat er nicht nur Europa sowie Nordafrika bis Ägypten mit Kriegen überzogen, sondern Deutschland auch den Code Napoléon gebracht. Hoppla! Einerseits wird Deutschland verdammt wegen seiner bösen Angriffskriege und Frankreich wird es verziehen, das sowieso weit mehr Kriege als Deutschland geführt hat. Und dafür, dass er uns den Code Napoléon aufs Auge gedrückt hat, sollen wir ihm auch noch dankbar sein! Genauso wie den Amis, die uns den Code Washington aufgezwungen haben. Und bis heute haben wir noch keine eigene Verfassung. Aber wenn Leute wie Hugo Chávez oder Muammar al-Gaddafi oder Evo Morales und Rafael Correa eigene Verfassungen dem Volk zur Abstimmung vorlegten, sind das Diktatoren. Soll man das etwa Prinzipienfestigkeit nennen?

Schließlich aber verzapft Haisenko auf Seite 82 einen unsäglichen Schwachsinn, den er bei gewissen Ultra-Rechten abgeschrieben hat. Er schreibt, dass kurz vor 1900 Deutschland in der kurzen Zeit seit 1871, als es den von Frankreich begonnenen Krieg gewann und die nationale Einheit herstellte, zu einer bedrohlichen Wirtschaftsmacht aufgestiegen war. Auch Russland schien sich für England zu einer gefährlichen Macht zu entwickeln. Daher entwickelte Großbritannien einen Plan, wie es die beiden Länder gegeneinander aufhetzen kann. So weit so gut. Dann schreibt er:

„Die Theorie zum Sozialismus/Kommunismus wurde von Karl Marx entwickelt. Im kapitalistischen England konnte er die Auswirkungen des Kapitalismus gut studieren. Unterstützt und gefördert wurde er von Friedrich Engels, einem englischen Industriellen." (S. 82)

Das ist wirklich beschämend. Das erste Mal, dass ich so einen Nonsense lese. Das weiß alle Welt bis hin nach China, dass Engels ein Deutscher war. Nun, ihm passt es andersherum besser, weil er dann fortfahren kann, dass England mit dem Sozialismus/Kommunismus eine „neue Waffe" gegen Russland in die Hand bekam. Dann aber fügt er einen eminent wichtigen Passus ein:

„In diesem Zusammenhang muss man einen Blick auf das Jahr 1918 werfen. Nach Versailles haben die Alliierten Russland angegriffen: England mit Frankreich von Norden, die USA und Japan von Osten. Bis 1923 standen bis zu 200 000 alliierte Soldaten in Russland und haben zeitweise fast 70% des Landes beherrscht. Das gesamte Vorgehen war undurchsichtig .... Der Krieg hat 13 Millionen Tote gefordert und ist dennoch aus den Geschichtsbüchern der Welt entfernt worden. Sie, die vorgaben, Frieden zu suchen, haben sich direkt nach der Demütigung Deutschlands unprovoziert in einen neuen Krieg gestürzt und sind für den größten Teil der Toten in der jungen Sowjetunion bis 1923 verantwortlich. So wurde der Start des ersten kommmunistischen Versuches mit den denkbar schlechtesten Voraussetzungen in Gang gesetzt. Das Land lag 1923 restlos am Boden." (S. 83)

Da hat er Recht, das war also der erste Holocaust an den Russen, aber diese schamlose Aggression ist aus den Geschichtsbüchern ausradiert worden, und wo sie zur Sprache kommt, wird sie einfach in ‚Russischer Bürgerkrieg' umgetauft. Und das Vorgehen war keineswegs undurchsichtig: das

Experiment Lenins und der Bolschewisten sollte und durfte nicht stattfinden. Damit wird auch Haisenkos Schmarrn widerlegt, dass England den Sozialismus in Russland als Waffe benutzen wollte. Und es wird auch widerlegt, was Haisenko an anderer Stelle zum Besten gibt, dass der Sozialismus nicht funktionieren kann. In knapp 20 Jahren hat Stalin mit dem russischen Volk das ganze Land aus dem Dreck gezerrt und eine Industrie aufgebaut und klugerweise hinter den Ural gelegt. Hat es zur Weltmacht erhoben mit einer starken Armee, die in der Lage war, die unbesiegte deutsche faschistische Armee vernichtend zu schlagen. Und Stalin hat nochmals in 20 Jahren nach dem 2. Weltkrieg mit dem Volk wieder Russland aufgebaut, als es noch viel schlimmer zerstört war. Aber der Sozialismus hat versagt! So ein Schwachsinn. Aber Russland verlor bei diesen beiden Aggressionen 40 Millionen Menschen! Das ist unvorstellbar. Deutschland hat in beiden Weltkriegen nur einen Bruchteil dieser Menschen-Verluste und enormen Verwüstungen erlitten.

Haisenko „vergisst" aber noch einen entscheidenden Punkt: die Angreifer aus dem Westen waren außer Deutschland, Frankreich, England und den USA auch noch die Polen, die Ukraine-Faschisten, Tschechoslowakei, Italien, Rumänien etc. Insgesamt waren 17 Länder (manche sagen 14) über die Sowjetunion hergefallen – gewissermaßen ein 2. Weltkrieg im Rahmen des 1. Weltkrieges und nicht ein russischer Bürgerkrieg, wie überall konstant und penetrant behauptet wird (ihr braucht nur in die Wikipedia zu schauen, ob deutsch oder englisch oder sonst einer Sprache). Natürlich stellten die Weißen unter General Koltschak, Krasnow, Denikin etc. sofort Truppen gegen die Bolschewiki auf, aber mit denen wäre man sehr schnell fertig geworden. Der Krieg hätte keine 5 Jahre gedauert und nicht 13 Millionen Opfer erfordert.

Wir sehen also, dass Peter Haisenkos Buch leider allzu viele Mängel aufweist. Für eine Wahrheit (z. B. dass Wilson den „fertigen Text des Versailler Friedensvertrages im nachhinein noch geändert und verfälscht" hat zum Nachteil Deutschlands, das wusste ich nicht) erzählt er drei Unwahrheiten. Ich kenne ihn nicht und kann ehrlicherweise nicht sagen, ob er es bewusst macht oder auf Grund seiner Indoktrinierung. Er liebt Deutschland und meint es gut mit Deutschland, aber er erweist damit dem Land einen Bärendienst. Deswegen kann ich sein Buch nicht empfehlen. Ich liebe Deutschland auch und alle seine guten Seiten, aber es hat auch sehr schlechte Eigenschaften und die werde ich bis an mein Lebensende nicht schönreden, sondern bekämpfen. Auch wenn man mir noch so viele Schimpfwörter an den Kopf wirft.

1. Neue Forschung von Docherty/Macgregor- Der Tag, an dem Deutschland-Hass zum Dogma wurde-Secret Society + Traum von Weltherrschaft

Nochmal: für mich war die Frage wichtig, woher dieser Deutschenhass kam. Wer war oder waren diese elenden Verleumder und Lügner, die Deutschland unentwegt in den Dreck zogen und pausenlos auf das Gröbste beschimpften, und wann begann es. Ich fand häufig irgendwelche Leute – darunter große Berühmtheiten wie Churchill, die Queen, Eisenhower, Wilson – eine sehr lange Kette – die gegen Deutschland hetzten, doch den Anfang bekam ich nicht zu fassen. Und als ich endlich mit meinem Buch beginnen wollte, hatte ich eine Sternstunde. Ich las von einem Buch, das ich umgehend bestellte: „HIDDEN HISTORY THE SECRET ORIGINS OF THE FIRST WORLD WAR" von Gerry Docherty & Jim Macgregor, beide Engländer (erschienen bei Mainstream Publishing, Edinburgh & London, 463 Seiten). In Schweden ist es bereits übersetzt worden und Deutschland hat ausnahmsweise mal nicht geschlafen und hat dieses Buch von höchstem nationalem Interesse auch veröffentlicht – und zwar im Kopp Verlag für nur 10 €. Das ist ja kein gewöhnliches Geschichtswerk, sondern ein Krimi, nein ein Thriller par excellence.

Hier endlich fand ich nicht nur das Jahr und den Monat,

sondern sogar den Tag und beinahe die Stunde, in der dieser Hass das Licht der Welt erblickte. Der Kolonialist und Rassist Cecil Rhodes hatte ja für das Britische Imperium quer über den Kontinent Afrika eine Schneise geschlagen – von Ägypten, Sudan, Kenya, Uganda – dann ein Stolperstein Tanganyika, das sie erst nach dem 1. Weltkrieg an sich reißen konnten – Nord-und Südrhodesien, Botswana, Transvaal und – Stolperstein Nummer zwei – der Freistaat Oranje der Buren – und die Kapkolonie bildete den Schlussstein. Es ging Rhodes vor allem nun um den Freistaat Oranje, denn er wusste, dass dort im Westen des Landes ungeheure Lager-Stätten an Diamanten und Gold auf ihn warteten. Er provozierte Überfälle, verlogene Aussagen vor seiner Regierung in London, aber Präsident Krüger, gewählter Präsident des Buren-Freistaates, konnte die ersten Angriffe abwehren. Und da schickte ihm der Kaiser Wilhelm II aus Berlin ein Glückwunsch-Telegramm am 3. Januar 1896, das ihm zu seinem Erfolg gratulierte: „ … die Unabhängigkeit seines Landes gewahrt zu haben ohne die Notwendigkeit, seine Freunde um Hilfe zu rufen“. Dies relativ harmlose Telegramm rief in England einen Sturm der Entrüstung sondergleichen hervor. Aber lassen wir Docherty & Macgregor (in Folge D&M) sprechen:

„Des Kaisers Telegramm wurde als verdeckte Drohung dargestellt mit Deutschlands Bereitschaft, die Buren in jedem Kampf gegen das Imperium zu unterstützen. Die chauvinistische britische Presse entfachte einen andauernden Sturm anti-deutscher Gefühle. Die Times deutete des Kaisers Note um in eine unverschämte Einmischung der Deutschen und erklärte: „England wird auf Drohungen nicht nachgeben und wird sich Beleidigungen nicht gefallen lassen." Die Schaufenster deutscher Geschäfte in London wurden zertrümmert und deutsche Seeleute wurden angegriffen in echt demokratischer Manier. Wilhelm II antwortete mit einem Brief an seine Großmutter Queen Victoria äußerst versöhnlich: „Niemals war das Telegramm als ein Schritt gegen England oder Ihre Regierung gedacht" (S. 37).

Aber es half alles nichts. Von jener Stunde an hat die englische Presse in übelster chauvinistischer Manier ununterbrochen den Hass gegen das deutsche Volk am Kochen gehalten. Da muss sich doch jeder kühle und kluge Kopf fragen, was dahinter steckt. Da wird doch offensichtlich eine Mücke zu einem Elefanten aufgeblasen. Zumal es seit langem keine größeren Differenzen mit England gegeben hatte. Zuletzt hatte ja Deutschland – d. h. General Blücher - den englischen General Wellington in der Schlacht bei Waterloo vor einer katastrophalen Niederlage gerettet. Aber so etwas vergessen die Engländer schnell – SIE haben den Sieg über Napoleon errungen und damit basta. Also noch einmal, weshalb spuckten die Engländer Gift und Galle?

Außerdem: Da wird ein kleines Land und obendrein eine Demokratie im Gegensatz zu England – der Freistaat Oranje – von einer Großmacht (damals) ohne jeden Grund angegriffen und wäre es da nicht geradezu die Pflicht der anderen Länder gewesen, vor allem der sogenannten ‚uralten' Demokratien gewesen, diesem Land Hilfe zu leisten? So etwa wie die Sowjetunion der Spanischen Republik 1936 an die Seite gesprungen ist, was die hochedlen Demokratien Frankreich und England und die Superdemokratie USA nicht taten?

Nun, die Engländer sahen es als das ihnen von Gott gegebene Recht an, sich die Goldgruben unter den Nagel zu reißen, auch wenn dabei zig-tausende Kinder, Frauen und Männer viehisch ermordet werden mussten. Und dies ist der Kern des Buches, aus dem sich alles andere entwickelt und daher bereiten D&M auch den Leser gleich in der Einleitung darauf vor:

„Die Geschichte des 1. Weltkrieges ist eine bewusst zusammengebraute Lüge. Nicht die Opfer, der Heroismus, die entsetzliche Verschwendung von Menschenleben oder das Elend, das folgte. Nein, dies war alles sehr real, aber die Wahrheit, wie alles begann und wie es unnötigerweise und bewusst verlängert wurde über 1915 hinaus, das ist erfolgreich ein Jahrhundert lang verborgen worden. Eine sorgfältig gefälschte Geschichte wurde geschaffen, um die Tatsache zu verbergen, dass Britannien, nicht Deutschland für den Krieg verantwortlich war. Wäre die Wahrheit nach 1918 weithin bekannt geworden, wären die Folgen für das britische Establishment katastrophal geworden." (S. 11)

Wie bitte? Das lesen wir noch einmal. Was uns hundert Jahre in die Hirne gehämmert wurde, von den Schulen, den

Zeitungen, den Universitäten, den Filmen, das soll alles Lüge gewesen sein? Wo doch gerade vor ein/zwei Jahren ein erneuter Historikerstreit genau über diese Frage ausgebrochen war und wieder waren die britischen Ritter der Wahrheit in die Schlacht gezogen, um zu verhindern, dass an ihrer Wahrheit gerüttelt werde.

Aber hier erhalten wir die akribisch zusammengetragenen Beweise von D & M und es liegt an uns, sie den Lügnern um die Ohren zu schlagen. Ich suchte nur nach der gnadenlosen, nie dagewesenen, geradezu krankhaften Hetze gegen die Deutschen! Und jetzt gerate ich in einen Sumpf, in eine Intrige gigantischen Ausmaßes mit einem Vernichtungsplan nicht nur Deutschlands, sondern gegen das ganze deutsche Volk, gegen den Kaiser, die Regierung, die Parteien, die Industrie – gegen alle Deutschen, durch die Bank. An keinem Deutschen ließ man nur ein gutes Haar. Und man schlug weiter auf sie ein, als sie längst am Boden lagen und sich gar nicht mehr wehren konnten.

Jetzt aber darf es nicht weiterhin geschehen, was schon seit den 20-iger Jahren des vorigen Jahrhunderts geschieht. Damals haben die Siegermächte per DEKRET festgelegt, dass Deutschland die alleinige Schuld am Krieg trug. Und die drei Siegermächte England, Frankreich und die USA taten alles, um alle Beweise für das Gegenteil sorgfältig zu vernichten. Sie hatten ja Übung darin und machten es im 2. Weltkrieg gleich noch einmal. Aber nur wenige Jahre nach dem Versailler Friedensvertrag erschienen Bücher von angesehenen Historikern in den USA und Kanada wie Sidney B. Fay, Harry Elmer Barnes und John S. Ewert, die laut D & M ernste Zweifel an der Version der Sieger äußerten. Es waren Leute, die unsere Schuld am Krieg milderten und sie etwas verteilten. Gleichwohl wurden sie heftig attackiert und der Lüge beschuldigt. Es sollte unbedingt nur die eine selig machende Wahrheit geben.

Auch kürzlich sind wieder Bücher zu dem Thema erschienen, darunter das Buch von einem Christopher Clark, der schrieb, dass alle Kriegsteilnehmer schlafwandlerisch in den Krieg getappt seien. Würde gerne wissen, an welcher Universität er diese Idiotie aufgeschnappt hat. Wir, so D&M hingegen,

„ … sagen, dass die ahnungslose Welt von einer geheimen Kabale von Kriegshetzern in Londen in einen Hinterhalt gelockt wurde. Wir entlarven die Vorstellung, dass Deutschland für das grässliche Verbrechen an der Menschheit verantwortlich war oder dass Belgien eine unschuldige, neutrale Nation war, die unerwartet von dem deutschen Militarismus überfallen wurde. Wir demonstrieren klar und deutlich, dass die deutsche Invasion Belgiens kein Akt von hirnloser und wahlloser Aggression war, sondern eine Reaktion, die Deutschland aufgezwungen wurde, als ihm eine direkt bevorstehende Vernichtung drohte. Vom Tag seines Entwurfes war der Schlieffenplan eine Verteidigungsstrategie und der letzte verzweifelte Akt für Deutschland, um sich selbst zu schützen vor dem simultan-Angriff aus dem Osten und dem Westen der riesigen russischen und französischen Armeen, die an seinen Grenzen zusammengezogen worden waren.“ (S.12)

Der Krieg begann auch nicht erst 1914, sondern wurde schon viele, viele Jahre davor von einer Gruppe skrupelloser, reicher und mächtiger Männer ins Auge gefasst, die sich 1891 vorgenommen hatten, zuerst Deutschland zu zerschmettern mit dem langfristigen Ziel, sich die ganze Welt zu unterwerfen. **Das Endergebnis sehen wir jetzt in dem US-anglo-sächsischen globalen Imperium.** Diese geheime Elite plante den Burenkrieg von 1899-1902, um sich die Goldminen in Transvaal zu greifen; auch dort schon zeigte sie, mit welcher Brutalität sie bereit war vorzugehen. Es war einer der längsten, blutigsten und teuersten Kriege Englands.

Die Engländer hatten dort die KZs erfunden, in denen zehntausende Buren, inkl. 20 000 Kinder verreckten. Bevor jetzt viele Leute zur Schlussfolgerung kommen und dies als verrückte Verschwörungstheorie ansehen, sollten sie vielleicht noch einen Blick in die Bücher von einem hoch geschätzten Prof. Carroll Quigley werfen (‚The Anglo-American Establishment‘ und ‚Tragedy and Hope‘ – beide gibt es online). Das erste hatte er schon 1949 geschrieben, aber es war so gefährlich, dass es erst nach seinem Tod veröffentlicht werden sollte. Quigley kannte einige der Haupt-Protagonisten und Leute, die alle Beteiligten noch in London gekannt hatten. Kein Wunder, dass auch seine Bücher verfolgt, vernichtet und verbrannt wurden – in den USA wohl gemerkt! D&M geben freimütig zu, dass Quigley für sie eine der wichtigsten Quellen gewesen ist! Aber sie fanden nichtsdestoweniger noch ein weiteres Dutzend dieser Sippschaft, ohne Garantie auf Vollständigkeit.

Nun ist es an der Zeit, euch diese illustre Gesellschaft zu präsentieren, die nichts als Tod und Verderben, Millionen Tote, Hunger und Elend über die Menschen gebracht haben – und Glorie, Ruhm und Reichtum für einige sehr, sehr wenige – Verbrecher.

Cecil Rhodes, (auf der deutschen Wikipedia-Seite liegt

Överst: Cecil Rhodes (t.v.) och Reginald Brett. Nere t.v.: Lord Rotschild, t.h.: William T. Stead

eine recht gute Beschreibung dieser Figur), Pfarrerssohn, Diamanten-Milliardär, gründete die geheime Gesellschaft Ende des 19. Jahrhunderts in London. Er legte die unerschöpflichen Gold-und Diamanten-Felder Rothschild zu Füßen. Und dort liegen sie heute noch. Es versteht sich, dass für Rhodes nur Weiße als Menschen galten, und die Spitze der weißen Pyramide für die Anglo-Sachsen vorgesehen war. Er und seine Kumpane waren sich darüber klar, dass Deutschland England schnell in allen Bereichen – in Technologie, Wissenschaft, Industrie und Handel – überholen würde. Deswegen müsste es vernichtet werden und als Kuckuck aus dem afrikanischen Nest geworfen werden. Er wurde der Leiter der Secret Society (S. S.), der Geheimen Elite.

Reginald Brett, alias Viscount Esher traf William Stead und Cecil Rhodes im Februar 1891 in London, um einen Entwurf für eine geheime Gesellschaft nach dem Vorbild der Jesuiten vorzubereiten. Wer war er, der uns heute natürlich nichts mehr sagt? Lord Esher war auch ein Pfarrerssöhnchen und wird bei Wiki als liberaler Politiker geführt, wobei aber zugegeben wird, dass er auch ein Fixer war, eine Graue Eminenz. Er war zusammen mit Rhodes bei Nataniel Rothschild, um ihren Plan darzulegen. Natty, guter Freund der Queen, war Feuer und Flamme und gehörte fortan zum innersten Kern, wie später auch die Queen. Er hatte großen Einfluss auf die Queen, den nachfolgenden König Edward VII und den König George V.

William T. Stead war eine schillernde Figur. Über ihn gibt es auf der englischen Wikipedia-Seite einen sehr ausführlich und natürlich geschönten Artikel. Auch er war ein Pfarrersohn und brachte es zu einem einflussreichen Zeitungsmann, Chefredakteur der PallMall, wo er eine Reportage über die florierende Kinderprostitution in London schrieb, die ihn enorm reich machte, und so kam er in der Kreis von Rhodes als enger Mitarbeiter. Er war sozusagen der Erfinder der Boulevardzeitung und schuf ein Zeitungsimperium. Als bekanntester Engländer ging William T. Stead mit der Titanic unter.

Die Seite über **Alfred Milner** öffnet sich nur widerstrebend. Macht sich das Google-System eigenständig? Will es

Lord Milner (t.v.) och Winston Churchill

sich mit so einer Verbrecherperson, einem Kriegshetzer par excellence, aus dessen Mund höchstens aus Versehen mal eine Wahrheit kam, besessen nach Macht und Reichtum und Kinderschänder vielleicht nicht befassen? Oh nein, stotter, stotter und die Seite ist da. Naja, aber erwartet nicht, dass dort etwas steht über das, was ich hier gerade gesagt habe. Ja, er hat den Burenkrieg vom Stapel gelassen und ist dann für seine großen Verdienste zum Gouverneur des Buren-Freistaates ernannt worden. Als Staatsmann des Imperiums war er natürlich ein liberaler Politiker, der stets die Fäden aus dem Hintergrund zog und dann zum Lord aufstieg. So steht es bei der famosen Wikipedia.

Und jetzt fehlen nur noch zwei der wichtigsten Leute, einer der größten Banker der Welt, **Natty Rothschild**, und einer der übelsten Kriegshetzer und Mörder, die es je gab – **Winston Churchill**.

1901 starb die Queen Victoria und ihr Nachfolger wurde Eduard VII – der erste Herrscher auf Englands Thron aus dem Hause Coburg, das aus Hass gegen die Deutschen in Haus Windsor umbenannt wurde – und an die Regierung kam Arthur James Balfour, 1. Earl of Balfour, ein Mann, der heute noch von Millionen und aber Millionen in die Hölle gewünscht wird. Dazu kommen wir später. Hier ist erst einmal wichtig, dass beide der Geheimen Gesellschaft angehörten resp. der Secret Society (S. S.). Edward war nicht nur Playboy, sondern Deutschenfresser ohne Maß und Ziel, genau wie seine Gattin Alexandra v. Dänemark. Sein aufwendiger Lebensstil wurde von – Nataniel Rothschild bezahlt. Das hier ist die Crême de la Crême der Secret Society, der Geheimen Gesellschaft.

Es kamen laufend neue Leute dazu, die auf die eine oder andere Weise wichtig und nützlich sein konnten. England hatte 80 Jahre in der ‚Splendid Isolation' (glänzende Isolation) gelebt und die Secret Society musste sich an vielen Höfen in Europa lieb Kind machen und eine starke Allianz aufbauen, wenn sie Deutschland besiegen wollte. Das war nicht einfach, da England sich den Ruf ‚Britannia Perfidia' erworben hatte, das treulose, heimtückische England. Und diesem Ruf machte es, wie wir sehen werden, auch weiterhin alle Ehre.

Mit Beginn des neuen Jahrhunderts begannen Gerüchte zu kursieren, dass die Deutschen in allen Bereichen auf dem Vormarsch sind und uns überall die Märkte stehlen, sich im Nahen Osten und Afrika breit machen und uns bald überholt haben werden'. Sagten jene, die schon fettärschig überall in der ganzen Welt hockten. Peter Haisenko spricht von einer katastrophalen Wirtschaftslage in England um die Jahrhundertwende. Ich habe mir gerade die Daten für die deutsche Wirtschaft um die Jahrhundertwende angeschaut und da stellte ich einen leichten Rückgang bis 1902 fest. Aber man kann annehmen, dass das auch zu dem Deutschen-bashing gehörte wie jetzt das Russen-Bashing, wo alles, was schief läuft, den Russen angelastet wird. Damals haben die Engländer sich jedenfalls einen genialen, sehr smarten Schildbürgerstreich geleistet. Sie setzten durch, dass alle Produkte Englands gestempelt werden sollten mit Made in Great Britain und die deutschen Waren entprechend mit Made in Germany etc. Mit dem Ergebnis, dass die Menschen in aller Welt viel einfacher ohne lange Sucherei die deutschen Waren finden konnten.

Aber D&M haben über einen längeren Zeitraum (1880 - 1903) beachtliche deutsche Zahlen für Kohle, Eisen & Stahl gefunden (vgl. mit S. 29). Das reichte aus für den neuen Schlachtruf Londons: **Germania esse delendam**. Dies ist letztendlich völlig unverständlich. Erstens hatte Deutschland keine Kolonien sondern nur Schutzgebiete gehabt, die niemand anderes haben wollte. Mit geringer Bevölkerung, die obendrein sehr heftigen Widerstand leistete. Ein Volk in Tansania hat sogar kollektiv Selbstmord begangen, um nicht in die deutsche Sklaverei zu gelangen. Zweitens war Deutschland auch hinsichtlich seiner Naturressourcen nicht sonderlich bevorzugt (Kohle, Eisenerz, Salz, wenig Erdöl). Deutschland war aus dem Heiligen Römischen Reich deutscher Nation hervorgegangen und war lange kein eigentlicher Staat mehr gewesen. Es war ein zusammengewürfelter Haufen von Staaten, Herzogtümern, Fürstentümern, winzigen Grafschaften, reichsfreien und Hanse-Städten, wo sich alle umliegenden Länder bedienen konnten. Drittens hatte Deutschland erst seit 1871 eine prekäre Einheit gewonnen, d. h. es war noch kein gefestigter Nationalstaat wie Frankreich, Holland oder England.

Unter diesen Voraussetzungen hat es sich aus eigener Kraft – d. h. **ohne zusammengestohlene Reichtümer aus der ganzen Welt** – hochgearbeitet und hat sich zu einem selbstversorgenden Land gemacht – und wurde sofort angegiftet. (S.59) Damals jedenfalls entstand in ENGLAND – nicht in Schottland und Irland – eine Germanophobia/Teutonophobia, die bis in die Gegenwart anhält, was jedenfalls die Metapedia behauptet. England begann damals schon, sich als Schlusslicht in Europa zu sehen. Manche Leute hatten recht deutlich erkannt, worum es bei der Germanophobie wirklich ging, zum Beispiel der Baron von Greindl, belgischer Botschafter in Berlin, der am 18. 2. 1905 sagte:

"Die wahre Ursache des Hasses der Engländer gegen Deutschland ist die Eifersucht, hervorgerufen durch die außergewöhnlich rasche Entwicklung der Handelsflotte, des deutschen Handels und der deutschen Industrie. Dieser Haß wird fortbestehen, bis die Engländer sich mit dem Gedanken vertraut gemacht haben, daß der Welthandel kein Monopol ist, welches England von Rechts wegen zukommt. Es war klar, daß die Neuorganisierung der englischen Flotte gegen Deutschland gerichtet war."

England hatte noch weniger Bodenschätze als Deutschland, hatte dafür aber in allen Ecken der Welt unendliche Reichtümer zusammengerafft und gestohlen, wovon das Volk aber nichts zu sehen bekam. Die verschwanden zu 90 % in den Koffern der Queen, der Rotschilds und der City of London. Eine wichtige Funktion hatten die Schätze aber doch – man konnte sich kaufen, wen oder was man sich wünschte.

Und diesen Job übernahm die Secret Society. England musste raus aus der Splendid Isolation und es brauchte Bundesgenossen, die große Armeen auf die Beine stellen konnten. Und da kamen nur Frankreich und Russland in Frage. Aber es war gerade mal gut 40 Jahre her, dass die Engländer die Franzosen gegen die Russen in das Krim-Abenteuer gelockt hatten, wo die Engländer schnell aufgerieben wurden und die Franzosen die blutigen Schlachten schlagen mussten. Der Zar hatte das wohl längst vergessen und die Franzosen offenbar auch und meinten nun, dass Edward VII ja sooo charmant sei, dass sie gar nicht merkten, wie gut Edward sie einseifen konnte; den Zaren einzuseifen, übernahm der russische Botschafter in Kopenhagen, Intimus der stramm anti-deutschen dänischen Königin. Und der deutsche Kaiser merkte nicht, wie gegen ihn eine gigantische Koalition geschmiedet wurde. Die Deutschen Intellektuellen wussten auch nichts, auch der Geheimdienst hat keine Ahnung gehabt und die Arbeiter erst recht nicht. Wie denn auch, wenn selbst die Engländer keine Ahnung gehabt haben davon, was die S. S. zusammenbraute.

Die Engländer begannen Zwischenfälle zu inszenieren, wie etwa den Marokko-Zwischenfall. Deutschland, Frankreich und England hatten ein Abkommen, mit dem sie die Unabhängigkeit des Nordafrikanischen Landes gemeinsam garantierten sowie gleiche Handelsrechte für alle. Spanien, Frankreich und England knobelten jedoch insgeheim aus, dass Marokko französisches Protektorat werden müsse. Man setzte den Sultan unter Druck und der wandte sich an Deutschland, was ganz selbstverständlich war. Der Kaiser gab ihm recht und er forderte eine gemeinsame Konferenz mit allen Beteiligten. Und wieder ging ein wahnsinniges Geheul gegen Kaiser und das deutsche Reich los, gut orchestriert von der S. S., obwohl der Kaiser völlig korrekt gehandelt hatte. Dies galt lediglich der Vorbereitung für den großen Krieg, den großen Schlag. Deutschland musste als ständige Bedrohung, als kriegerisch und verräterisch dargestellt werden. Kennen wir das nicht wieder von einem anderen Land, das auch ständig bedroht wird und alle seine eigenen Schandtaten den anderen in die Schuhe schiebt?

Schon 1906 machten Frankreich, Großbritannien und Belgien Pläne für einen Krieg gegen das Deutsche Reich. Aber Teufel auch, in Frankreich verlor der Kriegshetzer Delcassé seine Wahl und die Friedenspartei gewann. Die Friedenskonferenz über Marokko fand statt und die Unabhängigkeit Marokkos wurde erneut allseits akzeptiert. In Parenthese: Es ging nicht allzu lang, da hat Frankreich Marokko dennoch „seinem Schutz unterstellt“ d. h. in ein Protektorat verwandelt. Heimlich, still und leise, d. h. ohne dass die Presse es an die große Glocke hängte.

Als nächstes heckte die S. S. einen wahrhaft teuflischen Plan aus. Man hatte analysiert, dass auch Russland zu einem gefährlichen Konkurrenten heranwächst, (darüber schrieb auch Peter Haisenko auf S. 82) also ebenfalls unschädlich gemacht werden müsse, am besten so, dass diese beiden Länder, also das deutsche Reich und das Zarenreich, aufeinander gehetzt werden und sich ordentlich zerfleischen müssten. Da hatte einer dieser smarten Londoner Herren eine noch bessere Idee, die obendrein sehr viel Geld abwarf. Weit im Fernen Osten, in Kamtschatka drohten Russland und Japan zusammenzustoßen.

Nun war aber Frankreich mit Russland liiert und England mit Japan. Mit Russland hatte England ständig Reibereien gehabt, weil Russland überall an seine Grenzen stieß, in Persien, Afghanistan und China; wie heute es wieder überall an die Grenzen der USRAELNATO stößt. Und nun störte Russland auch die Expansions-Gelüste Japans, das im siegreichen Krieg 1894-95 gegen China kurz und bündig Korea, Formosa und die Liaotung Halbinsel annektiert hatte mit dem strategischen Hafen Port Arthur. Dagegen haben sowohl Russland, als auch Frankreich und Deutschland heftig protestiert. Japan musste sich zurückziehen. Danach pachtete Russland Port Arthur, wie die Kolonialisten das Fischerdorf nannten, und hatte damit erstmals einen eisfreien Hafen, nach dem es sich so lange gesehnt hatte. Aber das konnte England nicht dulden.

Hier muss kurz über den Pferdefuß gesprochen werden, an dem die meisten Staaten leiden: die Banken. Russland wurde von den Pariser Rothschilds, Japan von den Londoner Rothschilds finanziert, was natürlich alles einunddieselbe Mafia war. In den Jahren 1890 bis 1902 baute England für den japanischen Kaiser die modernste Flotte der Welt. 1901, als in China der Boxeraufstand ausbrach, finden wir ein schönes Beispiel, wie alle Großmächte in bester Eintracht gemeinsam über China herfallen: Deutschland, Russland, USA, England, Frankreich, Japan, Österreich-Ungarn und Italien. Russland hat gleich die Chance genutzt, auch die Mandschurei zu besetzen. Japan überlegte kurz, ob es sich mit Russland oder England verbünden solle. Da hat Lord Lansdowne im Jahr 1902 einige Worte mit dem japanischen Botschafter in

London gewechselt und kurz danach wurde der anglo-japanische Vertrag geschlossen. Es ist stark anzunehmen, dass der Lord den Botschafter daran erinnerte, auf welcher Seite sein Brot geschmiert ist. Es war eine Sensation: erstmals hatte eine WEIßE Macht ein Verteidigungsbündnis mit einer ‚FARBIGEN Macht' geschlossen. Jahre später konnte Japan dann unter Beweis stellen, wie effektiv die englischen Panzerkreuzer sind. Es hat die russische Flotte in Port Arthur ohne Kriegserklärung überfallen, was viele verurteilten, außer England, das selbst auch schon so 1801 und 1807 gegen das neutrale Dänemark gehandelt hatte und in Kopenhagen beim 1. Mal die halbe dänische Flotte klaute und beim 2. Mal den Rest. Imperien können sich eben alles leisten.

Die Seeschlacht von Tsushima, die nach Ankunft der Baltischen Flotte des Zaren in der Meerenge zwischen Korea und Japan von der japanischen Flotte zu zwei Dritteln vernichtet wurde, hat man in London als die größte Schlacht nach Trafalgar gefeiert. Eine andere große Bedeutung, die diese Schlacht und der Krieg gegen Russland für die übrige Welt hatte, wird in den diversen Wikis nicht einmal erwähnt: die unverhohlene Freude in der ganzen farbigen Welt. Endlich, endlich hatte eine farbige asiatische Macht eine weiße Großmacht militärisch vernichtend geschlagen. Wobei natürlich ein Punkt allzu leicht übersehen wird: es hatte mit englischen Spitzenprodukten gekämpft und mit fremdem Geld. Und Russland wurde gedemütigt. Unter Vorsitz des ‚neutralen Maklers' USA und seines Präsidenten Roosevelt musste Russland eine enorme Kriegsentschädigung bezahlen, obwohl es von Japan angegriffen worden war. Nachdem nun England sein dickes Geschäft mit Japan hinter sich hatte, schleimte es sich Russland an und erbot seine guten Dienste. Wiederherstellung seiner Flotte, seiner Rüstung und Modernisierung. Dazu brauchte Petersburg Geld, das nicht da war, das folglich Paris vorschießen musste. Und damit hatte die S. S. die Katze im Sack.

Kaiser Wilhelm hatte unterdessen seit 1904 seinen Cousin Nikolaus eifrig hofiert und bedrängt, mit ihm eine Allianz zu schmieden. Er hatte allmählich doch die britische Politik zum Teil durchschaut; ihm wurde klar, dass Britannien die Russen, Deutsche und Franzosen aufeinander hetzen wollte, um am Ende die lachenden Dritten zu sein. Er versuchte alles, um den Krieg zu verhindern. Er nahm eine große Reise zum Zaren auf sich und schloss mit ihm einen geheimen Beistandspakt auf dessen Yacht am 24. Juli 1905 in der Bucht von Björkö außerhalb von St. Petersburg. Ein paar Wochen später schrieb ihm Kaiser Wilhelm noch einen dringenden Brief mit der Warnung, „dass Britannien Frankreich nur zu seinem Werkzeug gegen uns machen will, so wie es Japan gegen dich gehetzt hat". Er riet „Nikolaus, dass Edward, ‚dieser Erz-Intrigant' und ‚Unheilstifter' in Europa, wie der Zar selbst ihn genannt habe, schwer am Arbeiten gewesen ist, um herauszufinden, was in Björkö wirklich ausgehandelt wurde." (D&M, S. 94)

Niemand wusste von diesem Vertrag, aber wie immer bei supergeheimen Abkommen, gibt es wenigstens eine Person, die nicht dicht halten kann. Es war in diesem Fall Zar Nikolaus, der sich seinem Außenminister anvertraute. Aber den hatte der S. S. (Secret Service) längst gekauft. D&M betonen hier nochmals zu Recht, was für einen enormen Einfluss die S. S. in ganz Europa hatte. Zum einen, wie schnell sie das Geheimnis lüftete und zum anderen, mit welchem Tempo und welcher Brutalität dieses Abkommen vom Tisch gefegt wurde. Die russische Presse machte sich über den Kaiser her zum Schaden Russlands. Dem Zaren zog der Rothschild-Zweig in Paris kräftig die Daumenschrauben an, da er seit eh und je seine Gelder von dorther bezog. Der Kaiser beklagte sich bitterlich bei seinem Cousin: **„Wir gaben uns die Hand und unterschrieben vor Gott, der unsere Schwüre hörte.“** Wilhelm II wurde 1912 wurde nach 24 Jahren Frieden für den Friedens-Nobelpreis vorgeschlagen, was London und Washington verhinderten.

Gleichwohl wurde er immer als Kriegshetzer verteufelt. Diese Lügen hängen Kaiser Wilhelm noch heute am Rock:

- 1918 sollte Holland ihn als einen „Kriegsverbrecher“ ausliefern, um ihm den Prozess zu machen, aber das Ansinnen hat Königin Wilhelmina und die Regierung abgelehnt.
- Weil Wilhelm II zu Beginn seiner Regentschaft die Forderungen der Arbeiter bei einem Streik durchdrückte, wird er von Bismarck als sentimental abgetan und er erklärte wieder mal seinen Rücktritt, den der Kaiser zu seiner Überraschung akzeptierte. Es war also nicht der ‚blöde‘ Kaiser, der ihn entließ. Bismarck hat sich selbst entlassen.
- Der Biograph des Kaisers Volker Ulrich warf ihm Weltmachtphantasien vor und es sei „durchaus berechtigt, ihn als einen Vorboten Hitlers zu bezeichnen“. Und wie wir sahen, waren es die Briten, die diese Weltmachtphantasien hatten.

Paul Sethe, wahrlich kein Kaiser-Bewunderer, hat in seiner „Deutsche Geschichte im letzten Jahrhundert“ (Frankfurt am Main, 1960, S.183) – obwohl er zuvor auch die Lüge von der „Hunnenrede“ wiederholte – entschieden diese Worte über ihn geschrieben:

„Ein Mittel aber, zur Weltmachtstellung zu gelangen, wollte der Kaiser niemals einsetzen: das Schwert. „Weltpolitik ohne Krieg“, das Wort, das man für die Außenpolitik des Fürsten Bülow geprägt hat, trifft auch für den Kaiser zu. Er hasste den Krieg; gern hätte er seine Tage als Friedens-Kaiser beschlossen. Er war eine weiche, oft zartfühlende Natur, er wollte geliebt sein und den Menschen Gutes tun. Nichts passte weniger zu solchen Wünschen als der Krieg.“

Also Wilhelm II hat 24 Jahre Frieden gehalten, er hat die Rechte von Arbeitern und des souveränen Staates Marokko verteidigt, bevor ihm von den Briten ein Krieg aufgezwungen wurde. In einem längeren Gespräch haben Michael Vogt und Jan von Flocken die beliebtesten Lügen über den Kaiser unter die Lupe genommen und siehe da, es sieht alles ganz anders aus, als wir das in der Schule gelernt haben – angefangen von seiner „Uniform-Sucht“, seiner „Hunnenrede“, die es gar nie gegeben hat bis hin zu seiner Kriegshetze. Dass sich die deutschen Soldaten in den Kolonien so mustergültig aufführten, ist ein Märchen, das alle Kolonialisten immer wieder von ihren eigenen Leuten bis zum Erbrechen erzählt haben. Ich habe in Tansania erfahren, wie sie sich aufgeführt haben. Zwei Drittel der Bevölkerung waren massakriert worden. Sie haben geraubt und gemordet, was das Zeug hielt. Und im ehemaligen Deutsch-Südwestafrika ging es noch schlimmer her. Dort hatten z. B. Lettow-Vorbeck unter von Throta sogar einen extrem brutalen Genozid an den Hereros durchgeführt. Vor kurzem hat sich die Regierung dafür „entschuldigt“. Welch eine Farce. Das Wort Entschädigung wurde selbstredend sorgfältig ausgeklammert. Wilhelm II ist zwar gegen die Kolonien eingetreten und unter ihm ist 1898 immerhin einer der schlimmsten Gangster, Carl Peters oder ‚Hängepeterle', wie man ihn auch genannt hat, unehrenhaft aus der Armee entlassen worden, aber letztlich war er selbstverständlich trotzdem für seine Armee verantwortlich. Welche Marotten er auch ansonsten noch gehabt haben mag, so verdient er jedenfalls nicht das Epithet eines Kriegshetzers oder gar Verursachers des 1.Weltkrieges.

Es gibt da im übrigen sehr interessante Statistiken darüber, welche Länder sich am häufigsten und längsten in Kriege gestürzt haben (die habe ich bei Peter Haisenko gefunden):

„Professor Pitirim Sorokin sagt dazu in Band III, 2. Teil, seiner „Social and Cultural Dynamics" auf Seite 352, dass sich vom 12. Jahrhundert bis zum Jahre 1925 der Prozentsatz an Jahren, in denen sich die führenden europäischen Mächte im Kriege befanden, wie folgt verteilt:

„Spanien 67 Prozent Kriegsjahre
Polen 58 Prozent Kriegsjahre
England 56 Prozent Kriegsjahre
Frankreich 50 Prozent Kriegsjahre
Russland 46 Prozent Kriegsjahre
Holland 44 Prozent Kriegsjahre
Italien 36 Prozent Kriegsjahre
Deutschland 28 Prozent Kriegsjahre

Die Forschungsergebnisse von Professor Quincy Wright, mitgeteilt in seiner "A Study of War" (Band I, S. 221) weisen nach, wie die europäischen Mächte in der Zeit von 1480 bis 1940 an 278 Kriegen beteiligt waren, und zwar prozentual wie folgt:

England an 28 Prozent dieser Kriege
Frankreich an 26 Prozent dieser Kriege
Spanien an 23 Prozent dieser Kriege
Russland an 22 Prozent dieser Kriege
Österreich an 19 Prozent dieser Kriege
Türkei an 15 Prozent dieser Kriege
Polen an 11 Prozent dieser Kriege
Schweden an 9 Prozent dieser Kriege
Italien an 9 Prozent dieser Kriege
Holland an 8 Prozent dieser Kriege
Deutschland an 8 Prozent dieser Kriege (einschließlich Preußen)."

Hier fehlt nur die USA, aber das ist einfach – die führte in 230 Jahren immer Krieg bis auf 17 Jahre. Also wie sieht das mit der deutschen angeborenen Kriegsbereitschaft aus? Gelogen, wie üblich.

Wie wir oben gesehen haben, saßen die wahren Kriegshetzer ganz woanders, nämlich in London, wo sie die S. S. (Secret Society) gebildet hatten, die Idee eines waschechten Kriegers und Imperium-Erbauers – Cecil Rhodes. Die Secret Society war nicht nur eine Verschwörertruppe, sondern gewissermaßen auch ein Think Tank, der generalstabsmäßig den Weltkrieg bis in die kleinsten Details plante, wie z. B. den Mord in Sarajewo, der keineswegs ein Zufall war.

Die S. S. hatte also Deutschland als „größte Gefahr" für das Britische Weltreich ausgemacht, auf Grund seiner Größe, seiner Wirtschaftsmacht, die quantitativ und qualitativ die englische Ökonomie überholte. Das merkten die Engländer deutlich an den schrumpfenden Märkten und Einnahmen und auch an der wachsenden deutschen Handelsflotte. Aber

Deutschland hatte eine Achillesferse – seine Flotte und seine Besitzungen hatten keinen Schutz. Es gab nur drei kleine veraltete Kriegsschiffe, was der Kaiser natürlich zu ändern gedachte.

Na und da ging das Gejaule in England wieder richtig los. Großbritannien besaß die größte und modernste Flotte der Welt, deren Panzerkreuzer sich im russisch-japanischen Krieg hervorragend bewährt hatten, und es hatte 1906 mit dem Bau der berüchtigten ‚Dreadnoughts' begonnen, die als unbesiegbar galten. Es hatte jede Art von Kriegsschiffen, die man auch gerne paradierte. Aber wenn die Deutschen nur ein Schiff bauen wollten, dann war das der Weltuntergang. Naja, so wie die Massenvernichtungswaffen, die WMDs von heute, von denen die USA ständig bedroht werden.

Diese S. S.-Truppe müssen wir uns nochmal etwas genauer ansehen. Wie wir weiter oben (S. 30) sahen, trafen sich 1891 also Cecil Rhodes, William Stead und Lord Esher, um eine geheime Gesellschaft zur Kontrolle der Welt zu gründen. Drei Typen – Rhodes war gerade mal 38 Jahre alt, Esher 39 Jahre jung und Stead 42 Jahre – die gut und gerne als drei junge Dandies durchgehen konnten, wollten die Welt kontrollieren.

Wie viele solcher Träumer gibt es? Millionen. Der eine will Napoleon werden, der andere Papst und der dritte Präsident von Amerika. Doch hier liegt der Fall etwas anders. Rhodes hatte es geschafft, vom 17. bis zum 38. Lebensjahr mit brutaler Gewalt, List und Betrug ein Diamanten-Imperium zu errichten. Lord Esher kam aus einem reichem und sehr einflussreichen Hause und er stellte den Kontakt zwischen Cecil Rhodes und Natty Rothschild her. Natty war schon einer der reichsten Männer der Welt, gut eingeführt bei der Queen

Victoria, die zahllose Kinder und Enkelkinder hinterließ, als sie justamente 1901 im stolzen Alter von ganzen 82 Jahren starb. Ihr Sohn übernahm als Edward VII den Thron. Er galt als Luftikus und Weiberheld, was er wohl auch war, aber dahinter verbarg sich ein Mann im innersten Kreis der S. S., zielstrebig, machtlüstern und äußerst besessener Deutschenhasser.

Er war der Mann, der den Isolationismus Englands beendete, die Streitigkeiten mit Frankreich beilegte, was 1906 zur Entente Cordiale mit Frankreich führte, was eine Sensation war, deren geheime Zusätze aber weder der Öffenlichkeit, also auch nicht der britischen, offenbart wurden. Zum Beispiel, dass man schon 1905 zusammen mit Frankreichs und Belgiens Militärs geheime Verhandlungen über einen Krieg gegen Deutschland führte. Doch der Krieg musste aufgeschoben werden, weil der französische Mega-Kriegshetzer Delcassé aus dem Amt gejagt wurde (S. 80).

Edward VII machte weiter mit seiner Charme-Offensive. Er becircte den jungen spanischen Thronfolger Alfons, konferierte mit dem König Victor Emmanuel von Italien und dem Papst, alles mit Blick auf den großen Krieg gegen Deutschland im Auftrag der S. S.. Sein üppiger Lebensstil wurde von niemand anderem als Natty bezahlt. Hiermit haben wir also zwei weitere supermächtige Ganoven in der S. S.. 1906 hatten einige deutsche Journalisten, von der „Einkreisungspolitik Edwards VII" (S. 69) zu sprechen begonnen, was später von englischen Historikern zurückgewiesen wurde und in Deutschland merkwürdigerweise keinen größeren Widerhall fand.

Wie wir sahen, reichten Rhodes nicht die Diamantenfelder,

sondern er musste unbedingt auch noch die Goldminen im Westen Südafrikas, dem Witwaterstrand haben, die reichsten der Welt (aber inzwischen von anderen Ländern überholt). Aber das Land hatten sich zuerst die Buren (Holländer) unter den Nagel gerissen. Es gab große Schwierigkeiten, aber Rhodes führte alles zum glücklichen Ende und dann wird von all den Rechtsbrüchen, den Toten, den KZs auch nicht mehr gesprochen.

Das Unternehmen ‚Krieg gegen Deutschland' stand nun auf einer soliden finanziellen Grundlage. Die wichtigste Aufgabe bestand nun darin, den Zaren Nikolaus II weich zu klopfen. Man erinnerte ihn an seine Pflicht, alle Slawen unter einen Hut zu bringen (z. B. die Serben auf dem Balkan), an seinen alten Traum vom Schwarzen Meer mit freier Fahrt ins Mittelmeer oder endlich einen eisfreien Hafen zu gewinnen (z. B. am Persischen Golf). Für all diese Flausen hatte man einen ganz ausgezeichneten Agenten: Alexander Isvolsky, russischer Botschafter in Kopenhagen. Der wurde von Edward VII schon 1905 über den russischen Botschafter Benckendorff in London (auch ein S. S.-Agent) kontaktiert, um den Inhalt des geheimen Abkommens zwischen Nikolaus II und Kaiser Wilhelm II zu erfahren. (S. 94)

Isvolsky, ja, ein echter Hansdampf in allen Gassen; auf S. 127 listen D&M seine Meisterstreiche auf. Aber die wenigsten kannten wohl sein Geheimnis – seine Mitgliedschaft im innersten Kreis der S. S., nicht einmal Lenin. Er hatte einen direkten Draht zu Alfred Milner, dem S. S. Führer, zu König Edward VII, war Botschafter in Kopenhagen und Paris gewesen, war maßgeblich an der Bildung des anglo-russischen Bündnisses beteiligt, kannte die Attentäter in Serajewo, kannte Poincaré und Delcassé, manipulierte die französische Presse und nahm an den französich-englischen Kriegsvorbereitungen teil.

Schaut man sich die Liste der Secret Society an, so kommt man auf genau 50 Namen. Docherty und Macgregor fanden noch weitere 10 Namen, die in starkem Verdacht stehen, auch für die Geheime Gesellschaft gearbeitet zu haben. Für uns heute ist es unfassbar, wie diese paar Leute das riesige Netz, das sich von London über alle wichtigen Hauptstädte der Welt, bis Tokyo, New York, Wien und Belgrad und in viele geheime Kabinette erstreckte, im Griff behalten konnten, ohne Flugzeuge, Internet und Handies. Es scheint sehr viel einfacher zu sein, ein Gangster-Syndikat aufzubauen als eine fungierende revolutionäre Partei, in der immer schon zu Anfang gleich die Hälfte Mitglieder vom Geheimdienst sind.

Beim Kriegsplan gegen Deutschland gab es eine Menge zu bedenken. Es musste ein passender Grund gefunden werden, Deutschland sollte den Erstschlag führen, es musste notwendigerweise durch das ‚unschuldige, neutrale' Belgien marschieren, es musste ein richtig großer Krieg werden, mit vielen Toten und großen Zerstörungen. Am besten sollten alle drei Länder, also Frankreich, Deutschland und Russland am Ende in Trümmern liegen, damit sich keins der Länder so schnell wieder erholt. Frankreich sollte Elsaß-Lothringen zurückbekommen, der Zar die Dardanellen oder einen Zugang zum Persischen Golf (GAR NICHT DRAN ZU DENKEN! Das war LEDIGLICH vorgegaukelt!). Man musste also präzise planen und auch blitzschnell improvisieren können. Was waren das nur für Menschen, die sich derart unmenschliche Geschichten ausdachten? Es waren genau die gleichen, wie sie auch heute wieder in allen Regierungen sitzen, vor allem in

Washington, Tel Aviv, London, Paris und in Berlin.

Durch den Sturz von Delcassé musste der Krieg erst mal aufgeschoben werden. Edward VII fuhr mit seiner Charme-Offensive fort und Isvolsky begann 1908 im Balkan insgeheim zu spionieren, zu intrigieren, zu destabilisieren und zu organisieren. Denn im Balkan war es unruhig geworden und die Österreicher hatten Probleme. Sie wollten Bosnien-Herzegowina unter ihre direkte Herrschaft bringen, was die Serben gar nicht gut fanden. Also ermutigten die Engländer Kaiser Franz-Josef zur Annexion bei Geheimgesprächen in Buchlau. So geheim waren sie nicht, dass nicht auch Lenin von der Konferenz erfuhr, aber nicht die strategischen Details (s. Lenin Werke Bd. 15, S. 216). Ein Monat später war die Annexion ein Faktum. Der britische Janus protestierte sofort heftig gegen den einseitigen Bruch eines Vertrages. Isvolsky schürte die Flammen des Nationalismus. Serbien griff zur Mobilisierung seiner Armee und verlangte die Aufhebung der Annexion. Als Serbien dann noch nach russischer Hilfe rief, enthüllte der österreichische Außenminister den geheimen Deal mit Isvolsky. Dieser war bloßgestellt und musste die Serben zurückpfeifen und auf später vertrösten, denn Russland hatte sich noch nicht von der Niederlage gegen Japan erholt und konnte unmöglich eingreifen. Aber es war gelungen, Serben und Österreicher zu Todfeinden zu machen.

Der Zar feuerte Isvolsky, aber da griff dessen guter Freund Edward VII ein und überzeugte den Zaren, dass Isvolsky unentbehrlich sei. Und er wurde in Gnaden wieder aufgenommen. Er hetzte die Serben weiterhin gegen Österreich und Deutschland und propagierte den alten Groß-Serbien Plan. Unterdessen hatte Edward VII im Juni 1908 in Reval die anglo-russische Konvention mit dem Zaren geschlossen (davon steht in der Arbeit „Wilhelm II und die Beziehungen zu England“ von Krosigk kein Wort.) Damit hatte die Secret Society einen großen Schritt vorwärts getan für unser aller Verderben.

Dieser saubere Herr Isvolsky hat sich auch große Verdienste erworben, die französische Presse noch stärker auf Deutschenhass zu trimmen. Er kaufte Journalisten mit dem Geld, das ihm großzügig die S. S. zur Verfügung stellte. In England wurde die Pressehetze von der S. S. organisiert und ständig eskaliert, egal ob Liberale oder Konservative in der Regierung saßen. 1906 verlor die konservative Balfour Regierung gegen die Liberalen, die unter dem Motto ‚Frieden‘ angetreten waren. Sie holten den ‚progressiven‘ Lloyd George und Winston Churchill, der mal eben von den Konservativen zu den Liberalen übergeschwenkt war, in die offiziell als anti-imperialistisch geltende Regierung. Wobei immer das Außenministerium und das Kriegsministerium fest in der Hand der Secret Society blieben. Für diese Regierung schlossen ohne deren Wissen Edward VII und der belgische König Leopold II eine Militärallianz, die supergeheim war und blieb. Selbst jeder Verdacht wurde stets mit Vehemenz und entschieden bestritten. Als nach dem Reval-Treffen dennoch etwas in die deutsche Presse und zu belgischen Diplomaten durchgedrungen war, dass Deutschland mit der Triple-Entente isoliert worden war, hat Mr. Grey gekontert, dass es bei der Triple Entente nur „um Freundschaft und Frieden“ ginge und Deutschland in der Triple Allianz ja auch zwei große Freunde, Italien und Österreich habe. Ein böser Scherz. Wer hat je Italien als Alliierten ernst genommen? Außer Hitler, aber der kam ja erst später.

1909 macht Zar Nikolaus einen Gegenbesuch in England. Er wagte nicht, seine Yacht zu verlassen wegen der stark anti-russischen Stimmung in England. Er wurde von zwei Dreadnoughts und 200 Detektiven bewacht. Er war gewaltig beeindruckt, als er vor Spithead die Nordische Squadron von 153 Kriegsschiffen in drei prallellen Reihen besichtigte. Damit sollte dem Zaren gezeigt werden, dass er von seinen neuen Freunden beschützt werden könne, auch wenn er keine Flotte mehr hatte, die den Namen verdiente.

Obwohl ja in England und Frankreich offiziell ‚demokratische' Regierungen an der Macht waren, die sich dem Frieden und dem sozialen Fortschritt verschrieben hatten, machten ihre Armeen und die Secret Society das genaue Gegenteil. Sie rüsteten auf, vor allem England, das so viele Schiffe baute, dass kaum etwas für soziale Zwecke übrigblieb. Die Militärs forcierten gemeinsam Übungen in Belgien seit 1906, der englische Chef für Militäroperationen Sir Henry Wilson reiste regelmäßig nach Belgien und suchte geeignete SCHLACHTFELDER aus, für die sogar schon mit dem Aufbau eines großen Expeditionscorps begonnen wurde. Und manche sagten schon damals das genaue Datum für den Krieg voraus: 1914.

Und die Medien waren schon damals so verlogen wie heute. Sie drehten den Spieß einfach um: Die Deutschen rüsten! Die Engländer waren die Amis von heute, ewig bedroht. Die Deutschen wollten die Weltherrschaft, wovon in Deutschland nie die Rede war. England gab für die Navy doppelt so viel Geld aus als Deutschland. Die Triple Entente gab dreimal so viel aus. Das Reich hatte 761 000 Mann unter Waffen.

Frankreich mit nur 2/3 der Bevölkerung hatte 794 000 und Russland 1 845 000 Mann. Und die englische Kriegsflotte war gigantisch.

Und in der größten englischen Zeitung, der Daily Mail lief ein Fortsetzungsroman von einem William Le Queux **Die Invasion von 1910**, der alle Engländer das Gruseln lehrte. Gemeint waren natürlich die Hunnen, die Deutschen, die demnächst an der Ostküste oben in Schottland landen würden. Der Roman wurde in 27 Sprachen übersetzt und 1 Million mal verkauft im Britischen Weltreich, in dem die Sonne nicht unterging. Die S. S. hatte außerdem einen sehr einflussreichen ‚Journalisten' in der Times, Charles Repington, der ursprünglich ein hoher Offizier war, hoch dekoriert mit Frankreichs Orden der Ehrenlegion und auch von Leopold II, der ein eigenes Büro im Kriegsministerium hatte mit Zugang zu Geheimpapieren. Wie man sieht, war die Mitgliedschaft in der S. S. mit gewissen Privilegien verbunden, die kein Mensch **in der Regierung** hatte. (S. 135) Es wurde von geheimen Werften in Deutschland gefaselt, wo die Deutschen ein Schiff nach dem anderen vom Stapel ließen. Die Engländer wurden überzeugt, dass in Deutschland der Militarismus Amok laufen würde. Nach dem Krieg wurde festgestellt, dass es in Deutschland weder geheime Pläne für Invasionen noch geheime Werften gegeben hatte. Das gab sogar der notorische Lügner Winston Churchill nach dem Krieg zu. Dasselbe wie die WMDs des Saddam Hussein.

Alfred Milner, der Chef der Secret Society hatte schon 1880 in der Pall Mall Gazette die Bedeutung der Presse erkannt und ein Netzwerk von Journalisten-Freunden aufgebaut. Zu denen gehörte William T. Stead (Pfarrersohn), Herausgeber von

Review of Reviews, George Buckle (Sohn eines Domherrn) und später Geoffrey Dawson von *The Times*, Edmond Garrett von der *Westminster Gazette* und E. T. Cook von *Daily News* und *Daily Chronicle*. Sie übten zusammen große Macht über die Köpfe der Mehrheit der Engländer aus und allesamt waren Männer der S. S.. Und es kamen immer noch neue Blätter dazu, die sich dem Wolfsgeheul anschlossen. U. a. ein US-Zeitungsmagnat für Regenbogenpresse, der noch ein halbes Dutzend Schundblätter in England aufkaufte, die alle gegen Deutschland kläfften, wofür dieser Gentleman von König Edward II geadelt wurde! Gab es niemanden in Deutschland, der bemerkte, welcher Tornado sich da zusammenbraute?

In Wahrheit hatte im Juni 1900 Admiral von Tirpitz ein Gesetz durch den Reichstag gebracht, dem zufolge in einem Zeitraum von 20 Jahren 38 Schlachtschiffe gebaut werden sollten, nicht einmal zwei pro Jahr. Die Briten tobten. Was sie besonders in Rage brachte, war die innovative und bessere Ingenieurskunst der Deutschen und deren rasanter Zuwachs auf dem Weltmarkt. Daher protestierten sie dauernd und schimpften wie die Rohrspatzen. Ach ja – sie erfanden noch eine ganz schreckliche Schauermär: Mindestens 100 000 deutsche Spione seien schon nach England eingeschleust worden. Also Vorsicht: FEIND hört mit!

Reichskanzler von Bülow wird von D&M zitiert mit den Worten: „Deutschland mischt sich nicht in die Angelegenheiten irgendeines Landes ein, aber wir wünschen auch nicht, dass irgendeine andere Macht sich bei uns einmischt, unsere Rechte verletzt oder uns in politischen oder kommerziellen Fragen beiseiteschiebt ...“ (S. 136)

Richtig ist, dass alle Waffenschmieden der Welt ständig

versuchen, die Staatskassen zu plündern. Das war auch die Spezialität der S. S. und von Natty Rothschild. Als Vickers, ein großer Produzent von Kriegsschiffen und Waffen, mit anderen Großfirmen zusammenging, wurde Vickers der Welt größter Waffenproduzent. Diese Operation ermöglichte Natty, sich ein Aktienpaket zu sichern, das ihm einen entscheidenden Einfluss im Management garantierte. (S.141) Vickers spendete übrigens Anfang der 1930-er Jahre bereits Geld an Adolf Hitler. Nach dem 2. Weltkrieg in den 60er-Jahren wurde Vickers/Armstrong verstaatlicht.

Eine besondere Ironie war, dass die Engländer auch die Schiffswerften in Italien besaßen und Werften in Triest/Österreich, die Waffen, u. a. U-Boot-Torpedos produzierten. So verdienten Natty und seine königlichen und weniger königlichen Kumpane an jedem Torpedo, der ein englisches Schlachtschiff versenkte. Das gleiche spielte sich im großen Umfang auch im 2. Weltkrieg ab. Schon nach der ersten großen Niederlage der Deutschen vor Moskau waren ihnen Treibstoff und Munition ausgegangen und sie mussten von den USA Nachschub kaufen.

Die übelsten Schurken in dem ganzen S. S.-Verein waren zweifelsohne Churchill und Alfred Milner. Churchill war derjenige, der gnadenlos die Vernichtung Deutschlands herbeiwünschte und als Kriegs-, Innen-, Kolonial- und Verteidigungs-Minister alles tat, um England in den Krieg gegen Deutschland zu peitschen. Dadurch wurde er automatisch auch verantwortlich für den Ausbruch des 2. Weltkrieges und für A. D. Hemming ist er der größte Kriegsverursacher gleich nach Hitler. Er hat mit einer Reihe von Beweisen die entscheidende Rolle nachgewiesen, die er durch die Förderung der

Freikorps für die Machtergreifung des Gröfaz gespielt hat.

Milner war die graue Eminenz, bei der alle Fäden zusammenliefen. Er war derjenige, der permanent von der Kontrolle über die Welt sprach und nicht der Kaiser. Für ihn galt England, England über alles! Das galt nicht für Deutschland und den Kaiser! Churchill war der Super-Rassist, für den nur die weiße, angelsächsische Rasse menschlichen Wert besaß. Nicht der Kaiser. Dabei beherrschte England schon – nicht die halbe - aber ein Drittel der Welt! Wenn das kein Größenwahn ist, dann weiß ich auch nicht. Er hat 1909 die Bosse, ihre Chefredakteure und Journalisten von 60 **Zeitungen, massgebende Politiker, Militärs, Redakteure und Schriftsteller aus ihrem Commonwealth und der übrigen Welt** zusammengetrommelt, um „die imperiale Kooperation bei der Verteidigung und der Kommunikation zu stärken". 1907 hatte er zum selben Zweck auch schon eine Kolonialkonferenz riesigen Ausmaßes nach London einberufen. Weil uns doch der Kaiser bedroht! Im Grunde legte er schon damals den Grundstein für das US-Imperium.

Gleichzeitig wurden damit auch die Beziehungen zwischen Washington und London, zwischen der Wall Street und der City of London gestärkt. Und eine Vierteljahres-Zeitschrift „Round Table" wurde auch gegründet, die zu DEM „antideutschen Propaganda-Vehikel" wurde, in der nur von anonymen Personen geschrieben wurde, die ihre Texte an ein anonymes Sekretariat" schicken mussten. D&M beschreiben sie „als eine unheilige Vereinigung der Geheimen Gesellschaft von Rhodes". Es stießen auch immer neue Leute dazu, wie Sir Alfred Zimmern, Sir Reginald Coupland, die amerikanischen Millionäre Waldorf und Nancy Astor, die alle von Carroll Quigley als Mitglieder der Gesellschaft genannt werden.

Dann glückte es Milner auf einer speziellen Reise, auch Kanada in seinen Orbit zu zerren. Im Endeffekt schickte das kleine Kanada 641 000 Soldaten (fast so viel wie die deutsche Armee in den Friedenszeiten), Südafrika 136 000 Mann, davon 75 000 Nicht-Weiße, Australien stellte 332 000 Mann unter britisches Kommando, Neuseeland schickte 112 000 Mann, Indien 1 477 000 Mann, wovon 1915 allein 138 000 Mann an der Westfront kämpften. Insgesamt also an die 2 600 000 Mann. Deutschland kämpfte wahrlich fast gegen die ganze Welt. Milner hat sie alle wahrscheinlich vor seinem inneren Auge schon marschieren sehen.

Aber ich habe vorgegriffen. Sie sind alle noch in der Vorbereitung, sie lauern wie die Luchse auf wichtige Momente, politische oder wirtschaftliche Ereignisse, die man nutzen kann oder Menschen, die ihrer Sache dienen könnten. Nichts dürfen sie sich entgehen lassen. D&M geben ein schönes Beispiel: „Catch a Rising Star and Put it in Your Pocket.“ (Fangt den aufgehenden Stern und steckt ihn euch in die Tasche. S. 161) Es handelte sich um David Lloyd George, ein Mann der Arbeiter, der ihre Sprache sprach, der sich für die Verbesserung ihrer Lebensbedingungen einsetzte, ein glänzender Redner, ein guter Unterhändler – leider hatte er ein paar Schwächen, die von der S. S. schnell ausfindig gemacht und ausgenutzt wurden: Ehrgeiz, Gier nach Macht und Luxus und Sex. Er bekam alles von der Secret Society und wurde ihr getreuer Sklave und ein prima Instrument der Ein-Prozenter. Er nahm Bestechungen von allen Seiten und ohne Gewissensbisse. Von Arbeitern wurde er dann als Schurke beschimpft, aber das dürfte ihn kaum gejuckt haben.

Die Sex-Abenteuer von Lloyd George brachten ihn immer wieder in die Bredouille. Als er die Frau eines Regierungskollegen schwängerte, gab es eine Riesenempörung. Die S. S. bestellte die besten und teuersten Anwälte. Wie heute auch waren derlei Prozesse damals ebenfalls äußerst beliebt und die Menschen strömten zu hunderten zum Gericht. Lloyd George schleppte sogar seine betrogene widerstrebende Ehefrau mit und alle wollten nun hören, wen er alles gehabt hat, aber was kam, das war ein Riesenflopp. Der schärfste Ankläger des Reiches war zahm wie ein neugeborenes Kätzchen und stellte eine belanglose Frage, und der Prozess wurde mit Freispruch beendet. Natürlich gab es einen Riesenskandal, aber es wurde nie bekannt, was eigentlich passiert war, wer wen und womit bedroht oder bestochen hatte. Und Lloyd George hatte wieder Oberwasser.

1910 starb King Edward VII, die Speerspitze bei der antideutschen Hetze, und neuer König wurde George V. Im Parlament herrschte Towuwabohu, ein Hauen und Stechen zwischen den Liberalen und den Konservativen. Die Regierung war bankrott, das neue Budget sollte noch mehr Geld für Dreadnoughts bekommen und eine minimale Rente für über 70-jährige, was aber nicht gebilligt wurde. Zwei Wahlen brachten keine Entscheidung, auch der Vorschlag einer großen Koalition von Lloyd George mit allen S. S.-Kumpanen aus beiden Parteien klappte nicht. Am Ende kassierte das Parlament einige Rechte der Lords (sie durften z. B. kein Budget mehr ablehnen). Danach ging das Budget durch, der konservative Asquith war wieder am Ruder und mit in der Regierung saß auch wieder der saubere Lloyd George.

1911 wurde die zweite Marokko-Krise angezettelt und zwar auf die widerlichste Weise. Marokko konnte Darlehen zu 60 PROZENT Zinsen (!) nicht prompt zurückzahlen, weshalb Frankreich zu genau denselben üblen Maßnahmen wie EZB und Weltbank in Griechenland griffen: wertvolle Ressourcen unter die eigene Kontrolle stellen. Franzosen wollten einen neuen Hafen in Casablanca bauen und holten sich Steine vom moslemischen Friedhof! Es kam zum Handgemenge, wobei drei Arbeiter das Leben verloren. Das war für Frankreich eine Kriegserklärung! Sie schickten 15 000 Mann Truppen und zerbombten Casablanca, wobei es tausende Tote und noch viel mehr Verletzte gab. Außerdem verlangte Paris als „Entschädigung" die ungeheure Summe von 12 Millionen $. Insgesamt waren neun ausländische Arbeiter ums Leben gekommen, was in der Westpresse aufgebauscht wurde zu einem „Heiligen Krieg gegen uns".

Aber siehe da, damals gab es noch unparteiische Beobachter, die in der *New York Times* schreiben konnten: „Unparteiische Beobachter glaubten, dass die Franzosen nach Casablanca gegangen sind, um zu bleiben. Sie wiederholen die Geschichte der Amerikaner in Kuba und den Philippinen, der Franzosen in Indochina und der Engländer in Ägypten." (S. 173) Die Drahtzieher waren wie immer die Secret Society, Isvolsky, der Botschafter in Paris geworden war und der seinem Spezi Delcassé wieder einmal an die Macht geholfen hatte. Und Delcassé wollte genau das, er wollte Marokko in die Hand bekommen.

Aber die Franzosen führten sich derart barbarisch auf, dass es in Fez zu einer kleinen Revolte kam, was sofort von der Entente-Presse aufgebauscht wurde zum Mord an europäischen Frauen und Kindern. Frankreich schickte noch mehr Truppen nach Fez, aber dort war alles ruhig, als sie endlich dort waren. Gleichwohl ermutigte die S. S. Frankreich zur Besetzung des Landes.

Es dauerte lange, bis der Kaiser protestierte. D&M zitieren abermals den belgischen Botschafter in Berlin, Baron Greindl:

„Das Interessanteste ist die Langmut, mit der die deutsche Regierung tut, als wisse sie nichts … von der Eroberung Marokkos. Sie kann wählen, nichts zu sehen oder Krieg, den der Kaiser nicht will und der von der deutschen Öffentlichkeit verurteilt würde.“ (S. 176)

Im Juni war klar, dass die Franzosen nicht daran dachten abzuziehen, dass somit der Algeciras-Vertrag und die Interessen Deutschlands grob missachtet worden waren. Da schickte Deutschland das winzige Kriegsschiff Panther nach Agadir, das dort friedlich vor Anker ging. Gleichzeitig schickte der Kaiser eine Protestnote nach Paris. Wieder die alte Story: der Panther wurde quasi zu einer Dreadnought hochstilisiert, zu einer Bedrohung für die Welt, die Deutschen wollten dort eine Marinebasis einrichten, von wo dann die Schiffsrouten um Afrika bedroht würden. Die Hetze erreichte Ausmaße, wie wir sie nur aus der heutigen Presse kennen.

Aber dank dem Kaiser und dem französischen Premierminister Joseph Caillaux, der dem mächtigen Druck von Presse, Ministern und Isvolsky Stand hielt, wurden Verhandlungen anberaumt und die Krise ging ohne Krieg zu Ende. Wieder einmal hatte dieser kriegsversessene, blutrünstige deutsche Kaiser der Secret Society ihren schönen Krieg versaut.

Also wurde im Stillen weitergearbeitet, alles ohne Wissen

der Regierung. Winston Churchill wurde Marine-Minister, baute wie verrückt Kriegsschiffe, modernisierte die ganze Flotte, hunderte Schiffe, die gerade mal vier Jahre in Betrieb waren, wurden verschrottet und mit modernen ersetzt und die ganze Flotte wurde auf das billigere und effektivere Erdöl umgestellt. Er versetzte **drei Jahre vor Kriegsbeginn die Navy** in Kriegsbereitschaft und alle Posten mussten ständig Tag und Nacht besetzt sein. Er erzeugte systematisch eine Paranoia.

Im November 1911 tauchten überall in Europa Gerüchte über geheime Abkommen, von Absprachen und Vorbereitungen zum Krieg auf. In der Presse wurde sogar über ein geheimes Treffen der Secret Society berichtet, sodass im englischen Kabinett sehr unangenehme Fragen gestellt wurden. Die eingeweihten Minister Churchill und Grey und Haldane logen das Blaue vom Himmel herunter, sie höhnten und schworen, dass es keinerlei geheime Absprachen gäbe und NEIN, die englischen, die französischen und belgischen Generalstäbe würden sich nicht insgeheim treffen. Ob alle den Mist glaubten, der ihnen verbraten wurde, ist die Frage (zumindest scheint bei mehreren Leuten einiges an Misstrauen geblieben zu sein), aber es wurde jedenfalls ein gemeinsamer Ukas verabschiedet, dass fortan alles offengelegt werden soll. Der natürlich umgehend von der S. S. gebrochen wurde.

Man arrangierte eine Reise für den Kriegsminister Haldane zum deutschen Kaiser, um mit ihm auszuhandeln, dass die gegenseitigen Flotten-Bauvorhaben offengelegt würden, was in Berlin treuherzig aufgenommen wurde. Der Kaiser reduzierte den Flottenbau ohne Gegenleistung! Er und Kanzler Bethmann-Hollweg träumten bereits von einer deutsch-britischen Freundschaft. Als sie Monate später den Betrug merkten, wurden die Kürzungen sofort rückgängig gemacht. Woraufhin Churchill sofort eine weitere Million Pfund für zusätzliche Dreadnoughts forderte – und erhielt. Mit der französichen Kriegsflotte verabredete er, dass Britannien den Schutz von Gibralter und im Mittelmeer gegen die österreichische Flotte übernimmt (von der wir gehört haben, dass sie von den Engländern gebaut wurde). Im Gegenzug zog er die englische Mittelmeerflotte ab zum Schutz der französischen Westküste und zur Verstärkung der Heimatflotte gegen den Kaiser.

Unter dem Kommando eines sehr hohen und hoch dekorierten Militärs, Feldmarschall Earl Roberts of Kandahar, ein Kumpel von Alfred Milner aus seiner Zeit in Südafrika, wurde eine Clique von 6 Offizieren zusammengestellt, die minutiöse Vorbereitungen für alle kommenden Kriegsoperationen in Kooperation mit Frankreich und Russland traf und aufeinander abstimmte. Milner, Churchill und Roberts waren die Einpeitscher der englischen Öffentlichkeit: jeden Moment kann eine deutsche Invasion stattfinden, tausende Spione sind bereits vor Ort, die Macht des Kaisers wächst von Stunde zu Stunde begleitet von furchtbaren Hunnen-Geschichten.

Unterdessen war es in Frankreich Delcassé und Isvolsky gelungen, den Friedenspremier Caillaux abzuschießen. Stattdessen wurde der rechte revanchistische Anwalt Raymond Poincaré gekauft und auf den Präsidentensessel gehievt, der von brennendem Deutschlandhass geradezu versengt wurde und nur den einen Wunsch hatte: Krieg gegen Deutschland und Heimholung Elsaß-Lothringens in die Grande Nation.

Das überwiegend deutsche Elsass-Lothringen gehörte 900 Jahre zu Deutschland und wurde 1681 von Ludwig XIV besetzt und annektiert. Es verblieb bei Frankreich 190 Jahre bis 1871, wonach es dann knappe 50 Jahre zu Deutschland gehörte. Die Deutschen, die von den Franzosen als minderwertige Menschen angesehen wurden, fühlten sich dennoch zu Frankreich hingezogen. Die Franzosen, die lieber nach Frankreich wollten, wurden entschädigt. Nach dem Versailler Schandfrieden wurden 100 000 Deutsche ohne Entschädigung aus dem Land gejagt. Welcher Staat hat die humanere Politik betrieben? Dies nur nebenbei.

Das Gespann Delcassé, Poincaré und Isvolsky widmete sich jetzt intensiv der Deutschlandhetze und der Bestechung der Presse. Isvolsky berichtete an seinen Chef, den Außenminster Sergej Sasonov, dass sie Mühe hätten, **die deutschen Friedensinitiativen zu verhindern**. Außerdem musste er weitere Gelder für den Zaren bei Rothschild locker machen zur Modernisierung der Armee und der Infra-Struktur, wie etwa der Eisenbahn für die Truppenbewegungen. 1914 schuldete der Zar 80% der Schulden französischen Banken. Poincaré wurde vermittels gewaltiger Bestechungen 1913 zum Präsidenten gemacht, was ihm die Macht gab, anstatt des pazifistischen Botschafters in Petrograd den rabiaten Delcassé zu installieren. Im übrigen beschuldigte schon 1929 der damals bekannte deutsche Schriftsteller Emil Ludwig Poincaré als einen der größten Kriegstreiber, was 2016 von dem Würzburger Historiker Rainer F. Schmidt bestätigt wurde. Aber beide hatten keine Ahnung, dass Poincaré nur eine gekaufte Marionette der S. S. gewesen ist.

Der sehr speziellen England-US Beziehung widmen D&M

ein ganzes Kapitel. Cecil Rhodes war ein Rassist, Imperialist, Kolonialist mit enormer krimineller Energie. Die Visionen und Gedanken aus seiner Sicht waren tatsächlich bewundernswert. In seinen ‚Glaubensbekenntniss' (Confession of Faith) hat er geschrieben, dass er die gesamte unzivilisierte Welt unter britische Herrschaft zu bringen gedenke – dazu gehörte auch die ‚Wiedererlangung' der USA „um die anglo-sächsiche Rasse zu einem Imperium zu verschmelzen" (S.210). Damit meinte er das anglo-sächsische, protestantische Amerika, das mit Gleichgesinnten in England zusammenarbeiten sollte. Deshalb verteilte er in allen 50 US-Staaten jeweils 2 Stipendien für die besten der Besten, die allmählich die Weihen der S. S. erhalten sollten. Und er knüpfte auch Verbindungen zu den Reichen und den Banken. Untrüglich folgte er dem Duft des Geldes. Und er behielt Recht, genau wie Karl Marx, der prophezeite, dass am Ende der gesamte Reichtum in den Banken konzentriert sein wird. Rhodes starb schon 1902 mit nur 51 Jahren und konnte seine Erfolge nicht erleben. Auch Marx und Engels konnten die enormen Erfolge ihrer Lehren nicht erleben. Ihre Gedanken und ihre Visionen haben immerhin Milliarden Menschen zu einem menschenwürdigen Leben verholfen, haben lange Friedenszeiten verwirklicht und sind immer noch in vielen Teilen der Welt virulent und werden es noch lange sein. Vergleicht es mit dem, was das anglo-sächsische Imperium angerichtet hat. Jenen vollmundigen Worten des Herrn Buffet (Den Kampf zwischen Arm und Reich wird meine Klasse gewinnen.) würde ich keine große Zukunft zubilligen. Sie basieren auf Gier, Geiz und Gewinn, was auf Dauer keine erstrebenswerten Werte sind.

Ein extra Kapitel bei D&M wurde Wallstreet und der City of London gewidmet (S. 220 ff). Die reinste Kriminal-Story. Korruption und Schiebung, Betrug und Verrat, Arroganz und Inzucht und diese Marionetten in den Regierungen, die mit stolz geschwellter Brust dahergockeln, bis irgendwo eine Strippe gezogen wird und sie Hals über Kopf nach hinten hinunterkullern. Einstweilen war schon damals die Bank von England fest in der Hand „der jüdischen Banker-Familien wie Rothschilds, Cassel und anderen jüdischen Bank-Familien wie die Montagus, Hirsch und Sassoons", deren unerschöpfliche Gelder ohne Unterlass in die Taschen der Könige Edward VII und George V flossen für ein paar Titel und – sehr wichtig – ihren Schutz. Auch die Secret Society rechnete mit dem Geld und der Macht der Banker. 1902 wurde die Pilgrim-Gesellschaft gegründet und im Carlton Hotel in Anwesenheit von 40 Mitgliedern eingeweiht, deren Mitgliedschaft auf 500 begrenzt wurde. Mit Sicherheit war sie auf dem Mist im Dunstkreis von Milner gewachsen, wenn man sich die Namen der Mitglieder anschaut. Da wird klar, dass es hierbei um eine Verschmelzung der reichsten der Reichen aus den USA (Rockefeller, Carnegie, Morgan, Vanderbilt) mit den reichsten der Reichen in alt-England ging. Es sollten „guter Wille, gute Freundschaft und ewiger Friede" zwischen England und den USA gefördert werden. Ach, wie niedlich. Und der Welt sollte die ‚Demokratie' sowie die weiße anglo-sächsische Alleinherrschaft verpasst werden. (Psst, nicht laut sagen!)

Nun habe ich leider nicht den zweiten Band von Docherty/Mcgregor über die Verlängerung des 1. Weltkrieges und die Verknüpfungen der Secret Society mit den USA. Aber hier ist kürzlich „The Grand Illusion of Imperial Power" auf der WebNews Seite InformationClearingHouse erschienen von Paul Fitzgerald/Elisabeth Gould. Sie schreiben:

„Wenige Amerikaner verstehen heute, wie die USA in den Besitz einer von London gestützten neo-konservativen/rechten Allianz geriet, die aus dem institutionellen Durcheinander nach Vietnam entstand. Noch weniger Leute verstehen, wie ihre Mission, die Reste des Britischen Imperiums aufrechtzuerhalten, sich allmählich in den Besitz der amerikanischen Demokratie brachte und sie ersetzte mit einer „nationalen Sicherheits"-Bürokratie in ihrem Sinn …

Die Amerikaner würden schockiert sein zu entdecken, dass unser gegenwärtiger politischer Alptraum mit der bereitwilligen Zustimmung von Präsident Carter und dem Nationalen Sicherheitsberater Zbigniew Brzezinski und der Hilfe der Geheimdienste in Europa und dem Nahen Osten an die Macht kam."

Aber das Wichtigste kommt hier:

„Aber dann gibt es noch den verborgenen „meddler" (der sich einmischt und stört) hinter der Einmischerei: Britannien. Das Ausmaß der britischen Einmischung in die amerikanische Politik – mindestens seit – Anfang des 20. Jahrhunderts, würde selbst den ergebensten „cheerleader" (Anfeuerer) des ex-MI6 Agenten Christopher Steele und sein „schmutziges Dossier" erschüttern."

Da haben wir wieder die Secret Society, von der diese beiden Journalisten offenbar keine Ahnung haben. Die Produktion von ‚fakenews' findet, wie wir sahen, seit über hundert Jahren statt. Damals allerdings noch nicht so umfassend wie heute.

Nur noch dies hier. Wer weiß schon, dass zwei

deutsche Banker – Schiff und Warburg aus Hamburg – die amerikanische US-Zentralbank FED gründeten, in der die mächtigsten Privatbanker aus der damaligen Welt die größten Einlagen machten, somit auch die größte Macht hatten und somit alle mitschuldig an der Zerschlagung Deutschlands waren. Mit dem Beginn des 1. Weltkrieges 1914 begann auch die FED mit Geld anderer zu spielen, was nicht weniger blutig vor sich ging. Ich kann nur jedem empfehlen, das Buch selbst zu lesen, damit jeder sich überzeugen und jeden Punkt nachprüfen kann. Nun hatte die Secret Society die Regierungen von England, Frankreich (mit Poincaré, von Rothschild eingekauft), Russland (von Rothschild gekauft) und USA (mit Woodrow Wilson von Rothschild/ FED gekauft). Wilson hat nach seiner Regierungszeit seine Zustimmung zur Gründung der FED als seinen größten Fehler bedauert. Dies war die Allianz gegen Deutschland, die da stand, fest gemauert in der Erden.

Isvolsky fand dann ein neues Betätigungsfeld im Balkan. Aber in den Grundzügen kennen wir das schon. In den Jahren 1912-13 fachte er das Feuer weiter an. Österreich hatte durch die Annexion von Bosnien-Herzegowina eine große Dummheit begangen, weil sie damit die Wut des serbischen Volkes noch erhöht hatten. Isvolsky & Co gaukelten den Serben einen eigenen Staat Jugoslawien vor. Den Russen hatte man die Dardanellen versprochen. Aber wo die Engländer sich schon die Zähne ausgebissen hatten, konnten die Russen niemals eine Chance haben. Aber es gab noch einen wichtigen Punkt, den D&M übersehen haben, was eigenartig ist, denn er ist äußerst wichtig, weil es um Öl geht.

Die Story fand ich bei Peter Haisenko (PH), die merkwürdigerweise nicht mit einem Wort in ‚Hidden History' erwähnt wurde (S. 48). Es ging um die Bagdad-Bahn, deren Bau 1890 der Sultan Abdul Hamid II international ausschrieb. Alle Großmächte, also England, Frankreich, die USA und Deutschland bewarben sich, aber nur Deutschland stellte keine politischen Bedingungen und es bekam den Zuschlag (genau wie das heutzutage von den Chinesen gehandhabt wird). 1898 haben der Kaiser und der Sultan den Vertrag abgeschlossen. Aber Deutschland konnte dieses gewaltige Vorhaben allein nicht finanzieren. Wilhelm reiste nach London zu seiner Großmutter, der Queen, die erst zusagte, dann wieder absagte, die Franzosen wollten auch nicht. Die Deutsche Bank legte Anleihen in Französischen Franc auf. Bis die Finanzierung gesichert war, verging viel Zeit. Mit dem Bau der Bagdad-Bahn konnte erst 1913 begonnen werden. Da kurz zuvor schon bei Mossul große Erdöllager entdeckt wurden, führte die Trasse zufällig dort vorbei. Und ebenso zufällig hatte die Deutsche Bank sich zu beiden Seiten der Bahnlinie 20 km für den Abbau von Bodenschätzen gesichert. Und Öl begann gerade für das Befeuern der Schiffe sowie der Otto- und Dieselmotoren große Bedeutung zu gewinnen. Das Leben ist halt voller Zufälle.

Aber das war wiederum für das Empire eine besonders bittere Pille. Erstens würde die Bahn dem deutschen Handel neue Gebiete erschließen und zweitens würde nun auch noch Öl direkt nach Berlin fließen. Erst 1913 wurde in Kuwait Öl gefunden, worauf sofort ein englisches Schlachtschiff auslief und dem Emir einen Zettel unter die Nase hielt für einen Exklusiv-Vertrag. Der hat ganz schnell unterschrieben. Ganz einfach. Das waren halt noch Zeiten. Ganz wie heute.

Aber die Deutschen hatten ein sehr großes Problem. Die Bahn führte fast ausschließlich durch gut befreundete Länder, außer mit einem Abschnitt, der durch Serbien verlief. Dazu zitiert Haisenko den britischen Autor Robert Laffan „The Serbs" New York 1989:

Warum die Regierung um Frieden bittet.

Dies ist was aus dem alldeutschen Plan geworden ist.

Britisches Hetzblatt in deutscher Sprache

„Grundidee war, eine Kette von verbündeten Staaten unter deutscher Vorherrschaft zu errichten, die sich von der Nordsee bis hin zum Golf von Persien erstreckt … Würde die Bahn Berlin – Bagdad fertiggestellt, wäre eine riesige Landmasse unter deutscher Herrschaft vereinigt worden, in der jeder erdenkliche Reichtum hergestellt werden könnte, die aber für eine Seemacht unangreifbar wäre … Die deutsche und die türkische Armee könnten leicht auf Schussweite an unsere Interessen in Ägypten herankommen und vom Persischen Golf aus würde unser indisches Empire bedroht ..."

Der wiederum hat das von einem englischen Flugblatt in deutscher Sprache abgeschrieben, auf der auch die Kette von Deutschland unterworfenen Staaten als breiter schwarzer Streifen quer durch Europa eingezeichnet ist. Kann man sich einen größeren Schwachsinn ausdenken? Das Habsburger Vielvölkerreich hat er zu Deutschland geschlagen, auch Serbien und Bulgarien. Die Deutsche Bank war anfangs strikt gegen den Bau, weil sie sich keinerlei Gewinne ausrechnete. Deutsche würden auf Schussweite „an unsere Interessen in Ägypten“ herankommen“! Hatten die damals schon die Pershing Raketen? Und Deutschland wollte eventuell in Basra einen Stützpunkt bauen und von dort aus „unser indisches Imperium“ angreifen! Über einige tausend Kilometer hinweg. Es ist wie heute mit den Russen. Wenn die eine einzige Basis in Syrien einrichten – gegen die 1000 der Amis – dann sind nun einmal die Vereinigten Staaten schwerstens bedroht.

Im übrigen hielt Deutschland nur 40 % der Aktien, der Sultan 35 %, den Rest hielt Frankreich et al. Die Engländer versuchten mit allen Mitteln, das Projekt zu behindern und zu sabotieren und da kommt der edle Held Lawrence von Arabien ins Bild. Er hetzte die Araber gegen die Türken und die Deutschen auf, was nicht einfach war, weil beide dort beliebt waren. Nur mit viel Geld konnte er ein paar Scheichs bestechen und direkte Angriffe gegen die Bahn führen. Sein Heldenimage, so meint Haisenko, beruhe hauptsächlich auf “Made in Hollywood Geschichtsklitterung“.

Kurz und gut, die Bahn wurde eh nicht vor dem Krieg fertig und kam für Deutsche und Österreicher nicht zum Einsatz. Nach dem Krieg lag die Bahn in drei Ländern – Türkei, Syrien und Irak. Von 1924 bis 1940 kauften die Türken nach und nach die Bahn den Franzosen ab und Irak musste seinen Teil den Engländern abkaufen. So haben Deutschlands Feinde noch einen Reibach gemacht.

Wir kommen zurück auf Isvolsky und seine Zündeleien in – ach ja in Serbien. Da könnte man seine Arbeit genau so gut als größten Sabotageakt gegen die Bagdadbahn bezeichnen. Die Serben waren derart aufgehetzt, dass sie nie die Einwilligung für die Trasse durch ihr Land gegeben hätten. Nun platzierte Isvolsky sein alter ego Nicholas Hartwig in der serbischen Hauptstadt Belgrad als russischen Botschafter. Dem gelang es sehr schnell, den Balkan Bund zu schaffen, bestehend aus Griechenland, Montenegro, Bulgarien und Serbien. Alle hassten sie die Türken und die Österreicher bis aufs Blut – und fast ebenso hassten sich alle untereinander. Überall brodelte der Nationalismus und was taten die Russen? Sie stellten auf Anraten der Secret Society Terroristen-Gruppen auf, die damals noch ‚Geheimgesellschaften' genannt wurden.

Im September 1912 lud König George V den russischen Außenminister Sasonow nach Balmoral ein, sein Schloss in Schottland, zusammen mit Sir Grey. D&M sagen, dass in den Memoiren von Grey und Sasonow nur stehe, dass man über vier Tage langweilige Grenz-Fragen besprochen habe. Jaja, und Kanaster gespielt oder? Das ist natürlich gelogen, denn Sasonow hat sofort danach triumphierend an Zar Nicholas gemeldet, dass Frankreich und England ein Abkommen geschlossen hätten. Und vierzehn Tage später brach der erste Balkankrieg aus mit der Kriegserklärung des Balkanbundes an die Türkei. Das sei typisch für die S. S.: keine schriftlichen Beweisstücke, immer nur halbe oder geflüsterte Sätze, hier ein ‚heiliges' Ehrenwort oder dort, deren Wert oft zweifelhaft war.

Beide Balkankriege von 1912 und 1913 hatten teilweise einen absurden Verlauf. Im übrigen wird in dem Wikipedia-Text über die Balkankriege der englische Einfluss mit keinem Wort erwähnt. Typisch. Alles wird den Russen in die Schuhe geschoben. Im ersten Krieg stürmte der Balkanbund geschlossen gegen die Türkei an und konnte ihr beinahe den ganzen europäischen Besitz entreißen. Transsylvanien hat Rumanien an sich gerissen, Serbien und Bulgarien gewannen die größten Brocken. Bulgarien hatte das Marmara-Meer erreicht. Bei der Aufteilung des Raubes kam es sofort zu Streitigkeiten, obwohl man anfangs dem russischen Schiedsspruch zustimmen wollte. Das wollten die Griechen nicht und wandten sich an Frankreich und England. Ausgerechnet an ihre Erzfeinde.

Bulgarien war besonders unzufrieden und begann am 29. Juni 1913 einen Angriff gegen alle – Serbien, Rumanien, Türkei und Griechenland. Da hatten sie sich zu viel vorgenommen. Sie wurden von allen geschlagen. Die Türkei gewann den Teil von Europa zurück, den es heute noch besitzt. Makedonien fiel großenteils an Griechenland, Serbien erhielt den westlichen Teil von Bulgarien, das damit seine ganzen Gewinne aus dem 1. Balkankrieg verloren hatte.

Kennzeichnend für beide Balkankriege war die unerhörte Grausamkeit und Brutalität, mit der die Christen gegen die Türken vorgingen. Sie wurden zu zehntausenden vertrieben, gezwungen, das Christentum anzunehmen, wurden geköpft und vergewaltigt und Gefangene wurden ganz einfach ermordet. Die Bulgaren taten sich wohl am meisten hervor. Sie köpften die Gegner und spießten dann die Köpfe auf. Es erhoben sich damals sogar schon Stimmen, die deswegen ein ‚humanitäres Eingreifen' forderten, aber das war eher dafür gedacht, endlich den großen Weltkrieg in Gang zu bekommen. Nur Deutschland bremste, ja es drängte die Österreicher, den diplomatischen Weg zu wählen und eine friedliche Koexistenz mit Serbien zu finden – dieser Kriegstreiber!

Wieder war der Secret Society eine Chance entgangen, dass Österreich und Deutschland im Balkan Partei ergreifen würden. Beide dachten nicht daran. Nichtsdestoweniger hat Poincaré die allgemeine Wehrpflicht in Frankreich durchgesetzt. Russland hatte 350 000 Reservisten eingezogen und viel Geld in die baltische Flotte und die Infrastruktur gesteckt. Entscheidendes tat sich in Belgien, das doch neutral bleiben wollte. In einer Geheimsitzung erzwang König Albert vom Parlament 1912 im November die Aufstockung der belgischen Armee auf insgesamt 340 000 Mann, auf Basis einer geheimen Warnung. Albert war mit dem britischen Königshaus verwandt, aber wie gewöhnlich gibt es keine Beweise, dass von dort ein Wink gekommen ist.

Erst später, wie D&M herausfanden, hat man einen Beweis in New York gefunden, der aber weder von Google oder Yahoo gefunden wurde, dass die Belgier im November 1912 von der britischen Armee informiert wurden, dass das britische Verteidigungsministerium, sobald der europäische Krieg ausbräche, 160 000 Mann nach Belgien und Nord-Frankreich transportieren würden, **mit oder ohne Erlaubnis der belgischen Regierung.** Diesen Satz, sagen D&M, sollten wir gut im Gedächtnis behalten.

Österreich-Ungarn befolgte nicht den Rat des Kaisers, mit Diplomatie vorzugehen. Es wusste zwar von den Ränken Isvolskys und Hartwigs, den Verbindungen zu Paris und Petersburg, aber man hatte keine Ahnung, wo die echten Strippenzieher saßen. Es wurden mehrere serbische Attentate auf hohe österreichische Beamte durchgeführt, die meisten erfolglos. Die Serben, die nach der Befreiung 1878 von der Türkei unabhängig geworden waren, träumten aber vom alten

Groß-Serbien, das 1389 unterging. Österreich hätte sich aus dem ganzen Balkan zurückziehen müssen – der Herzegowina, Slowenien, Kroatien und Bosnien. Natürlich hätte es ein Hauen und Stechen gegeben, aber ohne Österreich und Deutschland.

Der gewattätige Chauvinismus der Serben stellte die Geduld Österreichs auf eine harte Probe. Das wusste die S. S. und stocherte weiter in der Wunde. Und da boten die Österreicher im März 1914 eine goldene Gelegenheit an mit der Erklärung, dass im Juni Erzherzog Franz Ferdinand die Hauptstadt von Bosnien-Herzegowina Sarajevo besuchen würde. Die serbische Terrorgruppe Schwarze Hand war vorbereitet. Ihr Chef Apis hatte drei junge Bosnier zu Terroristen ausgebildet und mit Waffen versorgt. Und alle drei erhielten Giftampullen, die sie sofort einnehmen sollten, damit die Spur nicht zu Apis und Hartwig zurückverfolgt werden könnte. Doch dann gab es nur wenige Tage vor dem Attentat eine Putsch-Drohung gegen die serbische Regierung, worauf die S. S. drohte, einem neuen Regime sofort alle Gelder zu entziehen. Apis schickte einen Agenten nach Sarajevo, um das Attentat abzublasen, aber es war zu spät. Die Bosnier waren längst von Belgrad nach Sarajevo gereist und sicher untergebracht.

Es gab massenhaft Gerüchte von einem Anschlag. Der Polizeipräsident versuchte sein Äußerstes, die Kavalkade abzublasen, wenigstens nicht die Route bekanntzugeben. Alles vergebens. Sieben Attentäter waren längs der Route aufgereiht. Eine Bombe wurde auf Erzherzog Franz Ferdinands Wagen geworfen, aber nur eine Ordonanz wurde verwundet und ins Hospital gebracht. Ferdinand fuhr ebenfalls hin, um sich nach seinem Zustand zu erkundigen. Dann fuhr er genau denselben Weg zurück. Und dann klappte es. Franz Ferdinand und seine Gattin Sophie starben sehr schnell an ihren Wunden. Alle Attentäter schluckten ihr Gift, das aber keine Wirkung zeigte. Sie wurden alle ergriffen, auch alle Mithelfer in erstaunlicher Geschwindigkeit. Die Mithelfer leugneten jede Schuld der serbischen Regierung, was Wien nicht glaubwürdig fand. Vier der Täter wurden gehängt, die drei jüngeren Bosnier erhielten Gefängnisstrafen.

Die S. S. war fieberhaft beschäftigt, alle Spuren, die nach Russland führten, zu verwischen. Zufällig starb der russissche Botschafter Hartwig 3 Wochen später in der österreichischen Legation in Belgrad. 1917 wurde Oberst Apis in Serbien vor Gericht gestellt, der gestand, dass er Malobabic anheuerte, um Franz Ferdinand nach seiner Ankunft zu liquidieren. Die S. S. sorgte dafür, dass er schleunigst erschossen wurde. Nach der Oktoberrevolution stellte man in Moskau fest, dass für den Zeitraum Mai bis Juli 1914 Hartwigs Papiere und Depeschen aus Belgrad fehlten. Somit gab es nur sehr unzureichende Beweise.

Nun wollen wir sehen, wie es im Juli 1914 weiterging. Obwohl heute allgemein der Mord als die Ursache des 1. Weltkrieges angesehen wird, ist das keineswegs selbstverständlich. Man machte es sich nicht so einfach wie die USA nach 911, die 24 Stunden später schon wusste, dass es ein alter Mann in einer afghanischen Höhle mit einem kaputten Handy war, der das alles gemanagt hatte. Die S. S. hatte in allen Hauptstädten – in Wien, Berlin, Paris und St. Petersburg ihre hochkarätigen Leute sitzen, die dafür sorgten, dass der Mord zu einem casus belli hochgepuscht würde. Die ersten Tage und

Wochen verliefen ruhig. Kaiser Franz Joseph erlitt einen Schock, viel Sympathie wurde für die Monarchie geäußert.

In Österreich war Franz Ferdinand nicht besonders beliebt gewesen, weil er nicht standesgemäß geheirat hatte (seine Kinder konnten nicht den Thron erben), weil er relativ aufgeklärt war und für demokratische Rechte und Freiheiten eintrat, was man in dem konservativen Land nicht liebte. Die Beerdigung sollte in aller Stille stattfinden, weil das Gerücht entstanden war (oder wurde? Von wem?), dass ein Dutzend serbische Mörder nach Wien unterwegs seien, so dass keine königliche Hoheit in Wien auftauchen würde und auch nicht auftauchte. Auch nicht Kaiser Wilhelm II, der eng mit Franz Ferdinand befreundet gewesen war, auch der einzige, der Ferdinands „unstandesgemäße“ Frau normal und gleichberechtigt behandelte!

Für den 20. Juli hatte Isvolsky in St. Petersburg ein wichtiges Treffen anberaumt. Er selbst war drei Wochen zuvor aus Paris verschwunden und niemand weiß bis heute, was er in der Zeit getan hat. Der Biograph von Isvolsky meint, dass diese Unterlagen bewusst zerstört wurden. In irgendeiner Weise muss er jedoch mit Poincaré, Buchanan (britischer Botschafter in St. Petersburg), Sasonov oder Edward Grey in Verbindung gestanden haben, die sich alle zum Treffen mit dem Zaren einfinden sollten.

In Wien war man ratlos – was tun? Man wusste irgendwie, dass Serbien schuldig war. Es musste bestraft werden. Aber wie? In der serbischen Presse wurden die Mörder zu Helden hochstilisiert, was die Österreicher auf die Palme brachte. In Belgrad nannte man die Wiener Monarchie von „Würmern zerfressen“, was den dortigen Generalstab in Wut versetzte.

Der wollte seine Divisionen gleich marschieren lassen. Und das genau wollte ja die S. S. auch. Wien hielt am 5. Juli in Potsdam mit dem Kaiser Rücksprache und der versprach Unterstützung für Wiens Maßnahmen. Das wurde später umgelogen zu einem Blanko Scheck, was kurz danach eindeutig durch die Taten Wilhelms widerlegt wurde. Alle Entente-Länder und andere forderten Österreich auf zu handeln und sich nicht alles gefallen zu lassen. Was ja durchaus gerechtfertigt war. Selbst heute braucht man sich ja nur vorzustellen, Biden wäre auf dem Maidan umgelegt worden. Stellt nun alle Fernseher und Radios auf volle Lautstärke – dann habt ihr das Gebrüll, das ausgebrochen wäre. Unterdessen sicherten sich die Engländer in aller Stille weitere Ölquellen in Persien, da der Marineminister Churchill die Kriegsflotte weitsichtig auf Erdöl umstellte. Der Brennstoff war billiger und machte die Schiffe viel schneller. Gleichzeitig log Grey dem deutschen Botschafter Prinz Lichnovsky am 9. Juli was vor, dass England keinerlei Allianzen eingegangen sei, dass er Russland auffordern werde, friedlicher gegenüber Österreich zu sein. Die englische Navy stattete in Kiel der deutsche Flotte einen Freundschaftsbesuch ab. Die ahnungslosen Abgeordneten im britischen Parlament lobten erfreut die besseren Beziehungen zu Deutschland. Und zehn Tage später war Grey mit all den anderen beim Zar und hetzte ihn weiter zum Krieg auf! Das ist Englische Diplomatie!

Am 14. Juli überzeugte Außenminister Berchtold den Kaiser Joseph, dass er an Serbien eine entschiedene ‚Note' richten werde, worin es hieß, dass man die serbische Hetzpropaganda beenden müsse und dass man eine Entschuldigung erwarte; dass man eine Beteiligung österreichischer Polizei bei der Untersuchung verlange und die Auslieferung der Täter. Aber Berchthold hielt die Note für drei Wochen zurück, um den Besuch von Poincaré beim Zaren abzuwarten, weil er sich davon friedliche Töne erhoffte. Das war aber ein Geschenk an die S. S.. Berchthold war in die Falle getappt. Wie war eine derartig unfähige Diplomatie möglich, ausgerechnet gegen die britischen Füchse?

Poincaré, von dem Berchthold eine Friedensinitiative erwartete, machte den Zaren richtig heiß und schwor ihm hoch und heilig, dass Frankreich alle seine Verpflichtungen einhalten würde, sobald er mit Deutschland im Krieg läge, ein Dokument, das 10 Jahre vor der Welt verheimlicht wurde. Isvolskys Biograf Stieve schloss: „Der Blanko Scheck für den Weltkrieg, der zuerst von Poincaré 1912 unterzeichnet wurde, ist jetzt abermals unterschrieben worden." (D&M S. 267) Ja, während immer nur von einem „Blanko-Scheck" des Kaisers gefaselt wurde, „der es auf eine politische Diktatur in Europa abgesehen hat ...", wie Sir Eyre Crowe, halb Deutscher und hoher Beamter im englischen Außenministerium, meinte und hinzufügte, im Gegensatz zu uns anderen „Mächten, die die Freiheit des Individuums aufrechterhalten wollen". Das ist derbe! Welche individuelle Freiheit in England, das seit Jahrzehnten von einer geheimen Gesellschaft tyrannisiert wird oder die im Zarenreich, der rückständigsten Tyrannei in Europa?

Kurz und gut, Berchthold übergab die Note an Serbien mit 48 Stunden Bedenkzeit am 23. Juli, an dem Tag, als Lloyd George im Parlament von den sehr guten Beziehungen zu Deutschland sprach. Österreich fiel aus allen Wolken wegen der Explosion, die darauf folgte, nachdem ihm von beinahe allen Mächten das Recht zugesprochen wurde, eine angemessene Bestrafung zu statuieren. Aber Serbien kochte über, die österreichischen Botschafter in Frankreich und Russland wurden übelst beschimpft, doch die englische Presse hat die Forderungen Berchtholds als durchaus gerechtfertigt angesehen.

Man bedenke, Frankreich hat wegen drei Arbeitern, die in Casablanca – nicht zu Unrecht – getötet wurden – die Stadt in Schutt und Asche gelegt mit tausenden Opfern und eine Armee losgeschickt, die einen großen Teil des Landes besetzte, aber eine Großmacht wie Österreich-Ungarn, deren designierter Staatschef ermordet wurde, darf nicht einen ordentlichen Prozess und die Auslieferung der Verbrecher verlangen? Sehr merkwürdige Maßstäbe, die da angelegt werden.

Noch vor Ablauf des Ultimatums am 25. Juli mobilisierte Serbien seine Armee und Frankreich traf gewisse Vorbereitungen, wie auch der Zar, der gleich nach Poincarés Abreise die Mobilisierung einleitete, was bereits gleichbedeutend mit einer Kriegserklärung war. Die Note, die Serbiens Außenminister Pasic überreichte, war ein sehr geschicktes diplomatisches NEIN, das natürlich nicht auf seinem Mist gewachsen war, sondern vom S. S.-Mann Sir Edward Grey formuliert worden war. Kaiser Wilhelm, der gerade aus dem Urlaub zurückkam, gab seiner Freude Ausdruck, dass das Kriegsrisiko beseitigt sei: „Mit [der serbischen Antwort] ist jeder Grund für einen Krieg beseitigt." (D&M S. 174)

Aber Östereich erklärte Serbien am 28. Juli den Krieg und Wilhelm II meinte, sie sollten Belgrad besetzen und er würde den Frieden vermitteln. Obendrein schickte Bethman-Hollweg eine Telegramm nach Wien und übte Druck auf Berchthold aus zu verhandeln, was er England, Frankreich und Russland sofort mitteilte. Zu dem britischen Botschafter sagte er, „dass ein Krieg zwischen den Großmächten unbedingt vermieden werden müsse." (D&M S.290) Berchthold antwortete nicht. Berichte trafen ein, dass Russland und Frankreich Vorbereitungen für die Mobilisierung trafen. Bethman-Hollweg schickte 3 weitere Telegramme. Deutschlands Botschafter in London forderte Grey auf, auf den Zar einzuwirken, die Mobilisierung an Deutschlands Grenzen zu unterlassen. Er sagte zu, dass er an den Zaren Botschaften geschickt habe. Nach dem Krieg kam heraus, dass kein Telegramm abgeschickt worden war. Lloyd George gab in seinen Memoiren zu, dass der Kaiser absolut keinen europäischen Krieg wollte. Im übrigen ist der Kaiser noch kurze Zeit vor Ausbruch des Krieges nach Norwegen in den Urlaub gefahren, nachdem er auch seine Minister in den Urlaub geschickt hatte. Er glaubte, dass Österreich die Serbien-Frage friedlich lösen würde. Dass dieser Kriegshetzer so kurzfristig noch in den Urlaub fährt, ist einfach unerhört oder?

Der Zar, im eisernen Griff der S. S., schickte an Wilhelm einen Hilferuf, er könne dem Druck nicht mehr widerstehen. Gleichzeitig hatte Wilhelm ihm ein Telegramm geschickt, dass er hoffe, dass der Zar seine Bemühungen unterstützen würde. Am 29. Juli hatte er den Befehl zur Mobilmachung gegeben, den er einige Stunden später widerrief. Aber das russische Oberkommando, das bereits seit dem 25. Juli Vorbereitungen getroffen hatte, ignorierte den Befehl. Churchill gab am selben Tag den Befehl an die Flotte, ihre Kriegsstellungen einzunehmen. Britische Truppen marschierten am 31. Juli durch London.

Sehr interessant ist, dass während der Kaiser und Bethman-Hollweg fieberhaft nach Friedens-Lösungen suchen, und er Moltke verbietet, die Mobilsierung zu beginnen, marschiert draußen die Sozialdemokratie und demonstriert gegen den imperialistischen Krieg. Dass ihn das nervte, kann ich gut verstehen und auch, dass er die Demos verbot. Am 31. Juli nachmittags kündigte Wilhelm II die Mobilisierung für den 2. August an.

Auf den Kaiser wurde aus allen Rohren gefeuert. Er habe den Iren in Ulster Waffen geliefert und in der Tat hatten die Iren – Katholiken wie Evangelische – deutsche Waffen, die ihnen von englischen Agenten zugeschoben worden waren. Aber der Putin war‘s. Oh pardon, damals war es der Kaiser. Denselben Trick hatten Milner & Co. schon im Burenkrieg angewandt. Wo sie auch deutsche Waffen nach Südafrika hineinschmuggelten, damit sie dann schreien konnten, die Deutschen mischen sich ein. Es war eine bewusst hervorgerufene künstliche Krise, um Hass gegen Deutschland zu schüren. Es herrschte eine allgemeine Deutschen-Freundlichkeit und vor allem eine große Friedensliebe. Kein Mensch wollte Krieg – außer der S. S.. Aber als klar wurde, dass Deutschland doch durch Belgien marschieren müsse, hat man die Ulster-Krise schnell abgebrochen.

England veröffentlichte schon am 6. August 1914 ein Blaubuch, in dem alle deutschen (nicht begangenen) Schandtaten aufgelistet waren; die Franzosen ein Gelb-Buch, die Russen ein Orange – Buch, alle mit Lügen gespickt. Die Deutschen brachten ein Weiß-Buch heraus, was damals das einzige war, wo man sich an die Wahrheit hielt, aber nur mit einem Teil, weshalb es ebenfalls als verlogen angesehen wurde. Man warf den Deutschen vor, nur das ihnen Passende veröffentlicht zu haben. Na klar. Der Dieb schreit immer am lautesten: „Haltet den Dieb!"

Aber dann hat Karl Kautsky 1919 *Die deutschen Dokumente zum Kriegsausbruch* veröffentlicht mit 1123 Dokumenten, das Fay in seinem Buch *The Origins of the World Warld War*, vol. I, s. 8 ff. so beurteilte: Es war „eine Konsequenz der deutschen Revolution am Ende des Krieges. Die neue deutsche Republik machte den Sozialistenführer Karl Kautsky zum stellvertretenden Außenminister. Er wurde autorisiert, alle Dokumente im deutschen Außenministerium herauszugeben, die ein Licht auf die Ursprünge des Weltkrieges werfen. Er und seine Assistenten kopierten, arrangierten und kommentierten sorgfältig eine Masse von Papieren in achtzehn Bänden in den Archiven mit der Diplomaten-Korrespondenz während der Juli-Krise von 1914. Im Gegensatz zu dem mageren Deutschen Weißbuch von 1914 mit seinen 27 Dokumenten enthält die Kautsky Publikation 1123, von denen 937 vollständig und die restlichen in einer ausreichenden guten Zusammenfassung wiedergegeben wurden. Die Briefe und Telegramme sind in strikter chronologischer Reihenfolge, was für sich selber spricht, wiedergegeben worden. Die Herausgeber haben lediglich Querverweise, Indexe und Daten für den exakten Tag, Stunde und Minute hinzugefügt, wann die Depesche gesandt oder empfangen wurde. … Es zeigte darüberhinaus, dass die Auffassung, dass Deutschland bewusst den Weltkrieg geplant hatte, ein reiner Mythos war." Soweit Sidney Bradshaw Fay in seinem Buch von 1930. (Meine Übersetzung).

Die maßlose, konzertierte Hetzpropaganda Englands, Frankreichs und der USA gegen Deutschland.

Schon im Februar 1916 wurde in Frankreich das Haus der Presse gegründet und gleichzeitig die Zensur von Aristide Briand eingeführt (ein PDF gibt es unter dem Titel ‚La Presse pendant la guerre de 1914–1918'), das für die anti-deutsche Propaganda zuständig war. In den Schulen wurden die Kinder ermutigt, Soldat oder Krankenschwester zu werden. Aufsätze und Diktate handelten von Schlachten und den Gräueltaten der Deutschen. Ein zentraler Begriff der Hetzpropaganda war der *Sale boche allemand* **(wörtlich: „deutscher Drecksack"). Des weiteren konzentrierte man sich auf die deutschen Gräuel in Belgien und Frankreich, womit die Angst der französischen Bevölkerung geschürt werden sollte. Den Deutschen wurden vor allem Verstümmelungen und Plünderung vorgeworfen.**

In England hatte man nicht wie in anderen Ländern die allgemeine Wehrpflicht, weshalb man dort besonders auf die moralische Mobilmachung setzte. Im Verhältnis zu anderen Ländern soll die Deutschen-Feindschaft in England geringer gewesen sein, weshalb dort besonders eifrig auf deftige skrupellose Propaganda gesetzt wurde. In den ersten fünf Kriegsmonaten wurden 2.5 Millionen Propagandaplakate gedruckt mit 110 Motiven, wie „Europa im Krieg – und wo bist du?" Frauen wurden aufgefordert, männlichen Zivilisten auf der Straße eine weiße Feder als ein Symbol ihrer Feigheit und Drückebergerei zu überreichen.

Schon im August 1914 wurde das **War Propaganda Bureau gegründet worden, danach kam das** *National War Aim Commitee* **hinzu, das für die Inlandpropaganda zuständig war sowie die Nachrichtenabteilung MI-7 des Heeres für die psychologische Kriegsführung. 1915 hat man den** *Bryce-Report* **veröffentlicht, der offensichtlich die französischen Stories übernommen hat von abgehackten Babyhänden und den vergewaltigten jungen Mädchen in dem ach so unschuldigen Belgien.**

Dann gab es das *Crewe House, das Parlamentarische Rekrutierungskomitee* und das *Parlament Kriegs-Spar-Kommitee*, das für die Werbung für Kriegsanleihen zuständig war. Und nicht zu vergessen, dass alle diese Organisationen, Behörden, Initiativen weit über England hinaus wirkten – in die weite Welt hinaus, in das Imperium, das Commonwealth. In der Propaganda war Groß-Britannien dem Deutschen Reich und der ganzen Achse um Jahrhunderte voraus. Nichts wurde übersehen – nicht die Schriftsteller, wie **Thomas Hardy, Rudyard Kipling** und **H. G. Wells** – auch nicht die Suffragetten wie die Pankhurst-Familie und Emmeline, Frauen, die sogar aktiv auf die Wehrpflicht drängten, dass die Mütter ihre Söhne in den Krieg schickten. Eine wirklich großartige Aufgabe haben diese frühen Feministinnen da gewählt.

Und dann kam ja 1917 noch die USA hinzu mit ihrem aufsteigenden Imperium, die schon damals auf ihre „moralische Überlegenheit und ihre großartige, einmalige Demokratie“ pochte, wo man völlig ungeschoren „Nigger und stinkende Indianer“ bestialisch killen konnte. Selbst Charlie Chaplin wurde schon im 1. Weltkrieg aktiver Vertreter der Kriegspartei. Ich weiß nicht, in wie weit Intellektuelle in den

USA kriegsbegeistert waren und die Linken konnte man ja immer an den fünf Fingern abzählen.

Auf deutscher Seite hatte man dieser Propaganda nichts entgegenzusetzen. Trotz seiner riesigen sozialdemokratischen Partei plus linker kommunistischer Abspaltung gab es da keine klare Linie. Deren Politik war völlig konfus. Zu Anfang waren die Sozis halbherzig, die Kommunisten absolut dagegen. Nach der Kriegserklärung wurden die Sozis hurra-patriotisch, da sie ja schon zu einem großen Teil verbürgerlicht waren, wie Andersen Nexö es wunderbar klar und deutlich auch von der dänischen ‚revolutionären' Sozialdemokratie beschrieben hat, vor allem jene, die im Apparat ihr Auskommen hatten. Die Internationale Solidarität hatten sie längst in der Garderobe verstaut und sie fühlten sich wohl im Schoß Seiner Majestät. Das zeigte sich bei der Zimmerwalder Konferenz in der Schweiz, wo es zur Abspaltung des linken Flügels mit Rosa Luxemburg und Karl Liebknecht kam. Aber leider führten beide Teile KEINE revolutionäre Politik, sondern die Sozis hatten ein mehr oder weniger bürgerliches Programm, was gegen Ende des Krieges zu einem weinerlichen Pazifismus ausartete und die kommunistische Abspaltung, die USPD, verlegte sich auf eine linksabweichlerische Politik.

Als Russland den Deutschen den Krieg erklärte, durfte der linke Flügel der Sozialdemokratie nicht das Rüstungsbudget ablehnen, ohne Hoch- und Landesverrat zu begehen. Sie stimmten dann ja nolens-volens dafür (Fraktionszwang), wofür sie von allen, von Lenin bis Myrdal, Prügel bezogen sowie von den übrig gebliebenen revolutionären Parteien (ausgerechnet in den USA, wo die schwarze und kluge kommunistische Lucy Parsons auch eine Philippika gegen die deutsche KPD geritten hatte). Was hatten die Sozis eigentlich für Informationen? Welche Analysen lagen ihrer Politik zu grunde? Deutschland sollte VERNICHTET werden! Das war das eindeutige Ziel der S. S.: Germania esse delendam. Das schmetterte die Propaganda-Presse Englands Tag und Nacht in die Welt hinaus.

Hätte unsere Arbeiterschaft nur annähernd die Wahrheit gekannt, hätten sie für die Verteidigung des Vaterlandes und für Wilhelm stimmen müssen. Es steht nirgends geschrieben, weder bei Marx und Engels, auch nicht bei Lenin, dass man sein Vaterland verraten solle. Im Gegenteil. Stalin hat nach dem Hitler-Überfall bewusst den Großen Vaterländischen Krieg propagiert. Und es hat sich auch 1916 gezeigt, als Wilhelm das Friedensangebot Status quo ante vorschlug, dass Deutschland das einzige Land war, das a) keinen Krieg wollte und b) keinerlei Gebietsansprüche gestellt hatte, wie alle anderen. Was immer einige Großkonzerne oder Militärs oder auch Wilhelm II vielleicht sich vorgestellt haben mögen. Und als sich der Krieg mit Hilfe der USA und der besessenen Hetze der Zionisten in die Länge zog, da erinnerte sich die KPD an die Friedensagitation. Aber dahinter stand keine Theorie, kein Plan. Auch die Sozialdemokratie mit ihrem rechten Flügel hatte keine Theorie, die wollten Frieden um jeden Preis und dann ran an die Fleischtöpfe. Das ist verständlich, aber nicht verständlich ist, dass sie versuchte, die Front ‚aufzuweichen'; die Partei hätte für einen gerechten Frieden auf Basis der ursprünglichen Wilson-Punkte rückhaltlos eintreten müssen, und nicht einfach das Land den Feinden zum Fraß vorwerfen dürfen. Als sich auch noch die Vereinigten Staaten von Amerika über die Deutschen hermachten, wäre es darauf angekommen, eine gewaltige Anstrengung zu unternehmen. Entweder sind KPD und Sozialdemokratie auch zionistisch unterwandert gewesen oder sie bestand aus geborenen Vaterlandsverrätern.

Schuld hatten im Grunde jene, die blind bei Lenin abgeschrieben haben und weil sie alle von ihm abgeschrieben haben. Hier ein Zitat, in dem Lenin summarisch die Politik der Reaktion beschreibt, was aber nicht einfach als Schablone für jede Situation herhalten durfte:

”Der europäische Krieg, den die Regierungen und bürgerlichen Parteien aller Länder jahrzehntelang vorbereitet haben, ist ausgebrochen. Das Anwachsen der Rüstungen, die äußerste Zuspitzung des Kampfes um die Märkte in der Epoche des jüngsten, des imperialistischen Entwicklungsstadiums des Kapitalismus in den fortgeschrittenen Ländern … mußten unvermeidlich zu diesem Krieg führen und sie haben zu ihm geführt. Territoriale Eroberungen und Unterjochung fremder Nationen, Ruinierung der konkurrierenden Nation, Plünderung ihrer Reichtümer, Ablenkung der Aufmerksamkeit der werktätigen Massen von den inneren politischen Krisen in Rußland, Deutschland, England und anderen Ländern, Entzweiung und nationalistische Verdummung der Arbeiter und Vernichtung ihrer Vorhut, um die revolutionäre Bewegung des Proletariats zu schwächen – das ist der einzige wirkliche Inhalt und Sinn, die wahre Bedeutung des gegenwärtigen Krieges.“ (W.I. Lenin: Der Krieg und die russische Sozialdemokratie. In: Werke, Dietz Verlag Berlin, 1960, Bd.21, S.13.)

Diese nicht spezifizierte, recht summarische Analyse hat in diesem Fall den S. S. Verbrechern in die Hände gearbeitet. Die Sozis und die Kommunisten hatten große Parteien mit Millionen Mitgliedern und da sollte es kein Dutzend Leute gegeben haben, die keine Ahnung davon hatten, was in England sich zusammenbraute? Konnte keiner Englisch lesen? Die Arbeiterschaft wurde weder in der SPD noch in der KPD aufgeklärt – na klar, weil sie selber auch keine Ahnung hatten. Aber auch unsere deutsche Intelligentsia hatte keine Ahnung. Das ist schwer zu verdauen. Die Engländer haben durch ihre Schikanen den Kaiser geradezu gezwungen, auch eine – völlig unzureichende – Flotte zu bauen. Und alles, was von der Briten-Propaganda über den Flottenbau zusammengefaselt wurde, ist reines Blech gewesen. Haben sich all diese Idioten nicht einmal die Zahlen angeschaut? Die Royal Navy hatte weit über 700 Schiffe, zusammen mit Frankreich an die tausend. Deutschland hatte mit Habsburg zusammen 300. Aber Deutschland war die Bedrohung. Lachhaft. Der Kaiser war auch kein Kolonialist. Er und Bismarck waren gegen Kolonien gewesen. Privatpersonen, wie Peters, Lüderitz etc. haben sie ihnen aufs Auge gedrückt. Hinter diesen Personen steckten natürlich vor allem merkantile oder auch „imperiale" Interessen. Aber das waren nur Wichtigtuer, die im Grund in Deutschland keinerlei Bedeutung hatten.

Es ist so, wie Docherty und Mcgregor schreiben: die Secret Society hat aus niedrigster Gier und mit den schmutzigsten Methoden aus Neid auf ein fortschrittliches Land, das erst seit kurzem auf der europäischen Bühne Platz genommen hatte, einen Konkurrenten in das Verderben gestoßen und hat dann noch auf dem am Boden liegenden Volk herumgetrampelt. Schon lange vor Kriegsbeginn war mit einer gnadenlosen Hetze gegen Deutschland begonnen worden, gegen die Deutschen **und gegen** Kaiser Wilhelm. Die S. S. brachte schon 1914 Medienleute und Militärs zusammen, um gemeinsam die Propaganda zu organisieren. Es gab also schon damals die „embedded journalists" – die heftig umworbenen Journalisten, die „objektiv berichten sollten"! Hier habe ich ein paar Artikel-Titel zusammengestellt mit einigen Blüten. Ihr braucht nur **„Englische Hetzpropaganda gegen Wilhelm II" eingeben, dann kommt eine Menge Material hoch wie etwa das Buch von William Le Queux „The Invasion of 1910", das in 27 Sprachen übersetzt wurde und eine Auflage von 1 Million erlebte. Oder die Seiten mit ‚Karikaturen von Wilhelm', z. B. Wilhelm auf einer Pyramide von Totenschädeln in Belgien und diese Bildsequenz – (Seite wurde plötzlich gesperrt). Ein Produkt am Rande der Propaganda war die Geschichte einer deutschen "Leichenfabrik", in der aus deutschen Gefallenen angeblich Glycerin für die Munitionsproduktion hergestellt werde. Sie kursierte im Frühjahr 1917. Die staatliche Propagandabehörde war daran nur insofern beteiligt, als sie diese Meldung von Zeitungen zunächst wider besseres Wissen nicht berichtigte. Das immer weitere Ausufern der Erzählung wurde dagegen von den Medien selbst besorgt. Das alles ist ungeheuerlich.** Deren Politik fand ihre gewollte Fortsetzung im zweiten Weltkrieg und in der Politik gegenüber Deutschland bis heute. Der Verbrecher Churchill hat dabei auch noch eine wichtige Rolle gespielt, worauf ich später zurückkomme.

Und über die deutsche Kriegspropaganda gibt es nichts zu berichten? Natürlich habe ich danach auch gesucht – und habe nichts gefunden. Muss man sich jetzt schämen? Das

Rätsel ist in der Zeit-Online vom August 2018 zu finden mit der Überschrift: „In jeder Hinsicht hinkte die deutsche Kriegspropaganda hinterher“. Und dort lesen wir weiter:

„ ... der „Generalstabschef (hatte) darauf hingewiesen, dass die Propaganda des Auslands die ”überragende Macht des Bildes und Films als Aufklärungs- und Beeinflussungsmittel” gezeigt habe. Der Feind habe ”den Vorsprung auf diesem Gebiet so gründlich ausgenutzt, daß schwerer Schaden für uns entstanden” sei.“

Und hier ein weiterer Zeuge (ebenda):

„(Deutschland hinkte hinterher …) Ob in der Plakatästhetik, der Fotografie oder im Film – die entscheidenden Innovationen kamen stets von alliierter Seite. Die Lehren daraus zog mit großer Klarheit schon wenige Jahre nach dem Krieg der junge Adolf Hitler. Im ersten Band seiner Programmschrift Mein Kampf benannte er 1923 das Versagen der deutschen Stellen.“

Mit ein Grund dafür kann m. M. nach sein, dass man sich zu gut war, eine derartig widerliche und verlogene Propaganda nachzuahmen. Und ein weiterer Grund, der nicht vergessen werden darf: das Deutsche Reich hatte 24 Jahre Frieden gehalten! Dass ich damit richtig lag, beweist ein gerade gefundener Artikel von Carola Jüllig (Deutsches Historisches Museum – „Deutsche Kriegs-Propaganda“ vom 14. September 2014):

„Das hieß nicht, dass in der deutschen Öffentlichkeit keine Bilder verbreitet waren, die Deutschlands Kriegsgegner verunglimpften. Sie fanden sich vor allem auf Postkarten, Bilderbögen und Karikaturen – Medien, die nicht von offiziellen Propagandastellen herausgegeben, sondern von privaten Verlegern produziert wurden. Auch diese Veröffentlichungen unterlagen der Zensur und waren nicht harmlos; die Brutalität vieler alliierter Darstellungen gerade auf Plakaten fehlt ihnen jedoch. Bei diesen Bildern geht es vielmehr darum, den Feind lächerlich zu machen und den deutschen Betrachtern so den Eindruck militärischer und vor allem kultureller Überlegenheit zu vermitteln."

Übrigens gab es damals in den USA sogar Bemühungen, die allzu verlogenen Sätze im Versailler „Friedensvertrag" über die „alleinige Kriegsschuld der Deutschen" etc. zu revidieren, die von den Deutschen unter Zwang und Drohungen unterschrieben werden mussten, wenn sie nicht wollten, dass ganz Deutschland besetzt wird. Wen wundert es, dass daraus nichts wurde, dass die Lügen nicht revidiert wurden? In dem Fall hätten ja alle die englischen, französischen und sonstigen Diebe und Plünderer ihren Raub wieder herausgeben müssen! D&M schreiben abschließend, mit welchem Fleiß und welcher Akribie die Secret Society sich in allen Ländern an die Arbeit machte, um alle ihre Spuren zu verwischen. Deswegen herrscht in den Archiven der russischen, englischen, französischen und amerikanischen Außenministerien an bestimmten Stellen gähnende Leere. Da hat halt zufällig der Blitz reingeschlagen. UND NOCH ETWAS IST BEZEICHNEND: OBWOHL ES HUNDERTE BÜCHER GIBT, IN DENEN DIE WAHRHEIT STEHT, WERDEN DIESE SÄTZE VON DER ALLEINSCHULD DEUTSCHLANDS BIS HEUTE – 100 Jahre später – ENDLOS WIEDERHOLT!

2. DER KRIEGSVERLAUF

Wir haben gesehen, dass Russland als erstes Land Deutschland den Krieg erklärt hat und zwar am 31. Juli 1914, nachdem es schon Wochen vorher seine Armeen vorbereitet und nahe an die deutsche Grenze vorgeschoben hatte. Eigentlich war doch schon die Mobilisierung vom 24. Juli 1914 eine Kriegserklärung. Aber gegenüber Deutschland nimmt man es nicht so genau. Die merken es auch nicht. Auch England mobilisierte schon am 29. Juli (Churchill schickte die Navy in ihre Kriegspositionen) und Belgien mobilisierte am 24. Juli, Frankreich erklärte am 31. Juli Deutschland den Krieg. Als letztes Land erklärte dann Deutschland, das als einziges nicht vorbereitet war, Russland den Krieg am 2. August. Am 4. August machte der Kaiser abermals den Engländern ein Friedensangebot.

Deutschland befand sich von Anfang an in einem Zwei-Fronten-Krieg, den der Kaiser und die Militärs unbedingt vermeiden wollten. Der oberste Befehlshaber Moltke hatte den Schlieffen-Plan jedoch geändert, demzufolge im Westen gegen Frankreich ein schneller Sieg errungen werden sollte, um dann die Entscheidung gegen Russland zu erzwingen. Es kam genau umgekehrt. Zwar konnten die Deutschen schnell bis kurz vor Paris vorstoßen, wo dann aber das sogenannte Wunder an der Marne geschah (bis heute ist nicht geklärt, wer den Befehl zur Einstellung der Offensive und zum Rückzug gegeben hat – auf jeden Fall eine Sabotage auf deutscher Seite! Moltke selbst?). Die Änderung Moltkes bestand vor allem darin, den rechten Flügel geschwächt zu haben.

Jedenfalls wurde Moltke als Oberbefehlshaber abgesetzt

und mit Hindenburg und Ludendorff ersetzt. Daraufhin verbissen sich alle Armeen ineinander und es kam zum Stellungs-Krieg, der furchtbare Verluste an Menschen und Material kostete. Trotz großer Unterlegenheit der Achsen-Mächte in puncto Soldaten hielten sie der Übermacht an der West-Front stand. Schließlich darf man nicht vergessen, dass die Deutschen tatsächlich so gut wie gegen die ganze Welt kämpften. Die Engländer und Franzosen rekrutierten Millionen Menschen in ihren Kolonien für ihre Armeen, was **die Deutschen als unmoralisch ablehnten**. Den Kolonialsoldaten wurden große Versprechungen vorgegaukelt von Freiheit und Unabhängigkeit. Wie üblich war das gelogen. Die Kolonialisten-Verbrecher sparten sich am Ende des Krieges sogar noch die Auszahlung des Soldes und die Entschädigungen für die vielen Verwundeten. [Über die „Heldentaten“ der Weißen ist in diesem Artikel eine Menge zu finden, den ich übersetzt habe „Wie die Koloniale Gewalt zu uns kam: Die hässliche Wahrheit des Ersten Weltkrieges“ vom 4. Dezember 2017. Da hatte ich noch nicht das Buch von Docherty/Mcgregor gelesen.] Auch im Osten hatten die Russen zwei Armeen gegen eine deutsche aufstellen können, die gleich zu Anfang recht tief nach Ostpreußen eindringen konnten und bei Gumbinnen einen halben Sieg errangen. Danach übernahmen Hindenburg mit Ludendorff das Kommando. Ludendorff war das militärische Genie, der mit weit unterlegenen Kräften in einer Doppelschlacht erst bei Tannenberg die 1. russische Armee und wenige Tage später in der Schlacht an den Masurischen Seen die 2. russische Armee vernichtend schlagen konnte. Aber die Russen konnten große Geländegewinne gegen Österreich-Ungarn verbuchen. Hier findet sich eine gute Zusammenfassung mit dem Titel „Erster Weltkrieg. Kriegsverlauf" auf einer Seite, die sich LEMO nennt. Schon in den ersten Wochen wurden alle Offensiven der Franzosen, Engländer und Russen zurückgeschlagen.

Das Jahr 1915 führte äußerst verlustreiche Schlachten im Westen mit sich, die für keine Seite Gewinne brachten. In den Vogesen konnten die Deutschen alle französischen Offensiven zurückschlagen. Da die Franzosen schon 1914 erstmals Tränengas eingesetzt hatten, mussten die Deutschen es ihnen nachmachen und Chlorgas einsetzen. Aber auch hier gilt immer noch die Lüge, dass die Deutschen als erste Gas eingesetzt hätten. Und seltsamerweise halten sich die Lügen immer am längsten. Die Mittelmächte verlegten danach ihre Kampfhandlungen auf den Balkan, wo sie Montenegro und Albanien und zum Teil Griechenland eroberten. An allen anderen Fronten herrschte Stellungskrieg.

Auch 1916 brachte keine wirklichen Entscheidungen. Die Russen konnten in mehreren Offensiven und unter enormen Verlusten Durchbrüche erreichen, **Polen erhielt auf Ludendorffs Vorschlag hin von Deutschland die Unabhängigkeit**, weil man sich mehr Soldaten erhoffte. Ende 1916 wurde Hindenburg und Ludendorff die OHL (Oberste Heeresleitung) übertragen. Aber eine sehr wichtige Tatsache aus dem Jahre 1916 wird entweder **ganz verschwiegen** oder als **bedeutungslos abgetan**. Es geht um das Friedensangebot, das auf Drängen Österreich-Ungarns Deutschland der Entente vorlegte. Ich halte dies für ein bedeutendes Dokument, staatsmännisch und ehrlich, weshalb ich es hier wiedergeben möchte:

„Der furchtbarste Krieg, den die Geschichte je gesehen

hat, wütet seit bald zwei und einem halben Jahr in einem großen Teil der Welt. Diese Katastrophe, die das Band einer gemeinsamen tausendjährigen Zivilisation nicht hat aufhalten können, trifft die Menschheit in ihren wertvollsten Errungenschaften. Sie droht, den geistigen und materiellen Fortschritt, der den Stolz Europas zu Beginn des zwanzigsten Jahrhunderts bildete, in Trümmer zu legen.

Deutschland und seine Verbündeten, Österreich-Ungarn, Bulgarien und die Türkei, haben in diesem Kampf ihre unüberwindliche Kraft erwiesen. Sie haben über ihre an Zahl und Kriegsmaterial überlegenen Gegner gewaltige Erfolge errungen. Unerschütterlich halten ihre Linien den immer wiederholten Angriffen der Heere ihrer Feinde stand. Der jüngste Ansturm im Balkan ist schnell und siegreich niedergeworfen worden. Die letzten Ereignisse beweisen, daß auch eine weitere Fortdauer des Krieges ihre Widerstandskraft nicht zu brechen vermag, daß vielmehr die gesamte Lage zu der Erwartung weiterer Erfolge berechtigt. Zur Verteidigung ihres Daseins und ihrer nationalen Entwicklungsfreiheit wurden die vier verbündeten Mächte gezwungen, zu den Waffen zu greifen. Auch die Ruhmestaten ihrer Heere haben daran nichts geändert. Stets haben sie an der Überzeugung festgehalten, daß ihre eigenen Rechte und begründeten Ansprüche in keinem Widerspruch zu den Rechten der anderen Nationen stehen. Sie gehen nicht darauf aus, ihre Gegner zu zerschmettern oder zu vernichten. Getragen von dem Bewußtsein ihrer militärischen und wirtschaftlichen Kraft, und bereit, den ihnen aufgezwungenen Kampf nötigenfalls bis zum äußersten fortzusetzen, zugleich aber von dem Wunsch beseelt, weiteres Blutvergießen zu verhüten und den Greueln des

Krieges ein Ende zu machen, schlagen die vier verbündeten Mächte vor, alsbald in Friedensverhandlungen einzutreten. Die Vorschläge, die sie zu diesen Verhandlungen mitbringen werden, und die darauf gerichtet sind, Dasein, Ehre und Entwicklungsfreiheit ihrer Völker zu sichern, bilden nach ihrer Überzeugung eine geeignete Grundlage für die Herstellung eines dauerhaften Friedens.

Wenn trotz dieses Anerbietens zu Frieden und Versöhnung der Kampf fortdauern sollte, so sind die vier verbündeten Mächte entschlossen, ihn bis zum siegreichen Ende zu führen. Sie lehnen aber feierlich jede Verantwortung dafür vor der Menschheit und der Geschichte ab.[1]“

Die Quelle ist auf Wikipedia unter dem Titel „Das Friedensangebot der Mittelmächte“ zu finden.“

Hier anschließend kommt noch der Kommentar des Kaisers zur Ablehnung seines Vorschlags:

„Im Verein mit den Mir verbündeten Herrschern hatte ich unseren Feinden vorgeschlagen, alsbald in Friedensverhandlungen einzutreten. Die Feinde haben Meinen Vorschlag abgelehnt. Ihr Machthunger will Deutschlands Vernichtung. Der Krieg nimmt seinen Fortgang! Vor Gott und der Menschheit fällt den feindlichen Regierungen allein die schwere Verantwortung für alle weiteren furchtbaren Opfer zu, die Mein Wille euch hat ersparen wollen. In der gerechten Empörung über der Feinde anmaßenden Frevel, in dem Willen, unsere heiligsten Güter zu verteidigen und dem Vaterlande eine glückliche Zukunft zu sichern, werdet ihr zu Stahl werden. Unsere Feinde haben die von Mir angebotene Verständigung nicht gewollt. Mit Gottes Hilfe werden unsere Waffen sie dazu zwingen!“ – Großes Hauptquartier, den 5. Januar 1917.

gez. Wilhelm, I. R. (Quelle s. ebendort)

Dazu habe ich noch zwei Dokumente gefunden, das eine aus einem weiteren Buch von unseren Docherty & Macgregor, das ich weiter oben schon nannte, mit dem Titel: „Prolonging the Agony" (Die Verlängerung der Agonie). Ich zitiere aus der Buch-Anzeige bei Amazon:

„(Die Millionen Soldaten) ... starben nicht, um die Zivilisation zu retten; sie wurden getötet für Profit in der Hoffnung, eine Regierung für die ganze Welt errichten zu können. 1917 wurde Amerika in den Krieg gestoßen von einem Präsidenten, der versprochen hatte, sich dem Konflikt fernhalten zu wollen. Aber die wahre Macht hinter dem Krieg bestand aus Bankern, Financiers und Politikern, die in diesem Buch die Geheime Elite genannt werden. [nach Durchsuchung tausender Dokumente auf beiden Seiten des Atlantik fanden wir …] dass der Krieg bewusst und unnötigerweise verlängert wurde und dass die groben Lügen, die in den modernen „Geschichtsbüchern" verwurzelt sind, immer noch zirkulieren, weil die Regierungen sich weigern, den Bürgern die Wahrheit zu sagen."

Und dann noch eine zweite Zeugenaussage von einem Mann, der eine Menge der damals wichtigen Akteure persönlich kannte. Benjamin Freedman, ein erfolgreicher jüdischer Geschäftsmann, schildert in einer Rede, die er vor einem patriotischen Publikum im Willard Hotel in Washington D. C. hielt, die Lage:

«In zwei Jahren hatte Deutschland den Krieg gewonnen: nicht nur nominell, sondern in der Tat. Die deutschen U-Boote, was eine Überraschung für die Welt war, hatten die Konvoys vom Atlantik gefegt und Groß-Britannien stand da ohne Munition für seine Soldaten, stand da mit einer Woche Nahrungsvorräten und danach – Hunger.

Zu jener Zeit meuterte die französische Armee. Sie verlor 600 000 von der Blüte ihrer Jugend bei der Verteidigung von Verdun an der Somme. Die russische Armee desertierte. Sie nahmen ihre Sachen und gingen nachhause. Sie wollten nicht mehr Krieg spielen und sie mochten den Zar nicht. Und die italienische Armee hatte kollabiert.

Und Deutschland? Nicht ein Schuss war auf deutschem Boden abgefeuert worden. Kein feindlicher Soldat hatte die Grenze nach Deutschland überquert [Doch in Ostpreußen durch den russischen überraschenden Erstschlag. Aber die Armee wurde schnell wieder verjagt. D. Ü.]. Und dennoch bot Deutschland England den Frieden an. Sie boten England einen Verhandlungsfrieden an, was die Juristen einen status quo ante nennen. Das bedeutet:

Dass England in dem Sommer 1916 das erwog. Ernsthaft! Es hatte keine Wahl. Es galt entweder dieses Friedensangebot anzunehmen, das Deutschland großzügig anbot oder mit dem Krieg fortfahren, bis man völlig besiegt wäre.»

Die Ablehnung durch die Entente hätte schnoddriger nicht sein können. Warum? Als Grund wurde erstens angeführt, dass keine Bedingungen genannt wurden. Nanu, normalerweise wird Wert darauf gelegt, ohne Vorbedingungen in Verhandlungen zu treten. In diesem Passus steht das Wesentliche:

„Zur Verteidigung ihres Daseins und ihrer nationalen Entwicklungsfreiheit wurden **die vier verbündeten Mächte gezwungen**, zu den Waffen zu greifen. Auch die Ruhmestaten ihrer Heere haben daran nichts geändert. Stets haben sie an der Überzeugung festgehalten, daß ihre **eigenen Rechte**

und begründeten Ansprüche in keinem Widerspruch zu den Rechten der anderen Nationen stehen. Sie gehen nicht darauf aus, ihre Gegner zu zerschmettern oder zu vernichten.“

Dem Kaiser war mittlerweile offensichtlich klar geworden, dass der Gegner die totale Vernichtung des Deutschen Reiches anstrebten. Aber warum wurde dann dem Volk das nicht eindeutig klar gemacht? Wäre dies den Deutschen anschaulich vor Augen geführt worden und was eine Niederlage mit sich bringen würde, hätte es dem Volk einen neuen Impetus gegeben. Es wäre dann in der Lage gewesen, dem Gegner einen vernichtenden Schlag zu versetzen, der ihn gezwungen hätte, um Frieden nachzusuchen. Aber dem stand die Arroganz des Adels im Wege. **„Wir von Gottes Gnaden haben beschlossen ... „** – und das musste reichen. Das Volk musste einfach volles Vertrauen in die göttliche Weisheit seines Kaisers haben. Dieser Glaube hat alle immer blind gemacht, selbst wenn sie schon mit einem Fuß am Rande des Abgrundes standen. Denkt an Ludwig XVI oder Nikolaus II. Aber gerade Wilhelm II hatte das rednerische Talent, das es ihm ermöglicht hätte, das Volk mit sich zu reißen. Er hat es ganz am Ende mit einem einfachen Appell noch einmal versucht, aber das war ein falscher Ton im falschen Moment am falschen Ort – im Hauptquartier und nicht vor dem Volk.

Dennoch: Deutschland und seine Verbündeten **wurden in den Krieg gezwungen und das erklärte Ziel der Gegner war die Zerschmetterung und Vernichtung Deutschlands.** Angesichts dieser Tatsachen war das meiner Meinung ein faires Angebot der Deutschen und Österreicher für einen Frieden gewesen.

3. Hiatus im Jahr 1916 – deutscher Friedensvorschlag abgelehnt - USA greift ein

Der zweite und entscheidende Grund war: Weil die Entente die Zusage für das Eingreifen der USA bereits in der Tasche hatte. Und da wird es eigentlich erst richtig spannend. Erstens haben die USA vom ersten Tag an England heimlich und intensiv mit allem unterstützt, was es brauchte und das war für die USA ein glänzendes Geschäft. Nicht zu vergessen die Lusitania-Affäre, die zu einer riesigen anti-deutschen Propaganda-Story in den USA aufgeblasen wurde, weil **120 unschuldige Amerikaner** mit untergingen. Die Deutschen versenkten die Lusitania, weil sie wussten, dass sie als Passagierschiff verbotenerweise Waffen transportierte, was die USA und England unisono bestritten. DIE UNSCHULDIGEN 120 AMERIKANER!!! Damit wurde das US-Publikum Tag und Nacht aufgepeitscht. Darüber wurden Bücher geschrieben und Filme gedreht (erst kürzlich wieder) und immer wurde draufgehauen auf die Deutschen. Doch vor einiger Zeit konnte die Lusitania endlich untersucht werden und was fand man? Tonnenweise Waffen (hier gibt es ein Video auf Brasscheck TV: The BIG lie that led us into WWI. Neutral? Think again.). Und im 2. Buch der Hidden History „Prolonging the Agony" von Gerry Docherty und Jim Macgregor wird dies Thema auch ausführlich behandelt.

Darüber wurde wenig geschrieben. Präsident Wilson wusste es natürlich, aber seine Lüge diente ihm für seinen gewollten Krieg gegen Deutschland. Zu dem Zweck hat er die Sozialisten zu hunderten einsammeln und einsperren lassen, darunter den berühmten Agitator und Redner Eugene Victor Debs. Als er und 28 andere Sozialisten 1921 von Wilsons Nachfolger freigelassen wurden, war die sozialistische Bewegung, die Debs mit aufgebaut hatte, mausetot. Dieser saubere Mister Wilson ist auch derjenige, der sich 1913 für die Gründung der FED hergab (was er in späteren Jahren bitter bereute) und Deutschland erbittert hasste. Aber das Volk war dazumal ziemlich freundlich gegenüber Deutschland eingestellt und wollte Frieden (was ein Wunder, da die Deutschen ja die größte Volksgruppe darstellte). Und Wilson hatte die Wahl als Friedensmann gewonnen. Ganz wie der Obama. Da musste Wilson sich halt das eine oder andere einfallen lassen.

Dazu bot sich eine goldene Gelegenheit. Als England und seine secret society 1916 am Rande des Abgrunds standen, war Deutschland bei weitem nicht geschlagen. Da ist *laut Benjamin Freedman*, der frühzeitig mit dem Judentum gebrochen hatte, folgendes damals passiert: Die Zionisten machten mit dem englischen Ministerpräsidenten Lord Balfour und Natty Rothschild einen Deal: Wir bugsieren die USA in den Krieg und wir sorgen für finanziellen Nachschub und dafür möchten wir nach dem Sieg Palästina haben. Daraus wurde die berühmte Balfour Declaration, die nicht nur für das Volk von Palästina entsetzliches Elend brachte, sondern für den gesamten Nahen Osten. Und vergessen wir nicht, dass Lord Balfour ein Gründungs-Mitglied der Secret Society war, also zum innersten Kreis gehörte und genauestens die intimen Beziehungen zu der Wallstreet und der High Society Amerikas kannte. Die endgültige Fassung der Balfour Deklaration verfasste im übrigen später Milner.

Benjamin Freedman berichtet weiterhin, dass die stark jüdisch beherrschte US-Presse Deutschen-freundlich war. Das änderte sich schlagartig nach dem Deal mit London. Plötzlich waren die Deutschen Schurken, waren sie Hunnen, die Rot-Kreuz-Schwestern erschossen, die Babies die Hände abhackten, die jungen Belgierinnen die Brüste abschnitten, die Babies aus den Inkubatoren rausrissen – oh Pardon, das kam ja erst später, das waren ja die bösen Iraker. Und kurz danach erklärte Wilson den Deutschen den Krieg und schuf auch gleichzeitig eine Art Propaganda-Ministerium, das sich „Komitee für Öffentlichkeits-Information" nannte, das maßgeblich an der Erfindung obiger Lügen beteiligt war (das wurde also auch nicht von Goebbels in Deutschland erfunden!). Auch Hollywoood hat sich besonders hervorgetan im Kampf gegen Deutschland mit Titeln wie „Der Kaiser: Das Biest von Berlin", „Die Wölfe der Kultur", „Pershings Kreuzritter", „Zur Hölle mit dem Kaiser" und noch viel schlimmere Titel.

Und eine dritte Quelle, die Webseite ‚schwarzeliste' hat viele aufschlussreiche und interessante Zitate von Staatsmännern und hohen jüdischen Würdenträgern, von Trotzki und Churchill, von George Bernhard Shaw bis Otto von Habsburg zusammengestellt. Das kann man sich in einer ruhigen Stunde zu Gemüte führen.

Ich muss hier etwas nachtragen, um die Perspektive etwas zurechtzurücken. Der deutsche Kaiser Wilhelm hat ja so wahnsinnig gerüstet, dass die Engländer in Angst und Schrecken versetzt und herausgefordert wurden. So lautet die Story, die bis heute erzählt wird. Schauen wir uns die Realität an.

Bei Ausbruch des Krieges im Jahr 1914 hatte Deutschland: 14 Großlinienschiffe, 22 Linienschiffe, 8 Küstenpanzerschiffe, 4 Große Kreuzer (Schlachtkreuzer), 12 kleine Kreuzer, Torpedoboote 89 und 19 U-Boote. Insgesamt 176 Kriegsschiffe. Österreich-Ungarn hatte nochmal ganze 120 Schiffe. Das waren zusammen also 300 Schiffe gegen die 1000 Entente-Kriegsschiffe, eine erdrückende Übermacht also. Das kann man hier nachlesen bei Wiki unter dem Titel die ‚Kaiserliche Marine'.

Und wie sah es bei der Stärke der Armeen aus? Deutschland hatte Anfang des Krieges nur 739 000 unter Waffen, während seine Gegner schon deutlich mehr mobilisiert hatten. Aber nehmen wir nun die totalen Zahlen. Deutschland hatte insgesamt 14 000 000 Mann im Feld gehabt, Österreich-Ungarn 9 000 000 Mann, das Osmanische Reich 2 850 000 und Bulgarien, das sich ziemlich spät anschloss, 1 200 000 Mann, insgesamt gut 27 Millionen Soldaten.

Der Gegner hatte: England 1 900 000, Frankreich 6 800 000, Russland 15 800 000 Mann, Belgien 267 000, Serbien mit 707 000, USA 4 355 000, hinzu kamen die englischen Dominion-Mitglieder Indien 1 570 000, Südafrika 150 000, Kanada mit 620 000, Australien mit 322 000, Neuseeland mit 110 000 sowie Italien 5 600 000, Rumänien 750 000 und noch etliche kleinere Länder sowie einige Millionen Mann aus den Kolonien, was zusammen mindestens 44 Millionen macht. Also eine erdrückende Übermacht. Die exakten Zahlen über die ‚Opfer des 1. Weltkriegs' sind hier zu sehen.

Und die Zahlen der Toten und Verwundeten. Die Achsenmächte verloren 3 650 000 Mann, die Entente rund 4,6 Millionen. Die Zahl der Verwundeten war auf allen Seiten enorm hoch. Bei den Achsenmächten lag sie in Deutschland bei über 4 Millionen, in Östereich bei 3,6 Millionen. Bei den Gegnern waren vor allem Russland mit 5 Millionen, Frankreich 4 Millionen, aber England nur 1,6 Millionen. Die Gesamtzahl aller toten Zivilisten lag bei fast 8 Millionen. Interessanterweise werden die 13 Millionen toten Russen durch die westliche Invasion nicht in den Ersten Weltkrieg mit eingerechnet, obwohl das ja eine unmittelbare Folge des Krieges war. Also Tote insgesamt waren es 17 Millionen (plus 13 Millionen in Wirklichkeit = 30 Millionen) und Verwundete insgesamt 21.3 Millionen, was viel zu niedrig angegeben ist. Das Verhältnis Tote : Verwundeten ist immer in etwa 1:3 . Nun, der zweite Weltkrieg hat das mühelos übertrumpfen können mit circa 70 Millionen Toten.

Die Achsenmächte Deutschland mit dem Kranken Mann am Bosporus und dem Kranken Mann an der Donau kämpften anfangs nur gegen die Entente England, Russland, Frankreich (und insgeheim auch Belgien), die 1916 praktisch besiegt waren und danach gegen die gesamte Welt – gegen eine erdrückende Übermacht. Deutschland wurde dennoch militärisch nicht besiegt.

Wir haben weiter oben gesehen, dass Deutschland ein Friedensangebot auf dem status quo ante gemacht hatte, das brüsk abgelehnt wurde. Denn England, will sagen, die Secret Society hatte ihre großartigen Kriegsziele noch nicht erreicht, weshalb sie absolut bis zum Endsieg weitermachen wollte. Docherty & Macgregor haben in ihrem zweiten Buch minutiös beschrieben, wie der Krieg ganz bewusst verlängert wurde, von genau denselben Männern, die den Krieg überhaupt erst entfesselt haben. Zu dem Zweck hatte man die USA mit an

Bord geholt. 1917 erklärten die USA Deutschland den Krieg unter dem erlogenen Vorwand, dass Deutschland zivile Schiffe der USA versenkt habe (Lusitania!). Dennoch machte der Beitritt der USA an der Front keinen großen Unterschied. Die Offensiven der Franzosen waren alle gescheitert, aber auch Ludendorffs Offensive vor dem Einmarsch der USA war offenbar nicht gründlich durchdacht, ja sie war ein Fehler und scheiterte. Die jahrelange Patt-Situation hatte sich nicht wesentlich verändert, außer dass die frischen US-Truppen gleich mehrfach die geschwächten deutschen Linien im Oktober durchbrechen konnten. Aber Deutschland war bei weitem nicht militärisch besiegt. Das ist ein Fakt.

4. Das Verhängnis Ludendorff - Ablehnung der Wilson-Punkte - auf Sieg gesetzt - Debakel und Chaos - Oktober Revolution

Wie denn, wo denn, was denn? Das steht doch überall, dass die Deutschen besiegt wurden! Jawohl, das steht überall, gleichwohl stimmt es nicht. Was sich 1918 gegen Ende abspielte, war kein Krieg mehr, sondern mehr oder weniger ein gigantisches Kasperl-Theater, wobei Deutschland der Kasper war, nur nicht so gewitzt wie der wahre Kasper.

Schauen wir mal genauer hin. In dieser Situation also legte Wilson seinen 14-Punkte-Plan im Januar 1918 vor. Jedoch müssen wir uns erst einmal diese 14 Punkte genau durchlesen, um das Weitere zu begreifen.

Wilsons 14-Punkte Programm

1. Abschaffung der Geheimdiplomatie
2. Freie Seeschifffahrt in Frieden und Krieg
3. Beseitigung von Schranken und Ungleichheiten im Handelsverkehr
4. Abrüstung
5. Unparteiische Regelung aller kolonialer Ansprüche
6. Räumung aller besetzten Gebiete Russlands durch die Mittelmächte
7. Wiederherstellung Belgiens
8. Räumung des besetzten französischen Territoriums und Rückgabe Elsass-Lothringens an Frankreich
9. Bereinigung der italienischen Grenzen entsprechend

klar erkennbarer Nationalitätsgrenzen

10. Autonome Entwicklung der Völker Österreich-Ungarns

11. Räumung durch die Mittelmächte und Restitution Rumäniens, Serbiens (mit Zugang zum Meer) und Montenegros

12. Autonome Entwicklung der Völker des Osmanischen Reiches und Öffnung der Dardanellen

13. Errichtung eines unabhängigen polnischen Staates unter Einschluss aller Gebiete mit unzweifelhaft polnischer Bevölkerung und mit freiem Zugang zur See

14. Allgemeiner Zusammenschluss aller Nationen zur gegenseitigen Garantie von politischer Unabhängigkeit und territorialer Unverletzlichkeit (Völkerbund)

Quelle: Die Webseite ‚Kultur und Gesellschaft' hat das „Wilsons 14-Punkte-Programm" komplett.

Dies sollte man genau lesen, auch ich kannte sie bisher nur ganz allgemein. Erstens finden sich da allgemein gehaltene Punkte, die wohl für alle gedachte waren (Freie Schiffahrt etc) und manche nur für die Achsenmächte. Die Wiederherstellung Belgiens ist nonsense. Deutschland hatte keinerlei Ansprüche auf das Land gestellt. ‚Räumung des besetzten französischen Territoriums' ist Unsinn, da es deutsches Territorium war. Errichtung eines ‚unabhängigen polnischen Staates' war bereits von Ludendorff (*bilden t.h.*) durchgesetzt worden. Ein Sammelsurium also, aber diskutabel.

Da hat wieder Peter Haisenko Recht, naja, halb Recht, wenn er schreibt: „Deutschland wollte von Anfang an keinen Krieg. Was also hätte das Kaiserreich daran hindern sollen, in Friedensverhandlungen einzutreten, die, wenn sie diesem 14-Punkte-Programm gefolgt wären, eine friedliche Entwicklung für die ganze Welt hätten garantieren können? Die Blauäugigkeit der deutschen Diplomatie war bekannt."

Allerdings übergeht PH ein paar wichtige Punkte. Erstens hat die Reichsregierung Wilsons 14-Punkte-Vorschlag im Januar 1918 abgelehnt. Denn er sollte bezwecken, Deutschlands Friedensvertrag mit der Revolutions-Regierung in Moskau zu verhindern. Berlin hätte ihn dennoch unmittelbar annehmen können, auch wenn er ein paar miese Punkte enthielt, über die man ja auch hätte verhandeln können. Hinter der Ablehnung steckte mit Sicherheit der Generalstabschef Erich Ludendorff, der gerade eine erfolgreiche Offensive im Osten führte. Daher konnte er in ‚seinen' Friedensverhandlungen auf eine gewaltige Ostexpansion drängen, bei der er jedes Augenmaß verlor. Das war ein ganz anderer Ton als in dem Friedensvorschlag des Kaisers. Gegen diesen unerhörten Raubfrieden demonstrierten zu Recht die Arbeiter in Wien und auch in Deutschland. Ich **will hier besonders nochmals betonen, dass es ARBEITER waren, die gegen einen Raubfrieden demonstriert haben**. Haben jemals Kapitalisten oder Regierungschefs gegen einen Raubfrieden demonstriert? Das ist der Unterschied zwischen den zwei Wahrheiten, von denen ich eingangs gesprochen habe.

Zuerst hatte am 9. Februar Ludendorff mit der Ukraine einen Separatfrieden ausgehandelt, den sogenannten ‚Brotfrieden mit der Ukraine', ein Programm des Deutschlandfunks vom 9. Februar 2018, der mehr einer Annexion glich als einem Frieden. Friedensverhandlungen mit der jungen Sowjetunion brach Trotzki ab, aber Deutschland nimmt die Kriegshandlungen im Februar 1918 wieder auf und dringt tief nach Russland ein. Auf Lenins Wunsch wird daraufhin am 3. März der Frieden von Brest-Litowsk geschlossen. Aber dazu muss man sagen, dass der Vertrag genau so ein Schandfrieden war wie der Versailler Vertrag. Russland verlor 25 % seiner Bevölkerung, 27 % seines wirtschaftlich nutzbaren Bodens, zahllose Industrien und Bergwerke und es musste die Unabhängigkeit von Finnland, Estland, Livland, Kurland, Litauen, Polen, Georgien, der Ukraine und von Teilen Armeniens anerkennen.

Diesen verbrecherischen Vertrag, der deutlich der Krautjunker-Mentalität Ludendorffs zu verdanken ist, verschweigt man gerne. Vielleicht hat man später daraus auf Welteroberungswünsche Wilhelms geschlossen. Lenin schloss den Friedens- und Freundschaftsvertrag mit Deutschland, weil er Luft haben und Zeit gewinnen wollte zur Konsolidierung der SU-Macht.

Aber Ludendorff setzte weiter auf Sieg. Er besetzte im März die Ålandinseln, um in Finnland gegen die Roten Garden vorzugehen, was deutlich eine Einmischung in die finnische Revolution war. Dies war ein Vorwand für britische Truppen mit Billigung Russlands, in Murmansk zu landen, um das Vordringen deutscher Truppen zu verhindern – angeblich. Was natürlich wieder nur ein übler Trick von London war. Es war der Vortrupp gegen die Sowjets. Und an der Westfront begann Ludendorff Mitte März mit der Frühjahrsoffensive in der Picardie, die anfangs schnell vorankommt, aber dann von den frischen Truppen aus den USA am 9. April gestoppt wird. Tage später besetzen deutsche und finnische Truppen Helsinki.

Insgeheim verhandelt Deutschlands Partner Österreich mit den Alliierten über einen Separat-Frieden, was wahrlich hinterhältig war, da Österreich ja einen Kriegsgrund hatte, der für die Secret Society wie gerufen kam. Deutschland schließt im Mai einen Frieden mit Rumänien, um einen ungehinderten Transport von Lebensmitteln aus der Ukraine zu bekommen. Ende Mai landen deutsche Truppen in Georgien zur Unterstützung anti-kommunistischer Verbände. Ende Mai neue deutsche Offensive in Frankreich, die 14 Tage später im Juni eingestellt wird. Kurz darauf scheitert auch die große Offensive der Österreicher in Italien und die Moral der Truppen verschlechtert sich.

Wie ich oben schon schrieb, waren die britischen Truppen in Murmansk ein Vortrupp gegen die Bolschewiki. Sie wurden von Amerikanern verstärkt und am 28. Juni werden sie von der Roten Armee angegriffen. Im August besetzen Amerikaner Archangelsk und die USA bricht ihre diplomatischen Beziehungen zur SU ab.

Im Westen erleidet im August die deutsche Armee eine große Niederlage. Das Oberkommando der Wehrmacht bezeichnet in einer Sitzung mit Wilhelm II und Karl I von Österreich die „Fortführung des Krieges als aussichtslos“. Kurz darauf beginnt die Rückverlegung der deutschen Truppen in die sogenannte „Siegfriedstellung“.

Da brach in Bulgarien im September 1918 die Front total zusammen und die österreichisch-ungarischen Truppen wurden aus Serbien vertrieben. Auch an der italienischen Front hatten die Österreicher keinen Erfolg. Kaiser Karl von Österreich, das ja so begierig auf den Krieg gewesen war, versuchte sich im September davonschleichen, indem er ein heimliches Friedensangebot den Allierten machte, was jedoch abgelehnt wurde Die Engländer überrannten im Herbst Syrien.

Ende September fordert die deutsche oberste Heeresleitung mit Ludendorff an der Spitze sofortige Waffenstillstandsverhandlungen und Einsetzung einer parlamentarischen Regierung. Am 3. Oktober setzt Wilhelm II den liberalen Prinz Max von Baden zum Reichskanzler ein, der umgehend ein Waffenstillstandsersuchen auf Basis der 14 Punkte an Wilson richtete.

Ende September forderte die deutsche oberste Heeresleitung mit Ludendorff an der Spitze sofortige Waffenstillstandsverhandlungen und Einsetzung einer parlamentarischen Regierung. Am 3. Oktober setzt Wilhelm II den liberalen Prinz Max von Baden zum Reichskanzler ein, der umgehend ein Waffenstillstandsersuchen auf Basis der 14 Punkte an Wilson richtete. Am 9. Oktober 1918 ging die Antwortnote von Wilson bei der deutschen Regierung ein. In der Note fragte Wilson an, ob die 14 Punkte vorbehaltlos akzeptiert würden und verlangte als Vorleistung die Räumung der besetzten Gebiete im Westen. Des Weiteren fragt Wilson an, in wessen Namen der deutsche Regierungschef denn sprechen würde. Da waren also 9 Monate vergangen und die Secret Society hatte schon in Paris begonnen, ihren eigenen „Friedensvertrag“ mit dem Deutschen Reich vorzubereiten, wobei Wilson praktisch nichts mehr zu sagen hatte. Er war ohnehin eine labile Figur mit Depressionen, (siehe Rolf Winter „Ami Go Home“, Hamburg 1989, S. 362) und am 2. Oktober 1919 hatte ihn ein Schlag getroffen, woraufhin seine Frau Edith gegen die Verfassung die Staatsgeschäfte weiterführte. Die deutsche Antwortnote vom 12.Oktober 1918 bestätigte uneingeschränkt die 14 Punkte Wilsons. Des Weiteren wurde die Bereitschaft zur Räumung der westlichen besetzten Gebiete zum Ausdruck gebracht und abschließend wurde mitgeteilt, dass Wilson mit einer Regierung verhandelt, die von der Mehrheit des deutschen Reichstages getragen wird. Aber Wilson war nur noch eine Frontfigur, die machen musste, was die S. S. verlangte. Als die Deutschen so zügig parierten (s. die Webseite ‚Geschichtsforum.de' „Die Notenoffensive Wilsons") folgten die Forderungen Schlag auf Schlag. Zehn Tage später verlangt man als Vorbedingung die Einstellung des U-Boot-Krieges. Eine Woche später verlangt man als weitere Voraussetzung Anerkennung aller Selbständigkeitswünsche der Völker Österreichs, die Karl I schon zuvor eingeräumt hatte. Am 22. Oktober erhält die deutsche Flotte den Befehl zu einer Großoffensive. Am 23. Oktober verlangt Wilson, dass zuvor Deutschland außer Stande gesetzt werden muss, die Kämpfe wieder aufzunehmen. Die Parlamentarisierung sei außerdem noch nicht voll durchgeführt worden.

Am 24. Oktober verlangt Wilson die militärische Kapitulation. Wie man sieht, folgte eine Forderung auf die andere. Darauf reagierte Hindenburg mit einem Armeebefehl, der die Truppe zum „Widerstand mit äußersten Kräften" aufforderte. Im Streit mit Wilhelm II verlangt Ludendorff seine Entlassung. Groener wird sein Nachfolger. Wilhelm II appelliert an Ludendorffs Patriotismus, woraufhin er im Amt bleibt. Am 28. Oktober meutert die Flotte in Kiel, die kurz zuvor noch den Krieg bis zum Ende führen wollte, was die

Regierung ihr verbot. Am 30. 10. kommt der Waffenstillstand zwischen Alliierten und dem Osmanischen Reich, am 3. 11. mit Österreich-Ungarn. Am neunten November verkündet Max von Baden **eigenmächtig**, der Kaiser habe abgedankt (der dagegen heftig protestierte), und übergab sein Amt dem Führer der MSPD Friedrich Ebert, der sogleich mit der USPD Liebknechts eine Regierung bildete, die die Friedensverhandlungen führen sollte.

Da wurde am 9. November in Berlin der Generalstreik ausgerufen. Ebert schloss insgeheim mit General Wilhelm Groener einen Pakt zum Kampf für „Recht und Ordnung" und ausdrücklich gegen den Bolschewismus und forderte ihn auf, 10 Divisionen von der Front abzuziehen und nach Berlin zu schicken. Er knüpfte auch mit allen konservativen und reaktionären Elementen Verbindungen (die Beamten, die Polizei, die Armee und die Justiz). Außerdem hatten sich zahlreiche Freikorps (mit Hilfe Churchills) gebildet, die statt an der Front lieber gegen das eigene Volk und gegen die revolutionären Arbeiter kämpften. 10 Divisionen wurden von der Front Anfang Dezember abgezogen und nach Berlin geholt. Natürlich hatten auch die Soldaten, die Matrosen und Arbeiter militärische Einheiten unter dem Befehl von Soldatenräten aufgestellt. Ebert und sein Polizeichef Noske befahlen den Angriff auf alle Räte und deren Entwaffnung, was auch mit aller Brutalität durchgeführt wurde.

Am 7. November 1918 rief Eisner in München den Freistaat Bayern aus und im November dankten alle 22 Monarchen in Deutschland ab oder wurden verjagt. Gegen Bayern zogen Freikorps und die Armee starke Kräfte zusammen und innerhalb weniger Wochen hatten sie die erste und vorläufig letzte Räterepublik auf deutschem Boden beseitigt, worauf das übliche Gemetzel der Rechten an den Kommunisten folgte.

Am 18. Dezember trat der Reichsrätekongress zusammen und beschloss mehrheitlich, nicht an den Räten festzuhalten, sondern die Einführung des Parlamentarismus, wie nicht anders zu erwarten, da der Revisionismus in der Sozialdemokratie mit Figuren wie Eduard Bernstein seit Jahrzehnten fest Fuß gefasst hatte.

Und am 11. November unterzeichnete Matthias Erzberger in Compiègne den Waffenstillstand. Die Bedingungen folgen hier:

- Einstellung der Feindseligkeiten binnen sechs Stunden nach Vertragsunterzeichnung
- Rückzug aller deutschen Truppen aus sämtlichen Gebieten Belgien, Frankreichs, Luxemburgs sowie aus dem Reichsland Elsaß-Lothringen binnen 5 Tagen
- Ablieferung von 5.000 Lokomotiven und 150.000 Eisenbahnwaggons
- Innerhalb der darauf folgenden 17 Tage Besetzung der linksrheinischen Gebiete und von rechtsrheinischen Brückenköpfen um Mainz, Koblenz und Köln durch französische Truppen.
- Innerhalb dieses Zeitraums Übergabe von 5000 Geschützen, 25 000 Maschinengewehren, 3000 Minenwerfern und 1700 Flugzeugen an die Entente
- Internierung aller modernen Kriegsschiffe
- die britische Seeblockade wurde nicht aufgehoben
- Annullierung des Friedens von Brest-Litowsk mit Sowjetrussland.

Ovan: Josef Wirth (t.v.) och Ernst Hanfstaengl. Närmast t.v.: Adolf Hitler.

Einen solchen ‚Frieden' hatte es in der Weltgeschichte noch nie gegeben. Durch diese Maßnahmen sollte dem Deutschen Reich die Möglichkeit genommen werden, den Krieg fortzusetzen. Foch äußerte, jetzt sei Deutschland „den Siegern auf Gnade und Ungnade ausgeliefert" (sehe Wikipedia zum Waffenstillstand von Compiègne (1918).

Die im Waffenstillstand vereinbarte Rückführung der rund 190 Divisionen des deutschen Heeres aus dem Westen wurde bis zum 17. Januar 1919 beendet.

Welches Stück darf es sein?

Bei dieser Lektüre stockt einem der Atem. So tief, wie die Karre im Dreck steckte, blieb gar nichts anderes übrig, als zu unterzeichnen, wenn man nicht wollte, dass ganz Deutschland von den Horden der Sieger überflutet wird. Der Kaiser und Hindenburg waren entschieden dagegen und für den Endkampf. Doch dafür war es eigentlich schon zu spät, nachdem sich bereits alles aufgelöst hatte.

Wolfgang Schivelbusch schreibt in seinem bereits genannnten Werk: „Der deutsche Zusammenbruch 1918 war historisch einzigartig, weil nie zuvor eine Nation die Waffen gestreckt hatte, deren Armeen so tief in Feindesland standen. Im Sommer 1918 lag Paris unter dem Beschuss der nur 90 km entfernten deutschen Artillerie, und die britische Hauptstadt war Ziel deutscher Zeppelinangriffe. In Berlin hingegen, rund tausend Kilometer entfernt, fiel nicht eine Bombe." (S. 229)

Der Zusammenbruch war völlig unerwartet und war zudem auch unnötig. Schivelbusch sagt an selbiger Stelle weiter: „Von Prinz Max von Baden, dem letzten Reichskanzler bis zur militärischen Führung der Entente herrschte die fast einhellige Ûberzeugung, dass die **deutsche Situation alles andere als hoffnungslos war.** (Meine Hervorhebung) Der englische Oberkommandierende Douglas Haig erwiderte auf Anfrage von Premierminister Lloyd George, die Deutschen seien fähig zum geordneten Rückzug hinter ihre Grenze „und könnten dann zweifellos diese Stellung halten, sollte es in irgendeiner Weise zur Infragestellung der deutschen Ehre kommen (Hervorhebung im Original)".

Ja, die Deutschen pfiffen auf die EHRE, sie pfiffen auf das Vaterland, pfiffen darauf, wie es ihren Landsleuten in all den abgetretenen Gebieten ergehen würde, sie pfiffen sogar darauf, dass Teile von Rest-Deutschland von Frankreich besetzt werden durften, wo deutsche Frauen und Mädchen eifrig vergewaltigt wurden. Und geklaut wurde, wie nichts Gutes. Sie erfüllten alle die maßlosen Forderungen der Alliierten, bitte sehr, nehmt was ihr wollt, bis am Ende nichts mehr übrig war.

Deutschland hatte von Frankreich nach dessen angezetteltem Krieg 1871 nur Elsass-Lothringen wieder zurückgenommen, das Ludwig XIV geraubt hatte. Ansonsten haben die Deutschen nur gemäßigte Reparationen verlangt, die von Frankreich umgehend bezahlt werden konnten. Der deutsche Staat entschädigte die Franzosen, die den Elsass verlassen wollten, die Franzosen jagten die Deutschen einfach aus dem Land und selbst die deutsche Sprache wurde verboten, wie nach 1918 wieder.

Die Armee hatte halt viel wichtigere Dinge zu tun, als die Heimat zu schützen. Die kaisertreuen und allgemein reaktionären Militärs mussten Freikorps aufstellen, um das Kapital vor Kommunisten zu schützen. In der brodelnden Heimat musste „Recht und Ordnung" wiederhergestellt werden. Alle drängelten sich an die Posten und Fleischtöpfe der herrenlosen Regierung. Die Sozis vorneweg und Ebert bot sich erfolgreich als Knecht und Henker an. Wer nicht in Berlin zum Zuge kam, konnte es an den ehemaligen 22 Fürstenhöfen probieren, die alle das Handtuch geworfen hatten.

Schivelbusch beschäftigt sich auch eingehend mit der Schuldfrage. Alle schoben die Schuld auf den Nächsten. Mit der Parole „Im Felde unbesiegt“ schob man die Schuld der Masse der Gegner zu, die Deutschland einfach erdrückten. Wie wir gesehen haben, ist das schlicht falsch. Der Historiker der Weimarer Republik Arthur Rosenberg schrieb, dass nach dem 8. August 1918, als Ludendorff erkannte, dass er das Spiel verloren hatte, hätte: „ ...die Reichstagsmehrheit … sofort im August Ludendorff stürzen und die parlamentarische Regierung bilden müssen. … Sie hätte sofort das Ostabenteuer der Obersten Heeresleitung liquidieren, aus freien Stücken auf den Frieden von Brest-Litowsk verzichten und alle deutschen Truppen aus den besetzten Ostgebieten abberufen müssen. So wären eine Verständigung und ein politisches Zusammengehen mit Sowjetrussland möglich geworden.“ („Die Entstehung der Weimarer Republik“, Hamburg 1991, S. 208) So weit so gut. Aber vor allem hätte man dann jede Menge Truppen gehabt, um im Westen die Front zu halten.

Dann die „Dolchstoßlegende“, die das Steckenpferd der Rechten und der Hitlerbande wurde. Sie hat, wie ich weiter oben ausgeführt habe, eine gewisse Berechtigung, wegen der grundfalschen Politik der Sozialdemokratie. Doch die Faschisten waren ja in ihrer Verblendung nicht zu einer korrekten Analyse fähig. Sie warfen einfach alles, was nur ein bisschen links roch, in einen Topf. Die Sozialdemokraten waren die Verräter aus Prinzip, die Kommunisten folgten einer politischen Linie, die falsch war, die sie aber später – zu spät möchte man sagen – korrigiert haben, und zwar im Ruhrgebiet, wo sie gegen die rabiat gewordene französische Soldateska kämpften – und gegen die Faschisten, denen Hitler verboten hatte, gegen die Franzosen einzugreifen. Darauf hätten die Kommunisten den Hitler festnageln sollen, als den Vaterlandsverräter brandmarken sollen, der er war und geblieben ist bis zum Ende. Stattdessen haben sie auch noch dafür agitiert, dass in der Saar die Deutschen für Frankreich stimmen sollten! Das ist die Höhe! Die Deutschen hatten gerade erlebt und gesehen, wie die anti-deutschen, rassistischen Franzosen im Ruhrgebiet gewütet haben und da sollten sie für die Franzosen stimmen? Die den Deutschen in den Vogesen das Eigentum geklaut haben, sie verjagt haben oder wenn sie blieben, ihnen verboten haben, ihre deutsche Muttersprache zu sprechen? Aber so war es ja auch zu Beginn des Krieges: Deutschland wurde angegriffen und da wäre es die Schuldigkeit eines jeden Deutschen gewesen, die Heimat zu verteidigen. Man hätte zu einem anständigen Friedensschluss kommen können, und hätte danach die Monarchie und alle die feudalen Überbleibsel hinwegfegen und eine sozialistische Revolution durchführen können/müssen.

Als Kronzeugen für meine Auffassung von der „Revolution" in Deutschland führe ich hier Nikolai Starikov an, der feststellt, dass Max von Baden (am 3. Oktober zum Reichskanzler ernannt) noch am selben Tag eine parlamentarische Regierung bildete, in die mit Philipp Scheidemann und Gustav Bauer erstmals auch Sozialdemokraten berufen wurden. Am 4. Oktober übermittelte diese – auf Drängen der Obersten Heeresleitung – das vorbereitete Waffenstillstandsgesuch an Wilson. Dieser stellte sogleich weitere Forerungen, da er an eine Demokratisierung des Deutschen Reichs nicht glauben könne, solange der Kaiser noch immer im Amt sei.

Prinz von Baden wusste, dass weitergehende Korrekturen nötig wären. Er erfüllte die Forderungen Wilsons und erklärte eigenmächtig den Rücktritt des Kaisers, der dagegen protestierte, dann aber ins Exil nach Holland ging. Max von Badens letzte Heldentat sei gewesen, dass er sein Amt am 9. November Friedrich Ebert, dem Führer der MSPD übergab, dessen Regierung in aller Eile am 11. November 1918 den Schandvertrag von Versailles unterschrieb, was laut Starykov der Kaiser niemals gemacht hätte. Er erklärt danach den verräterischen Tiefschlaf des Kanzlers und erklärt die Folgen folgendermaßen:

„Zum Zeitpunkt der Revolution 1918 befand sich kein einziger feindlicher Soldat auf deutschen Boden. Im Ersten Weltkrieg kannte niemand die Schrecken von Bombenangriffen, die auf der Erde ganze Städte „ausradierte". Wirtschaftliche Probleme gab es, aber der Hunger hatte in Berlin und Hamburg im Jahre 1918 bei weitem nicht die Ausmaße wie in Leningrad 1941. Warum gab es eine Revolution? Weil sie vorbereitet wurde. Es waren die gleichen Kräfte, die im Februar und im Oktober das Russische Imperium gestürzt haben. Jetzt bereiteten sie sich vor, ihren zweiten geopolitischen Gegner – das Kaiserreich von Wilhelm II – zu stürzen." (S. 62)

Und weiter Starikov:

„Die Revolutionen in Deutschland und in Russland organisierte der Geheimdienst mit maßgeblicher Unterstützung der USA und Frankreich.

Die Vernichtung von zwei Imperien durch die Organisation einer beispiellosen Konfrontation und Hetze sowie die sich anschließenden Revolutionen waren das Ziel des Ersten

Weltkrieges [49]. Dieses Ziel wurde mit Hilfe von verschiedenen politischen Parteien erreicht: in Russland mit den Sozialrevolutionären, Kadetten, Menschewiken und Bolschewiken; in Deutschland mit verschiedenen Sozialdemokraten. Nicht alles ist beim britischen Geheimdienst so gelaufen, wie es geplant war. In Deutschland sorgte der „Bluthund" Noske für die Beseitigung der politischen Gegner, in Russland war es der organisierte Kampf zwischen die Bolschwiken und Menschewiken." (S. 69)

Starikov ist den Verbrechern dicht auf der Spur. Mich wundert allerdings, dass er die Werke von D&M nicht kennt. Die Secret Society war dem Secret Service übergeordnet. Und diese S. S. hatte nicht alle russischen Parteien im Sack, denn wie wir gesehen haben, war deren Methode eine andere – sie hatte überall Schlüsselpersonen sitzen, gekaufte Agenten direkt in den Kabinetten und Regierungen. Aber hören wir weiter Starikov:

„ … die Lenins (haben) sich von Angelsachsen in einer entscheidenden Frage „getrennt": Sie haben ihr Land nicht verkauft und verraten." (S. 81)

„Während sich die westlichen Delegationen die finanziellen Forderungen der Bolschewiken anhörten, realisierte die sowjetische Delegation einen diplomatischen Akt von größter Bedeutung. Am 16. April 1922 wurde in der Stadt Rapallo - Vorort von Genua – der unbefristete Vertrag zwischen der RSFSR und Deutschland abgeschlossen. In diesem Vertrag verpflichteten sich beide Seiten von allen Forderungen auf Entschädigung militärischer Ausgaben und nicht-militärische Verluste Abstand zu nehmen. Außerdem wurde von Deutschland die Nationalisierung von deutschen Staats- und

Privateigentum in der RSFSR anerkannt! Der Vertrag war geheim und wurde mitten in der Nacht unterzeichnet. Die Diplomaten der anderen westlichen Staaten wurden erst nach der Unterzeichnung davon in Kenntnis gesetzt [75]." [S. 84)

Der Rapallo-Vertrag wurde am 16. April 1922 unterschrieben und – welch ein Zufall – genau im Frühling 1922 steigt die Zahl der Mitglieder in der NSDAP sprunghaft an [76]. Genau in den Jahren 1922 bis 1923 entwickelt sich in Deutschland eine zügellose Inflation. Die Bevölkerung verarmte schnell. Aber Adolf Hitler erhielt im Sommer 1922 Geld. Viel Geld! Deshalb plante er im Januar 1923 in München einen Parteitag durchzuführen. Mehr als fünf tausend Stürmer in ausgezeichneten neuen Uniformen sollten an ihrem Führer vorbeimarschieren [77].

Gepachtet wurden gleichzeitig 12 Plätze für die Durchführung der agitatorischen Veranstaltungen. Für die Einbeziehung eines großen Publikums wurden mehrere Orchester, Tanzgruppen und sogar ein bekannter Clown engagiert [78]. Unmittelbar nach Rapallo wurde unerwartet die Höhe der Hitlerzeitung „Völkischer Beobachter" von 8 auf fast 18 tausend Exemplare erhöht [79]. Nach dem Parteitag erscheint die Wochenzeitung als Tageszeitung. Viel zu viele „Zufälle" ... Jetzt können wir die Frage beantworten, warum die geheimnisvollen ausländischen Sponsoren der jungen nazistischen Bewegung geholfen haben. Die deutschen Nationalsozialisten werden von den äußeren Kräften aktiv für eine Destabilisierung der politischen Situation im Land benutzt. Die Nazis sind hervorragend geeignet, in Deutschland eine Regierungskrise zu provozieren und damit die von den Angelsachsen gehasste Regierung, die sich erlaubt hat, einen Vertrag mit den Bolschwiken abzuschließen, zu stürzen. Die Weimarer Republik ist ein demokratisches Land, d.h. ihre Regierung kann und muss im Falle der kritischen innenpolitischen Situation immer zurücktreten. Tut sie das nicht, dann kann mit Hilfe der Nationalsozialisten auch ein Mord organisiert werden. Erinnern wir uns nochmal an die Unterzeichnung des Rapallo-Vertrages am 16. April 1922. Am 24. Juni 1922 wird der Außenminister Deutschlands, Walter Rathenau (nach seiner Nationalität ein Jude) von einer Gruppe nationalistischer Verschwörer umgebracht.“ (S. 86)

Ganz klar geht die Phantasie mit Starikov oft genug durch. Und Beweise z. B. für die Tätigkeiten westlicher Geheimdienste in der Sozialdemokratie zieht er oft aus seinen eigenen Büchern oder aus schummrigen Quellen wie J. Fest, A. Taylor etc. heran. Erstaunlich ist, dass auch Starikov keine Ahnung vom Buch der D&M hat. D&M haben ja in ihrem zweiten Buch nachgewiesen, dass die S. S. mit allen Kräften weiter an der endgültigen Vernichtung Deutschlands gearbeitet hat. Einer der wichtigsten Personen wurde Churchill und wir wissen, dass er mit den Freikorps für Hitler den Weg gebahnt hat (siehe **Churchill And The “Unthinkable”** von A. D. Hemming. Der Artikel liegt u. a. auf Countercurrents.org). Wir wissen auch, dass zur Aushandlung der Bedingungen für Deutschland nach dem 1. Weltkrieg in Paris einige hundert „Experten“ sich versammelten, unter denen nicht wenige S. S.-Leute waren (Freedman). Ob Max von Baden am Gängelband von Geheimdiensten ging, darüber sagt Starikov nichts. Aber in einem hat Starikov 100% Recht: Lenin und die KPdSU haben nicht ihr Land verraten wie die deutsche SPD und KPD. Dass es im 2. Weltkrieg keinen Verrat gegeben hat, verdankt Russland ausschließlich Stalin, was ja den Westen zum Wahnsinn getrieben hat, aber auch zur Erfindung der abscheulichsten Lügen über ihn.

Starikow hätte sich mal bei seinem Kollegen Zakhar Prilepin und seinem Artikel „Dispelling 12 Myths About The Bolshevik Revolution“ (7. September 2018 auf fort-russ.com) etwas informieren sollen. Zakhar hat eine gute Zusammenfassung des Revolutionsverlaufs 1917-18 geschrieben. Vor allem diesen Passus sollte Starikow mal genau durchlesen:

„Alle Anhänger der Idee, dass die Revolution mit dem Geld der Deutschen und der Briten in Gang gesetzt wurde, sollten mal irgendwie erklären, ob die beiden vom Ende profitiert haben, sowie, dass sowohl die Deutschen als auch die Briten an der Intervention gegen Sowjetrußland teilgenommen haben, wenn doch die Bolschewiki ihre Agenten waren, und welche Art von Agenten sind denn diejenigen, die sozusagen ihre Wohltäter niedermachen und sie auf Leben und Tod bekämpfen?“

Prilepin verweist auch die Idee, dass die russische Revolution praktisch von einer nichtrussischen Rasse – den Juden – inszeniert wurde, in das Reich der Phantasie. „ … es lohnt sich, daran zu denken, dass es in der ersten sowjetischen Regierung gerade mal einen (1) Juden gab – Trotzky.“

Außenminister Rathenau gehörte zu den Liberalen und war derjenige, der Anfang des Ersten Weltkrieges darauf hinwies, dass Deutschland nicht auf einen Krieg vorbereitet ist. Er gehörte zu den Liberalen, die den Kontakt zu den Russen gesucht haben, im Gegensatz zu der SPD oder den Kommunisten. Reichskanzler Joseph Wirth, der den Rapallo-Vertrag absegnete, wurde zurückgetreten. Zu dem Zeitpunkt begann der massive Terror der Nazis. Es sollte unter allen Umständen eine Annäherung an Russland verhindert werden. Zu der Zeit traf rein zufällig ein seltsamer US-Geheimagent in Deutschland ein in Gestalt eines waschechten Bayern, der aber seit langem in den USA lebte und sich dort angeblich mit Kunsthandel beschäftigte, der unter dem Spitznamen Putzi in die Nazi-Geschichte einging. Er wird hier später nochmals auftauchen.

Zurück zur Schuldfrage. Es gab noch einen dritten „Schuldigen", den „Siegfried Mythos", dem Wilhelm II nicht entsprochen habe. Schivelbusch zitiert Arnold Bergmann „Die Bedeutung des Nibelungenliedes für die deutsche Nation", Karlsruhe 1924, S. 14): „Das ganze Land muss herhalten, um die frivole und brutale Ungezogenheit des jungen Siegfried ·... mit schönen Kleidern und Ausrüstungen zuzudecken. ... Es ist sehr gut, sich darüber klarzuwerden, dass Hagen diesen meineidigen, gewalttätigen Mann unschädlich machen musste, weil er in ihm eine permanente Gefahr für Volk und Staat der Burgunder sah." Abgesehen davon, dass für mich der wahre Held immer Hagen gewesen ist, trifft dieses Bild ja in keiner Weise auf Wilhelm II zu, sondern auf ein Bild, das sich gewisse Leute von ihm gemacht haben, vorzugsweise Intellektuelle und die Feinde Deutschlands sowie die Engländer und die Franzosen. Er war im Grund ein Mann des Friedens (den Friedens-Nobelpreis hätte er durchaus verdient) und er hat auch nicht zum Schwert gegriffen, um in der Schlacht zu fallen, weshalb man ihm Feigheit vorgeworfen hat, selbst seine eigene Frau, die wie alle Frauen für so etwas ein besonderes Gespür haben.

5. Weder Volk noch Regierung noch die Arbeiter noch OHL noch SPD/KPD hatten eine Ahnung von den wahren Zielen der Entente/S. S. – Adel/Armee/Hitler mit Curchill/S. S. zum anti-Kommunismus-Feldzug – Germania esse delendam (2. Versuch)

Ich sehe die Schuld ganz woanders, wenn man denn unbedingt im nachhinein eine Schuld braucht. Es ist nicht die Masse der Gegner gewesen, **praktisch die ganze Welt**, wie oben ausgeführt, die uns erdrückte. Von Erdrückung konnte keine Rede sein. Der Feind stand weit weg von den deutschen Grenzen. Auch die Dolchstoß-Legende ist m. E. untauglich, denn besonders stark war die anti-Kriegs-Agitation nicht. Und wenn man denn eine Schuld zuweisen will, dann allein der Führung von KPD und MSPD. Die MSPD hat a) ihre Mitglieder so gut wie gar nicht in sozialistischer Moral und Theorie unterwiesen, sie hat b) **selbst** den revolutionären Sozialismus an den Nagel gehängt und ist in das revisionistische Lager geschwenkt und konnte daher c) weder eine korrekte Analyse der politischen Gegebenheiten liefern, noch eine fähige Führung auf die Beine stellen.

Die KPD hat ebenfalls bei der Erziehung ihrer Mitglieder kläglich versagt. Es gab weder eine Basis-Erziehung noch eine theoretische Erziehung. Ihr theoretisches Organ ‚Die Neue Zeit' hatte in der Millionen-Partei nur ein paar tausend Leser. Gespräche mit alt-Kommunisten ließen einem die Haare zu

Berge stehen. Ihnen fehlten einfach die elementarsten Kenntnisse über Sozialismus und den Kommunismus. War es da ein Wunder, dass viele so mühelos in die national-sozialistische (sic) Partei hinüberschwenken konnten? War ja auch sozialistisch oder?

Auch die Siegfried-Versager-Legende, die Schivelbusch anführt, kann man Wilhelm II wahrhaftig nicht anlasten; schließlich waren es seine Diplomaten, zu denen ja auch der kluge, aber nicht sonderlich gewitzte Bismarck gehörte, und auch seine Geheimdienste, die keinen blassen Dunst davon hatten, was hinter den Kulissen in England, Frankreich, Belgien und Russland vor sich ging (allerdings sollten wir nicht vergessen, wer Wilhelms Geheimdienstchef war: der Bruder des Bankers Warburg). Es war ja Wilhelm, der der Sache am nächsten kam, als er an Zar Nikolaus schrieb, warum er nicht begreifen würde, dass die perfiden Engländer die Franzosen und die Russen dazu benutzen wollen, gegen Deutschland ins Feld zu ziehen. Obendrein muss man sagen, dass er weder ein genialer Politiker und auch keineswegs Feldherr gewesen ist. Ab 1916 hat er außerdem Ludendorff und Hindenburg einfach machen lassen. Ludendorff aber stellte den Clausewitz auf den Kopf (und auch den Sun Tse) und meinte, das Militär müsse im Krieg die Führung haben. Um ihre eigenen Schwächen zu erkennen, hätten sie beide wohl etwas bescheidener sein müssen.

Und so versank dieser erfolgreiche, gerade ein knappes halbes Jahrhundert währende deutsche Nationalstaat in Hunger und Elend. 15 Prozent des Landes wurden gestohlen, ausländische Armeen standen im Land, die militärische Ausrüstung wurde größtenteils gestohlen, mitsamt Kriegsmarine und Luftwaffe und Eisenbahnen. Obendrein wurden Deutschland Reparationen aufgebrummt, für die es 100 Jahre brauchte, um sie zu bezahlen (die letzten Tranchen wurden erst vor kurzem von den Urenkeln bezahlt! Ein Verbrechen sondergleichen). Die großen Schulden, die das Britische Empire und seine Kriegstreiber in Deutschland angehäuft hatten, wurden schlicht gestrichen. Und außerdem mussten die Deutschen unter Drohungen unterschreiben, dass sie die Alleinschuld an dem großen Morden trugen. Wir sahen, wie anständig Bismarck und der Kaiser mit Frankreich nach dessen angezettelten Krieg umgingen und auch mit der Bevölkerung selbst. Dennoch entwickelten die Franzosen gegen die Deutschen einen Hass, der geradezu unbegreiflich war. Ich habe über meine Erfahrungen weiter oben erzählt und kann ganz klar sagen, dass ich diesen Hass im Volk nicht gefunden habe. Der muss, wie in England auch, ganz oben in den Gesellschaftsschichten angesiedelt gewesen sein. Aber diese Frage kann ich nicht beantworten, weiß auch kein Werk, das sich damit beschäftigt hat.

Wie wir im Waffenstillstandsabkommen und dem Friedensvertrag von BREST-LITOWSK sahen, der noch vom Kaiser am 3. März 1918 mit Lenin (unter Protest) geschlossen wurde, in dem Deutschland zwar die Unabhängigkeit Polens, der baltischen Staaten und Finnlands anerkannte, aber Ludendorff andererseits unerhörte Forderungen auf andere russische Gebiete und Ressourcen stellte und er sogar nach dem Abschluss des Vertrags noch vorprescht bis in den Kaukasus, zu den Ölfeldern von Baku und auf die Krim (s. Zeit-Online 2018 Ausgabe 07 Schandfrieden). Die OHL (Oberste Heeresleitung) meinte natürlich, weil Russland den Krieg begonnen hatte, könnte sie diktieren! Damit zeigte Ludendorff deutlich seine Borniertheit, die er sein Leben lang gegenüber Arbeitern und deren politisch/sozialen Forderungen an den Tag legte. Wie konnte er zu dem Zeitpunkt noch einen Raub- statt eines Verständigungsfrieden mit Russland schließen! Dies wäre, wie Rosenberg meinte (siehe oben), das einzig Richtige gewesen, womit er den Rücken frei bekommen und auch viele Divisionen frei bekommen hätte für die Verteidigung Deutschlands im Westen.

VI. Zwischenspiel und Übergang zum 2. Weltkrieg

Aber nun muss ich noch auf ein ganz finsteres Kapitel der imperialistischen Politik zu sprechen kommen, und zwar die Intervention und Invasion im März 1918 von 17 Westmächten gegen die frisch entstandene Sowjetunion. Diese Revolution trieb die Kapitalisten ja fast in den Wahnsinn. Da schickten Frankreich, England, Japan und die USA Truppen in den Fernen Osten Russlands, wo die weißen Truppen des russischen Generals Koltschak operierten. Im Norden Finnlands standen schon britische und amerikanische Truppen und danach marschierten auch Deutsche, Tschechen, Polen, Rumänen etc. an der russischen Westfront zusammen mit den ‚weißen' Generälen Denikin, Judenitsch etc. gegen die Roten. Dieser Krieg war im Grunde sowohl ein Nachspiel des Weltkriegs, als auch ein Zwischen- oder Vorspiel des 2. Weltkriegs, genau wie der italienische Krieg in Eritrea, Äthiopien und Libyen sowie der spanische Bürgerkrieg.

Diese Intervention wird von der Geschichte weltweit totgeschwiegen (klar, weil doch alle beteiligt waren!) und sie kostete die Sowjetunion 13 Millionen Tote, die somit auch unter den Tisch fallen. Im Waffenstillstandsvertrag von Compiègne am 10. November 1918 wurde der ‚Friede' von Brest-Litowsk annuliert und am 11. November auch von der Sowjetregierung, und die Deutschen mussten alle besetzten Gebiete räumen. Und im gleichen Atemzug wurden Deutschland und

Österreich von eben den großartigen „Demokratien" England, USA und Frankreich maßlos bestraft, bespuckt und endlos mit Dreck beworfen wegen ihrer „angeblichen" Aggression.

Ende des Krieges hatte der gewievte Churchill wieder das Ruder herumgerissen und die deutschen Truppen an der Ostfront vom Waffenstillstandsvertrag ausgenommen, weil er fand, sie eigneten sich gut als Kanonenfutter gegen die Bolschewiken. Und wer zieht nicht gleich wieder gehorsam in die Schlacht mit Hurrah-Geschrei? Natürlich die Deutschen. Gegen die Feinde Deutschlands konnten sie nicht mehr kämpfen und die Heimat konnten sie auch nicht schützen, aber gegen die Bolschis ging es allemal. Den Brest-Litowsker Frieden brachen sie ja schon, bevor die Tinte richtig trocken war. Auch da wurde wieder mal auf die Ehre gepfiffen.

Von 1918 – 1933 – fünfzehn Jahre quälte sich dann die ‚Weimarer Republik' dahin, wälzte sich in Parteien-Gezänke ohne Ende, in Schuldzuweisungen, in Brudermord, in Schwarzmarkt, Schieberei, in Korruption im größten Bordell Europas, der Hauptstadt Berlin, wo reiche Engländer, Amerikaner, Franzosen knackige deutsche Mädchen im Dutzend für 1 Dollar oder einige Milliarden Reichsmark kaufen konnten, lauschten dem Gegröhle eines dahergelaufenen Ausländers, der pausenlos gegen Demokraten, Sozialisten, Kommunisten, Bolschewiken, Gewerkschaften, Zigeuner und die Juden hetzte, etwas leiser auch gegen Kapitalisten, aber unter der Hand vom internationalen und dem nationalen Finanzkapital Milliarden erhielt (see Anthony C. Sutton "Wallstreet and the Rise of Hitler" und "Holocaust survivors Quiet Allies of a Walll Street That once Invested in Nazi War on Russia

& Jews" by Jay Janson auf Countercurrents.org und "Ruling the World of Money" by Jay Epstein on www.bilderberg.org – besonders wichtig, denn über BIS in Basel wurden alle finanziellen Transaktionen des 3. Reiches mit den USA abgewickelt, während des gesamten Krieges), um seine Terrormaschine aufzubauen. Rechte Militärs in Armee und Polizei sowie zahllose Freikorps halfen ihm bei der Niederschlagung von Streiks und Aufruhr.

Und schließlich überreichte die müde Republik nach einer Wahl, bei der die Nazis 1932 (der letzten einigermaßen freien Wahl) ein paar Millionen Stimmen an die Kommunisten und Parteien der Mitte verloren hatten, zu Tode erschrocken ganz schnell diesem ausländischen dahergelaufenen Agenten, Rassisten und Kriegshetzer die Präsidentschaft auf dem Silbertablett – unter dem Beifall der königlichen britischen, der französichen und der US-Demokratie. War Weimar nicht eine tolle demokratische Republik?

Die Rechte, das Zentrum, die Konservativen, die Katholiken und auch die Juden klatschten Beifall (selbst der Schriftsteller Victor Klemperer in seinen Tagebüchern, s. Wikipedia), als er dann wie versprochen als erstes das ganze Pack von Sozialisten, Kommunisten in die KZs steckte, nach Lust und Laune folterte und mordete, unter Abspielung des Horst Wessel Liedes. Mit Churchills aktiver Hilfe wurden die Freikorps gestärkt (siehe The Unthinkable), um im Kampf gegen Kommunismus und Bolschewismus ihren Mann stehen zu können.

Wir dürfen nicht vergessen, dass die Secret Society in England ja nicht tot und begraben war. Ganz im Gegenteil, sie erfreute sich bester Gesundheit. Aber sie hatte ihr Ziel nicht erreicht, bzw. nur teilweise. Das deutsche Reich war nicht so zerschmettert und zerstört, wie man es sich gewünscht hatte. Obendrein hatte man noch einen Superfeind im Osten bekommen, die Sozialistische Sowjetunion. Man hatte sein Bestes versucht, sie in der Wiege zu erdrosseln, was aber schief gelaufen war. 17 Länder haben es nicht geschafft, die Sowjetunion zu besiegen. Die SU siegte über die Invasoren und die eigene Reaktion. Aber sie bezahlte einen hohen Preis: 13 Millionen Tote. Und es darf nicht vergessen werden, dass in jeder Revolution immer die Besten fallen, die ehrlichsten, die überzeugtesten und reinsten Menschen, die den Traum von der klassenfreien Gesellschaft, einer Gesellschaft der Freien und Gleichen seit langem geträumt hatten und sie nun greifbar vor sich sahen. Und übrig bleibt wie immer ein großer Bodensatz von Drückebergern, von Feiglingen und Verrätern, Betrügern und Schiebern, die ihre Stunde abwarten wie die Chruschtschows, die Jeltsins, Gorbatschows etc.

Danach wurde erst einmal Frieden geschlossen. Und was für ein Frieden! Mit Stempel und Garantie auf eine Fortsetzung. Ein Friede, bei dem Deutschland erst einmal alle besetzten Gebiete räumen musste, die Waffen und Lokomotiven und Schiffe etc. abliefern musste (siehe weiter oben die komplette Liste) und irrsinnige Geldsummen bezahlen sollte. Ein Friede, der Deutschland definitiv bezwang. Es gab Hunger und Schieber und Zank und Streit und keine einigende Kraft. Die Parteien schlugen sich nicht nur gegenseitig, sondern auch innerhalb. Sie spalteten sich einmal und zweimal und die Raufereien nahmen kein Ende. Die sogenannten Sieger stahlen alles, was sie brauchten. Ganze Fabriken wurden abgebaut und die besten Maschinen nahm man mit und die Kohle der

Ruhr konnten die Franzosen brauchen, also besetzten sie das Ruhrgebiet. Aber da waren sie ein Schritt zu weit gegangen. Da griffen die Arbeiter wieder zu den Waffen zusammen mit der USPD, der linken Abspaltung von der Sozialdemokratie unter Luxemburg und Liebknecht, während die Faschisten zuschauten oder auch auf die Kommunisten einschlugen.

Churchill erkannte die Gefahr. Er hatte ja schon Teile der deutschen Armee nicht entwaffnet, weil er sie für den Überfall auf die SU brauchte. Diese Teile formierten sich nach dem Friedensschluss und ihrem Rückmarsch aus der SU in Freischaren unter reaktionären Generälen und Militärs. Und wurden gestützt, bezahlt und ausgerüstet von wem? Na von Winston Churchill. Über die „noblen" Absichten Churchills kann man in diesem Artikel viel Material finden "Alle Kriege sind Kriege der Banken" von Michael Rivero (seht das Video auf YouTube an). Er bestätigt damit auch genau das, was Karl Marx vor 150 Jahren vorhergesagt hat: dass gegen Ende des Kapitalismus alles Kapital bei den Banken zusammenfließen wird.

Die Kommunisten waren nach Churchills Geschmack zu stark geworden in Deutschland, sie mussten gezähmt werden. Wurde das erst einmal erreicht, konnte man in Russland weitermachen. Als Geschenk des Himmels bot sich diese käufliche Kanaille aus München an, die gelobt hatte, mit den Kommunisten und den Bolschewiken kurzen Prozess zu machen und die Russen hinter den Ural zu jagen, um Siedlungen für Deutschland zu gewinnen. Dagegen hatte der Churchill überhaupt nichts, denn er war schlau genug zu wissen, dass sich die Deutschen dann die Russen zu Todfeinden machen werden und es einen endlosen Kampf geben wird, den die Deutschen am Ende verlieren werden.

Aber es gab noch ein Problem. Polen und die Tschechoslowakei. D. h. die S. S. wünschte, dass die Deutschen näher an Russland rankommen. Dessen Lösung war das Münchner Abkommen. Bevor sich jemand aufregt, fangen wir von vorne an. Polen hat im sog. „Versailler Friedensvertrag" große Teile Deutschlands erhalten, neben Schlesien auch den polnischen Korridor mit Zugang zum Meer, wo Polen den eignen Hafen Gdynia baute, gleich neben Danzig, das ebenfalls von Deutschland abgetrennt und zur Freien Stadt unter polnischer Hoheit erklärt wurde. Wilson hatte zwar den Schutz für alle Minderheiten in allen Ländern gefordert, aber darum kümmerten sich weder die Polen noch die Tschechen. Im deutschen Reich hatte es ja auch eine Reihe von Minderheiten gegeben, die auch nicht vorbildlich behandelt wurden. Das haben Polen zum Anlass genommen, es den Deutschen richtig heimzuzahlen – allerdings behandelten sie auch ihre anderen Minderheiten übel. Als erstes vertrieben sie zunächst mal 100 000 Deutsche. Schon während der Weimarer Zeit gab es ständige Reibereien, sodass auch da schon versucht wurde, diese ungerechte Trennung Ostpreußens vom Reich rückgängig zu machen, nicht erst zur Hitler-Zeit. In der Tschechoslowakei passierte dasselbe. Die Deutschen wurden auf jede erdenkliche Weise getriezt und gepiesackt und sogar der Schulunterricht auf deutsch wurde ihnen versagt.

Hitler hatte sich die Aufgabe gesetzt, alle Deutschen heim ins Reich zu holen. Er begann mit der Tschechoslowakei, bzw. dem Sudetenland. Darum wurde in München gefeilscht und England gab am 29. September 1938 nach und ließ sich als Friedensstifter feiern. Ein Jahr später war Polen dran am

1. September 1939, obwohl es eine Beistands-Garantie von England hatte. Doch Hitler war sich sicher, dass England nichts machen würde.

Eine weitere Tatsache behandelt Haisenko auch, die mir in ihrem Umfang völlig unbekannt war. Polen war bekannt für seine Judenpogrome wie in geringerem Ausmaß Russland auch. Aber was sich wirklich abspielte, wird sorgfältig verheimlicht. Ich beziehe mich jetzt auf Haisenko (S.122 ff), der sich seinerseits auf den Historiker Oscar Halecki beruft. Vor dem Krieg gab es in Polen drei Millionen Juden, die somit 10 % der polnischen Bevölkerung ausmachten, aber eigentlich zwanzig Prozent, da die Polen nur 60 % der Bevölkerung betrugen. Es gab also nochmal 30 % an anderen Minderheiten, wie die Kaschuben, Ukrainer etc. Und die erklärte Politik der Polen war es, alle Minderheiten, d. h. 40 % ihrer Bevölkerung zu vertreiben, um ein reinrassiges Polen zu schaffen. Im übrigen waren es die Polen, die die grandiose Idee aufbrachten, alle ihre 3 Millionen Juden nach Madagaskar zu verfrachten, aber Frankreich war strikt dagegen. Insgesamt war die Lage der Minderheiten so übel, dass z. B. aus polnisch besetzten Gebieten 1 Million Deutsche ins Reich flohen. Und zwischen 1933 und 1938 sind 557 000 **Juden nach Deutschland geflohen**. Im selben Zeitraum emigrierten 170 000 deutsche Juden aus Deutschland. Deutschen Juden, die nach Polen zurück wollten, wurde die Einreise verweigert, weil man ihre Pässe für ungülig erklärte. 50 000 Juden, die Deutschland nach Polen abschieben wollte, wurden an der Grenze mit vorgehaltenen Bajonetten daran gehindert. (S. 125)

Das ist ja nun äußerst bemerkenswert. Juden flohen vor dem polnischen Terror nach Deutschland zur selben Zeit, als der Weltjudenrat wiederholt den Deutschen und ganz Deutschland den Krieg erklärt hatte. Da brüllten also in der ganzen Welt die Juden über die Schandtaten der Deutschen, als die noch gar nicht stattgefunden hatten. Was in Polen passierte, interessierte sie offenbar nicht; es wurde allenfalls nebenbei erwähnt.

Nichtsdestoweniger gab Groß-Britannien 1939 den Polen eine Sicherheitsgarantie im Falle eines deutschen Angriffs. Das gab Polen Hitler gegenüber Oberwasser, obwohl es nicht das Papier wert war, auf das der Vertrag geschrieben wurde. Aber es war genau das, was die Briten wollten. Sie gossen heimlich Öl ins Feuer, dass Hitler „gezwungen" wurde, in Polen einzumarschieren. Und die Briten taten gar nichts, so wenig wie auch in der Tschechoslowakei, das Hitler ein Jahr zuvor schon „heim ins Reich" geholt hatte. Das war auch nie beabsichtgt. Wie denn sollten sie dort auch eingreifen können? Sie erreichten genau das, was sie wollten: Deutschland und Sowjetunion standen sich nun unmittelbar gegenüber. Stalin versuchte in jenen Jahren pausenlos, mit dem Westen einen Pakt zu schließen. Deswegen nahm er nolens volens Hitlers Vorschlag an, einen Nichtangriffsvertrag zu schließen, der dann am 23. August 1939 unterzeichnet wurde.

Dazu gibt der Flugzeugexperte Peter Haisenko einige präzise Anmerkungen zur englischen Politik, die richtiger die Politik der Secret Society genannt werden müsste. England hatte schon wieder ein Zeitproblem. Wenn man die erneute Dominanz Deutschlands verhindern wollte, brauchte man den Krieg. Und zwar bald. Haisenko schreibt:

„Deutschland war schon wieder auf dem Weg, dem Rest der Welt mit seinen technischen Entwicklungen um Jahre voraus zu sein. Wie knapp die Zeit für die Alliierten wirklich war, kann man daran erkennen, dass Deutschland zum Ende des Krieges über Flugzeuge verfügte, die Dank ihres Antriebs mit Turbinenmotoren für alle Flugzeuge der Gegner unangreifbar und tödlich waren. Friedliche Entwicklung vorausgesetzt, wäre Deutschland 1944 im Besitz der ersten Atombombe gewesen. Auch die deutsche Raketentechnik war allen anderen weit voraus. Kein anderes Land verfügte über die Fähigkeit, eine Rakete wie die V2 zu bauen." (S. 115)

Also muss der Krieg her. Aber da machte die SU den westlichen Kriegstreibern einen Strich durch die Rechnung vermittels des Nichtangriffsvertrags, nachdem alle Bemühungen, die Alliierten für eine gemeinsame Front gegen Hitler zu gewinnen, gescheitert waren. Der gesamte Westen begann Gift und Galle gegen Russland und Stalin zu spucken – nicht gegen Hitler, oh nein. Hitler und Stalin sind Brüder/Genossen, einer ist wie der andere, Faschismus ist dasselbe wie Kommunismus. Dass Stalin den Polen und den Tschechen gegen Deutschland einen Beistandspakt angeboten hatte, wurde geflissentlich übersehen. Im übrigen gibt auch Putin den Polen eine Mitschuld am 2. Weltkrieg.

Auf diese Zeit gehen die gröbsten Lügen über Stalin zurück. Aber inzwischen gibt es umfassende Dokumentationen darüber, was Stalin wirklich getan hat bzw. nicht getan hat. Kurt Gossweiler hat ausführlich über Stalin gearbeitet, wofür er natürlich unentwegt angegriffen wurde, vor allem von Leuten, die keinen Blick in seine Schriften und Bücher geworfen haben. Oder Ludo Martens und sein Buch „Stalin anders betrachtet", das 2014 im Zambon-Verlag in 3. Auflage erschienen ist. Er führt als Kronzeugen gegen die Lügen von

Chruschtschow und Gorbatschow den Generalstabschef und Marshall der Sowjetunion Georgi Konstantinowitsch Schukow, der den ganzen Krieg hindurch intensiv mit Stalin zusammengearbeitet hat. Kurt Gosweiler hingegen beruft sich auch auf die ganz neu entdeckten Dokumente aus den russischen Archiven. Dabei kam heraus, dass unter Jeltsin eine intensive Fälschungstätigkeit in Gang gesetzt worden war. Dutzende Leute machten sich daran, Dokumente zu ändern, zu verdrehen, neu zu schreiben. Das war vielleicht nicht auf dem Mist von Jeltsin gewachsen, sondern eine Initiative aus Washington. Außerdem schreibt Gossweiler zu Recht, dass die Stalin-Frage ein wunderbares Instrument der Reaktion ist, die Arbeiterbewegung zu spalten und auf Irrwege zu schicken. Jeder Kommunist müsste doch einsehen, dass Stalin den Feinden des Proletariats – Kapitalismus, Faschismus und Imperialismus – die größten Niederlagen beigebracht hat. Das allein reicht schon aus, dass sie diese Schmach nie vergessen werden und immer versuchen werden, ihn mit Schimpf und Schande zu überhäufen. Dabei konnte nicht einer aller Staatsmänner im Westen ihm das Wasser reichen.

Zurück zum Hitler-Stalin-Vertrag. Fakt war, dass Hitler durch Frankreich und England freie Hand erhielt. Darauf bot er Stalin diesen Vertrag an, den Stalin sofort akzeptierte, da er die goldene Gelegenheit bot, Zeit zu gewinnen, da seine Vorbereitungen für den Krieg mit Deutschland, der so sicher wie das Amen in der Kirche war, noch nicht abgeschlossen waren. Er war ja dabei, die gesamte Schwerindustrie aus dem europäischen Teil Russlands hinter den Ural zu verlegen. Außerdem konnte er die Position im Westen verbessern und einen Plan zur Verteidigung Leningrads entwickeln. Diese wichtige Stadt lag nur 32 km von der finnischen Grenze entfernt und Finnland war eng mit den Hitlers verbunden. Sie sollten Russland im Westen angreifen und Japan im Osten. Deshalb wollte Stalin, dass Finnland, dem die Russen nach dem Sturz des Zaren anstandslos die Unabhängigkeit übergeben hatten, ihnen den Hafen von Hanko verpachtet und ein paar kleine Inseln im Tausch gegen ein viel größeres Gebiet in Sowjet-Karelien. Auf deutschen Druck lehnte Finnland ab. Russland musste Leningrad schützen und hat deswegen gegen Finnland einen verlustreichen Krieg geführt, den Finnland verlor, trotz der enormen Hilfe seitens Englands, Frankreichs und der USA. England wollte 100 000 Mann Finnland zur Verfügung stellen, aber da war der Krieg schon beendet.

Im Osten hatte Russland einen Pakt mit der Mongolei und musste dem Land beistehen, als es von Japan besetzt wurde. Russland hat Japan vernichtend geschlagen und dadurch die Ruhe an seiner Ostfront hergestellt. Denn Japan hatte es sich in den Kopf gesetzt, China zu unterwerfen, womit sein Untergang besiegelt war. Die Augen waren größer als der Rachen. An Mao Tse-tungs Roter Armee bissen sie sich die Zähne aus, wodurch ein weiterer Angriff auf Russland verhindert wurde.

Dass diese westlichen Reaktionäre (England) und die östlichen (Japan) gerne Hitlers Partei ergriffen, um Russland zu schaden, davon ist natürlich nirgends die Rede. Weder in den Medien und noch weniger in unseren Schulbüchern. Der Hitler-Stalin-Vertrag jedoch und die Siege gegen Finnland und Japan schenkten den Russen nicht nur wertvolle Kriegserfahrungen, sondern auch 21 Monate Frieden, eine bessere Ausgangsposition an der Westfront und die Sicherheit seiner

Industrie hinter dem Ural.

Und der Gröfaz hat seinen Krieg geführt, ein bisschen anders als geplant. Er wollte niemals einen 2-Fronten-Krieg führen, aber er hat ihn geführt, jedoch halbherzig. Den Engländern schenkte er bei Dünkirchen ihre Armee und er unterließ den Angriff auf Groß-Britannien. Was das bedeuten sollte, hat bis heute noch kein Mensch herausgefunden. Ist er vielleicht direkt englischer Agent gewesen, hat er England überschätzt, erwartete er immer noch die englische Teilnahme an seinem Kreuzzug gegen den Kommunismus-? Aber wie kann er das riesige Russland angreifen, wenn das winzige England für ihn übermächtig ist? Nein, er glaubte fest an einen schnellen glorreichen Sieg und wollte im Herbst, spätestens Weihnachten in Moskau den Sieg feiern.

Hitler führte also ‚seinen Krieg' auf seine Weise, aber mit stetiger Hilfe der US-Geschäftsfreunde, was stetigem Hochverrat gleichkam. Wallstreet hat prächtig verdient, sogar an jeder Patrone, mit der ihre eigenen Soldaten erschossen wurden, haben sie verdient. Am Ende haben dennoch Hitlers Milliarden nicht ausgereicht zum Sieg, obwohl die deutsche Industrie Ende 1944 ihren höchsten Ausstoß hatte, trotz aller Bombenangriffe. Die deutschen Frauen arbeiteten in den Fabriken äußerst effektiv und mit Tempo. Und hunderttausende Juden, Kommunisten, Polen und Russen und andere Kriegsgefangene mussten schuften, um die Produktion aufrechtzuerhalten (wie z. B. mein Freund Bonifaz, der von den Engländern in Tansania in die Armee eingezogen wurde, dann in Nordafrika in Gefangenschaft geriet, von Rommel in letzter Sekunde vor dem Erschießungskommando gerettet und nach Deutschland geschickt wurde, wo er in Hannover mit anderen Kriegsgefangenen das endlos bombardierte Eisenbahnnetz reparieren musste) wie zum Beispiel auch **in der riesigen IBM-Fabrik in Auschwitz, die im übrigen von den Amerikanern nach 1939 dort gebaut** wurde – also nach Hitlers Einmarsch und Besetzung Polens. Jede Hand wurde nötig gebraucht, jede Frau, jeder Mann, der noch einigermaßen stehen konnte. Hier kann man sich noch ein Video von Brasscheck TV anschauen „American Business Icons Behind Hitler: Standard Oil, Ford, GM and IBM were all vital to Hitler's Success".

Hier nenne ich mal rasch die 8 größten deutschen Unternehmen, mit denen Hitler eng verbandelt war: Hugo Boss, Bertelsmann, IG-Farben, Siemens, BMW, Audi, Daimler Benz, Deutsche Bank. Von wegen dem „entschiedenen Kampf gegen das Großkapital"!

Kaum bekannt ist ein anderer Kriegsauslöser und zwar die diversen jüdischen Kriegserklärungen gegen Deutschland und das Deutschtum (s. Metapedia „Deutschland"). Da gab es ganz allgemeine Boykott- und Vernichtungsaufrufe von jüdischer Seite, die an Wut, Giftigkeit und Hass kaum zu überbieten sind, wie sie regelmäßig seit Beginn des Zweiten Dreißigjährigen Krieges erfolgten (s. Metpedia – damit wird der 1. Weltkrieg, die Zwischenkriegszeit und der 2. Weltkrieg bezeichnet). Würden derlei Äußerungen heute über die zionistische Entität in Palästina veröffentlicht (was undenkbar ist), würden alle Beteiligten auf die Schnelle hinter Gittern sitzen. Wohingegen es den Khazaren erlaubt ist, übelste Beschimpfungen gegen Christen, die Gojim und alle ihre sonstigen Feinde auszusprechen und auch zu publizieren, auch christliche Bischöfe in Jerusalem anzuspucken, wird gern gesehen. Was hat den Hassausbruch verursacht, völlig unprovoziert schon gleich nach dem 1. Weltkrieg, als es dem deutschen Volk sehr dreckig ging? Ich weiß es nicht, kann es mir auch nicht erklären. Hier einige Beispiele:

„Die bedeutendste jüdische Kriegserklärung des 20. Jahrhudnerts erfolgte im März 1933, deren vollen Text man auf Archive.org nachlesen kann, als noch Paul von Hindenburg als Reichspräsident an der Spitze des Deutschen Reiches stand und auch das Parlament noch existierte: Nur kurz nach dem Antritt der Regierung des Reichskanzllers Adolf Hitler am 30. Januar 1933 erschien am 24. März 1933 in der britischen Zeitung Daily Express (es gab am 24. März drei Ausgaben der Zeitung mit geringfügig verschiedener Aufmachung) unter der Überschrift „Judea declares war on Germany" (**Judäa erklärt Deutschland den Krieg**) ein Artikel über einen Boykottaufruf englischsprachiger Juden gegen deutsche Waren und Produkte. Infolgedessen kam es von seiten Hitlers dann am 28. März 1933 zum Aufruf eines Boykotts gegen jüdische Geschäfte. Auch diese Story wird wie üblich andersherum erzählt: dass die Deutschen aus blauem Himmel die jüdischen Geschäfte boykottierten.

Samuel Untermyer (s. Metapedia) war Initiator eines US-Boykotts deutscher Importe und erklärte dem Deutschen Reich im Juli 1933 anläßlich des jüdischen Weltkongresses in Amsterdam einen „Heiligen Krieg". Das haben wir in jüngster Zeit häufiger gehört, allerdings von ultrarechten Moslem-Faschisten. Die haben das also von den Juden/Khazaren abgekupfert. Diesen Aufruf wiederholte er nach seiner Rückkehr nach New York in einer Rede, die von dem US-Radiosender CBS ausgestrahlt und am 7. August 1933 in der

New York Times als Mitschrift veröffentlicht wurde.

Die zionistische Kriegserklärung an Deutschland von 1933 war wegbereitend für die Entfesselung des gegen das Deutsche Reich gerichteten Zweiten Weltkrieges. Als kurzfristige Antwort hierauf wurde in Deutschland am 1. April desselben Jahres ein Anti-Boykott-Tag insbesondere mit Aufruf zum Boykott jüdischer Geschäfte ausgerichtet." Aber Goebbels versprach, den Boykott aufzuheben, wenn die jüdischen Organisationen ihrerseits den Boykott einstellten.

Aber noch viel früher gab es ja Äußerungen wie diese gleich nach Ende des Ersten Weltkrieges von Isaak Sallbey am 11. Februar 1922 in der Schrift „Der Türmer" (nicht Der Stürmer): „Die deutsche Rasse muß vernichtet werden; darüber besteht gar kein Zweifel".[3] Oder die von Bernard Lecache vom 20. Juli 1932, Präsident der jüdischen Weltliga und der LICRA in Paris:

„Deutschland ist unser Staatsfeind Nummer Eins. Es ist unsere Sache, ihm erbarmungslos den Krieg zu erklären."

Aber auch dies ist noch nicht der Anfang. Der ging noch viel weiter ins 19. Jahrhundert zurück, als Moses Hess, den groteskerweise Marx kopiert haben soll, wohl als erster von einem notwendigen „Rassenkampf" faselte:

„Die ganze bisherige Geschichte bewegte sich in Racen- und Klassenkämpfen. Der Racenkampf ist das Ursprüngliche, der Klassenkampf das Sekundäre." [s. Moses Hess „Rom und Jerusalem" 1899] Das ist das genaue Gegenteil von dem, was Karl Marx sagte. Er schreibt weiter, dass die germanische als „letzte herrschende Race" übrig sei, und mit der scheint „ein letzter Racenkampf unvermeidlich" zu sein. Mir scheint vielmehr, dass die Khazaren ein besonderes Rassenproblem gehabt haben.

Zwei Jahre früher hat der Zionistenführer Theodor Herzl die folgenden Sätze formuliert:

„In Basel I founded the Jewish State.“ To which he added: „If I said this aloud today, I would be answered by universal laughter. Perhaps in five years, and certainly in fifty, everyone will agree.“ (In Basel gründete ich den jüdischen Staat.“ Er fügte hinzu: „Wenn ich das heute laut sagen würde, würde es von einem universalen Gelächter beantwortet werden. Vielleicht in fünf Jahren und gewiss in fünfzig wird jederman zustimmen.“)

Und weiter:

„Sobald ein nicht-jüdischer Staat es wagt, uns Juden Widerstand zu leisten, müssen wir in der Lage sein, seine Nachbarn zum Kriege gegen ihn zu veranlassen. [...] Als Mittel dazu werden wir die öffentliche Meinung vorschützen. Diese werden wir vorher durch die sogenannte ‚achte Großmacht‘, die Presse in unserem Sinne bearbeiten. Mit ganz wenig Ausnahmen, die überhaupt nicht in Frage kommen, liegt die ganze Presse der Welt in unseren Händen.” (Dazu ein Artikel von Manny Friedman aus dem Jahr 2012 wo er beweist, dass die Juden wirklich „Die Medien kontrollieren“ - „Jews do control the Media“.)

Und der reine, pure Zufall hat es so eingerichtet, dass all dies haargenau eingetreten ist! Dann muss man wohl auch an den Weihnachtsmann glauben oder nicht? Jedenfalls wird man auch verstehen, was ich über Stalin geschrieben habe: Er wollte sein Volk und sein Land nicht der Rache dieser Khazaren aussetzen. Die Khazaren sind ein krankes Volk. Sie behandeln alle Völker, ob Deutsche, Palästinenser, Araber oder Iraner auf dieselbe Weise: mit gnadenloser Wut und Bestialität, obwohl ihnen seit dem Zweiten Weltkrieg niemand etwas zu Leide getan hat. Andere Völker hatten unter ihnen zu leiden und tun es heute noch. Aber das ist natürlich völlig in Ordnung, wie alle westlichen Länder bezeugen.

Die Kriegserklärungen und Proteste begannen hier in Europa, gingen aber kurz danach auch in den USA weiter (auf der Seite www.germanvictims.com S.3 findet ihr Fotos mit gigantischen Massen, dass man nur staunen kann. Das waren also nicht kleine isolierte Spinnergruppen):

„Am 12. März 1933 kündigte der Amerikanische Jüdische Kongreß im Madison Square Garden eine massive Protestveranstaltung für den 27. März an, und ein Führungsmitglied des American Jewish Congress erklärte am 13. März 1933 mit Blick auf die Wirtschaftskrise, in der Deutschland sich noch befand:[5]

„Ein bellum judaicum bedeutet für Deutschland Boykott, Untergang und Verderben, bedeutet das Ende der deutschen Hilfsquellen und das Ende aller Hoffnungen auf den Wiederaufstieg Deutschlands."

Am 18. März beschlossen die amerikanischen Jewish War Veterans, deutsche Waren und Dienstleistungen zu boykottieren; andere Organisationen in den USA und in Großbritannien folgten.[6] Unter der Leitung der Jewish War Veterans kam es dann am 23. März zum ersten öffentlichen Protest, bei dem circa 20.000 Juden Massenversammlungen vor dem Rathaus in New York und vor den Vertretungen des Norddeutschen Lloyd und der Hamburg-Amerika-Schiffahrtslinie abhielten und Boykotts gegen deutsche Waren durch Läden und Geschäfte in New York verlangten. Aufgrund des weitreichenden Einflusses der Juden blieb vielen Geschäften nichts anderes übrig, als ihren Forderungen Folge zu leisten. Selbst die National City Bank mußte, sich dem Druck beugend, eine geplante Kreditvergabe an das Deutsche Reich absagen und es wurde sogar versucht, das US-amerikanische Olympische Kommitee dazu zu bringen, die Teilnahme an den 1936 in Deutschland stattfindenden Olympischen Spielen abzusagen.[2]"

Zu dem Riesenprotest in New York im März 1933 gab es noch einen Artikel, der ebenfalls den „Heiligen Krieg" beschwor und die Juden der Welt aufforderte, sich an den antideutschen Aktionen zu beteiligen: [7]

„Ganz Israel in der gesamten Welt schließt sich zusammen, um den Wirtschafts- und Finanzkrieg gegen Deutschland zu erklären. [...] Ganz Israel erhebt sich im Grimm gegen den Nazi-Angriff auf die Juden. Adolf Hitler [...] gedachte, nur die deutsche Nation im Rassenbewußtsein zu einigen, erweckte aber das ganze jüdische Volk zur nationalen Wiedergeburt. Das Erscheinen des Hakenkreuzes als Zeichen eines neuen Deutschland weckte den Löwen von Juda [...] Vierzehn Millionen Juden, die über alle Welt verstreut sind, haben sich wie ein Mann zusammengeschlossen, um den deutschen Verfolgern ihrer Glaubensgenossen den Krieg zu erklären. [...] Deutschland könnte einen hohen Preis für Hitlers Judengegnerschaft zu zahlen haben. Es steht vor einem internationalen Boykott in Handel, Finanz und Industrie. Der jüdische Handelsprinz verläßt sein Kontor, der Bankier sein Vorstandszimmer, der Geschäftsmann seinen Laden und der Straßenhändler seinen kleinen Karren, um sich gemeinsam dem anzuschließen was ein heiliger Krieg geworden ist, um die hitlerischen Judenfeinde zu bekämpfen. Pläne für ein gemeinsam abgestimmtes jüdisches Vorgehen sind in Europa und Amerika gereift, um gegen das hitlerische Deutschland einen Vergeltungsschlag zu führen. In London, New York, Paris und Warschau warten jüdische Händler auf den Beginn eines wirtschaftlichen Kreuzzuges."

Da wurde alles vorweggenommen, was dann tatsächlich passiert ist. Man darf auch nicht glauben, dass diese Kriegserklärungen und der weltweite Boykott der Juden gegen Deutschland keinerlei Bedeutung hatten. Erstens kämpften 1,5 Mill Juden auf alliierter Seite gegen Deutschland. Zweitens darf man nicht die Macht und den Einfluss des weltweit verzweigten jüdischen Handels verkennen.

„Die Boykottbewegung gegen das Deutsche Reich" (www.germanvictims.com S. 5) erlebte nach der Reichskristallnacht im November 1938 einen erheblichen Aufschwung. Viele ausländische Unternehmen in Frankreich, Großbritannien, Jugoslawien, Kanada, den Niederlanden und den USA kündigten ihre Handelsverträge mit Deutschland. Manche deutsche Firmen büßten ein Viertel ihres Exportgeschäftes ein. Auch Betriebe, die für die Rüstung von Bedeutung waren, erlitten nach Aussage des Wehrwirtschaftsstabes empfindliche Verluste. Am härtesten betroffen waren die Leder-, Textil-und Spielzeughersteller."

Schon weiter oben habe ich berichtet, dass im Gymnasium die Geschichte beim Ende des 2. Weltkrieges aufhörte. Wir erfuhren also nichts über KZs, nichts über die Weimarer Republik, nichts über die Kommunisten-Verfolgungen, nichts über den 2. Weltkrieg und nichts über den „Holocaust" an den Juden und erst rechts nichts

vom wahren Holocaust an den Russen. Außer den Döntjes, die unser Geschichtslehrer über seine Kriegserfahrungen in Russland erzählte, was er zu gerne machte. Allerdings betonte er auch immer wieder, dass der Krieg kein Spaß sei, denn „die anderen schießen auch".

Über irgendwelche dunklen Kanäle erfuhr man dann doch das eine oder andere über die KZs und die schlimmen Verhältnisse für Kommunisten und Juden. Schon der Gedanke daran gab einem eine Gänsehaut. In einem der Kolonialbücher meines Vaters hatte ich dann auch mal etwas über den englischen Burenkrieg gelesen und dass die Engländer dort die KZs erfunden hatten, was ich auch weiter oben geschrieben habe. Hier jedoch lese ich, dass auch dies eine Lüge ist, und dass es der „demokratische" Lincoln-Norden war, der schon im Bürgerkrieg KZs für die Südstaatler eingerichtet hatte. Man darf ihnen doch nicht ihre wenigen genuinen Erfindungen wegnehmen.

Es wurde also als rechtens angesehen, die Mitbürger des eigenen Landes, die zufällig aus den Ländern stammten, mit denen man einen Krieg vom Zaun gebrochen hatte, einzusperren und möglichst so viehisch wie möglich. Das kupferten dann alle bei den Amis ab, die in Massen Japaner, Deutsche, Italiener einsperrten; die Russen internierten die Wolga-Deutschen, die Engländer und die Schweden auch alle, die vor Hitler flohen! Nachdem man hier diese Deutschen lang genug untätig in KZs verwahrt hatte, kam man auf die Idee, sie eine Straße bauen zu lassen. Viele Jahrzehnte nach dem Krieg haben dann die

Schweden diesen Männern ein kleines Denkmal gesetzt. Die USA ging sogar noch weiter und sammelte die Deutschen in allen Staaten Südamerikas ein und überführten (oder ließen sie überführen) sie in die USA, um sie in KZs zu werfen. Die Amerikaner entschuldigten sich nach dem Krieg – sehr lange danach – bei Japanern und Italienern, aber keineswegs bei den Deutschen. Wozu auch, denen kann man doch beliebig in den Arsch treten.

Ich muss es abermals fragen: Woher kam dieser Hass der Juden auf die Deutschen, die das jüdische Volk vielen Aussagen nach mit am besten behandelten? Sie hatten einen bedeutenden Anteil an der Kultur (Musik, Malerei und Literatur/Publizistik). Sie waren in Wissenschaft und Wirtschaft tätig. Auf Grund ihres Reichtums hatten sie einen höheren Intellektuellen-Anteil als die Deutschen. Und sie hatten in Deutschland bedeutende Banken wie Rothschild in Frankfurt/M., Warburg/Hamburg, Oppenheim/Köln - Berlin etc. Allesamt herausragende Banker mit weltweiten Verbindungen. Ein Warburg war, wie schon erwähnt, Gründer der FED in den USA und dessen Bruder war niemand anderes als der Geheimdienstchef des Kaisers Wilhelm II. HOPPLA! Ein Warburg in NewYork im vertraulichen Umgang mit Rothschild, Morgan, Rockefeller, Ford etc. – alles Mitglieder der S. S. – und der Bruder ist Geheimdienstchef des Kaisers in Berlin, der von all dem, was die S. S. in London und in New York und sonstwo so trieb, nichts gewusst haben will? Und auch unser guter Peter Haisenko hat davon keine Ahnung gehabt? Er hat halt ein gutes Drittel aller Deutschen – die Kommunisten und Sozialisten – als Feinde, Nichtmenschen und Kriminelle angesehen. Und das zweite Drittel – die Nazis – hasste er auch. Was blieb denn dann noch übrig? Die Pfaffen, die Feudalherren und andere Spinner. So einen Mann kann man wirklich nicht als Deutschen-Freund ansehen.

Also ich halte das für völlig ausgeschlossen, dass die Brüder Warburg sich nicht ausgetauscht haben – zumal in einer Situation, wo es um Tod oder Leben ging. Somit steht für mich fest, dass der Geheimdienstchef in Berlin trotz seines „vertraulichen Umgangs" mit dem Kaiser, diesen hinters Licht geführt hat. Er braucht ja gar nicht einmal gelogen zu haben, sondern ganz einfach mit der Wahrheit nicht herausgerückt haben. Und hat Deutschland einfach in das Verderben rennen lassen. Er muss also ein äußerst wichtiger Feind und Spion in den eigenen Reihen gewesen sein. Aber auch später noch, nach dem Ausbruch der Russischen Revolution sind alle Banker, alle Oligarchen und alle Großunternehmen und etablierten Parteienfuzzis beim bloßen Gedanken an die Räte und die rollenden Zarenköpfe in Russland von einem furchtbaren Schauder gepackt worden. Wie Starikov ganz richtig bemerkt hat, öffneten sich mit dem Rapallo-Vertrag, den Josef Wirth, Zentrumspolitiker und jüngster Präsident Deutschlands 1922 mit den Sowjets geschlossen hatte, alle Geldschleusen für die Nazis.

Eines lässt sich mit absoluter Sicherheit sagen: dieser Josef Wirth hat weitaus fortschrittlicher gedacht als die SPD-Politiker und wäre es damals zu einem Pakt Deutschland (das gar nicht einmal eine Räterepublik hätte sein müssen, aber wenigstens mit einer geschlossenen und einsichtigen KP) und Sowjetrussland gekommen, dann wäre der Ausbruch des 2. Weltkrieges auf unbestimmte Zeit verschoben worden, vielleicht für immer, da alle Prämissen der S. S. über den Haufen geworfen wären. Alle kolonialen Befreiungskriege wären viel früher ausgebrochen, so dass die kolonialen Häuptlinge in Nordamerika, Großbritannien und Frankreich alle Hände voll zu tun gehabt hätten, aber ihre Kriege gleichwohl verloren hätten, nur schneller, weil der Deutschland-Russland-Block den Völkern Hilfe geleistet hätte.

Ein Traum von dem, was hätte sein können. Aber auch nach dem 1. und dem 2. Weltkrieg, als beide Male Deutschland völlig zerschmettert am Boden lag, tobten die Zionisten weiter. Wir sahen weiter oben, dass die Juden Anfang der 20-er Jahre Hasstiraden gegen Deutschland vom Stapel ließen. Nach dem 2. Krieg wurde es noch schlimmer. Sie dichteten dem deutschen Volk derartige Schauermärchen an, dass sich alle Menschen nur mit Abscheu von ihm abwenden konnten. Sie bildeten Nakam, die „Jüdische Brigade", mit dem Ziel, SS-Offiziere, denen sie Verbrechen gegen Juden andichteten, durch Killer-Brigaden unschädlich zu machen. Oder aber, wie Eichmann, nach Israel zu verschleppen, um ihm dort „den Prozess" zu machen. Bei allen anderen sparten sie sich Prozesse, sondern griffen zu „außergerichtlichen Hinrichtungen" – was man gewöhnlich als Verbrechen gegen die Menschlichkeit bezeichnet – aber nicht bei den Khazaren und auch nicht bei den Amerikanern, die das seit Jahr und Tag routinemäßig machen.

Nach allem, was ich weiter oben erzählt habe, war mir jeder Hass auf andere Völker völlig fremd. Im Gegenteil war ich stets sehr neugierig auf ihre Sitten, Gebräuche, ihre Geschichte, Kultur, ihre Sprache und Literatur. Was hatten wir Deutsche den Juden vor, nach oder seit dem 1. Weltkrieg angetan, um so einen abgrundtiefen Hass herauszufordern? Es gibt selbst viele jüdische Stimmen, die Deutschland außerordentlich schätzten und als Heimat betrachteten, zumal sie in Deutschland mit am besten behandelt wurden. Mir ist es ein Rätsel. Und ich kann natürlich jetzt nicht mehr sagen, wie ich damals als Deutscher auf derartige Parolen des Hasses, der Wut und Missgunst reagiert hätte.

Aus all dem hier Gesagten geht deutlich hervor, dass Hitler genau dieselben – und neue – Gegner hatte wie unser Wilhelm II. Es war England an erster Stelle mit einigen der wichtigsten Figuren der Secret Society (S. S.) wie Lloyd George, Winston Churchill, die Rothschilds, King George und natürlich die City of London. Er hatte genauso wenig Ahnung von der S. S. wie der Kaiser, aber er steckte in einer äußerst abhängigen Lage – er war der Lakai bzw. Agent der Wallstreet und vieler ausländischer Industrieller wie Opel (General Motors), Ford, Kodac etc., während das Kaiserreich unabhängig war. Und seine erbärmliche Seele hatte er dem Teufel verkauft, als er sich verpflichtete, den Kommunismus daheim und den Bolschewismus in Russland zu zerschmettern. 1922 hatte er bereits Besuch von der CIA in München gehabt (siehe die Biographie „Adolf Hitler" – 1976 und später Basis eines Films – von John Toland), wo er wahrscheinlich erst einmal auf seine Brauchbarkeit beschnuppert wurde. Ja, ganz genau so war es, wie ich gerade bei Nikolai Starikov „Wer hat Hitler gezwungen, Stalin zu überfallen?" (S. 89) lese. Schon kurz darauf schickte ihm die CIA den als Künstler getarnten Kontaktmann Ernst Hanfstengl, der unter dem Spitznamen „Putzi" in den Nazi-Annalen einen Platz gefunden hat, weil er Hitler etwas Bildung beibrachte, auch seine Manieren aufpolierte und ihn im großen Stil mit Geld versorgte. Dollars aus den USA, die schließlich der größte Profiteur des Weltkrieges gewesen ist. 1914 erzielte sie einen Exportüberschuss von 1 Milliarde Dollar. 1916 lag dieser bei 1,6 Milliarden Dollar – pro Woche. Denn inzwischen lieferten US-Firmen nicht weniger als 40 Prozent des Kriegsmaterials an Großbritannien, Frankreich und Russland. (siehe hier Thorsten Giersch im Handelsblatt vom 23. 8. 2014 „Der große Profiteur des Weltkriegs"). Sie konnte mit Dollars nur so um sich werfen.

Und diese Figur, die Deutschland auch „wieder groß machen" wollte, die dauernd große Sprüche vom und über das Vaterland drosch, der es vom Kapital befreien wollte – er hat es ans Kapital verraten und an die Erzfeinde England, USA, Frankreich, hat sein eigenes Volk (was gelogen war, wir waren nicht ‚sein' Volk) terrorisiert, zehntausende Menschen in KZs gesteckt oder ins Jenseits befördert. Nach Recht und Gesetz ist sein Handeln Hoch- und Landesverrat gewesen, nachdem er deutscher Staatsbürger wurde. Davor, da war er nichts als ein dahergelaufener Lump, ein Kommunistenfresser ersten Ranges, ein Terror-Propagandist. Er hat ein gutes Drittel aller Deutschen – die Kommunisten und Sozialisten – als Feinde, Nichtmenschen und Verbrecher angesehen. Gegen sie hetzte er die übrigen Deutschen auf. So einen Mann kann man wohl kaum als Freund der Deutschen betrachten. Es musste doch wohl auch einschlägige Gesetze gegeben haben, nach denen man solche Leute rechtskräftig hätte verurteilen können. Man müsste auch mal prüfen, wieso der Prozess gegen die Putschisten in München so äußerst milde verlaufen ist. Aber Recht und Gesetz hatten in der Weimarer Republik weitgehend Inhalt und Zweck verloren. Deswegen lief ja auch die

Übergabe der Macht an diesen Windbeutel so geschmeidig. Mir ist es ein Rätsel, wie diese Figur noch heute gefeiert werden kann – nun ja, von hirnamputierten Deppen, aber nicht nur.

Für das Kapital und die Großindustrie war er natürlich ein ideales Instrument. Nicht allzu klug, aber skrupellos und er konnte stundenlang Blech reden in voller Lautstärke. Trotzdem sackte er bei den Wahlen am 20. Mai 1928 kräftig ab (um 2.6 % der Stimmen). Da wurde es brenzlig. Folglich ging ein wahrer Geldregen nieder von den Geheimdiensten aus England, USA und Frankreich. Mit seinem Geschrei allein war nichts zu machen. Hanfstaengl musste noch intensiver an seinen Manieren arbeiten, wie er sich kleiden und in der feinen Gesellschaft auftreten müsse. Und dann ging es um die Accessoires, die ihn dann zu dem gemacht haben, was er am Ende geworden ist. Er musste selbstredend ein **Luxusauto** zur Verfügung gestellt bekommen, ein Flugzeug, mit dem er seine vielen Auftritte bewältigen konnte, eine Tages-Zeitung, die von Hanfstaengl gestylt wurde, die immer größeren Bühnen, die für seine Auftritte benötigt wurden, die Termine für Radio-Sendungen mussten bereit gestellt werden, die zerlumpten SA-Schlägertruppen mussten aufgestellt und trainiert und ausstaffiert werden, mit schicken Uniformen, Fahrzeugen, Waffen, das Netz mit den Freikorps musste mit Churchills Hilfe geknüpft werden, und Verbindungen waren auch eminent wichtig. Und die hatte Hanfstaengl, noch und nöcher, er kannte gewissermaßen Gott und die Welt. Ich denke, dass Starikov Recht hatte, wenn er sagte, dass die Bedeutung von Hanfstaengl nicht überschätzt werden kann. Das alles kostete auch damals schon Unsummen. Und Putzi hatte ja Dollars, so Klein-Adolf musste sich nicht mit Säcken voller wertloser Hunderttausend-Mark-Scheine abschleppen. (Starikov. S. 108.)

Nikolai trägt einige wichtige Punkte zur Entwicklung von NSDAP und auch der UdSSR bei, aber es ist Unsinn zu behaupten, dass die deutschen Industriellen et. al. ihn nicht finanziert hätten, sondern nur das Ausland. Und aus dem Ausland kamen sie auch nicht vorzugsweise über die Geheimdienste, sondern über die BIS-Bank via Basel in der Schweiz.)

Es gibt äußerst interessante Bücher, in denen genau beschrieben wird, wie die Braunhemden systematisch das ganze Land bis in die kleinsten Winkel auf dem Lande, bis in die letzten finsteren Gassen in den Städten geradezu überfluteten. Wenn's beim ersten Mal nicht klappte, dann kamen sie wieder und wieder, schlugen und prügelten, hinterließen ab und zu einen Toten als kleine Warnung, aber auch Bestechungsgelder, verteilten Pöstchen und Geschäfte und Anteile. Oscar Maria Graf beschrieb sehr anschaulich in seinem Roman „Anton Sittinger", wie es auf dem Lande in Oberbayern zuging. Wie schwer es die Braunen dort hatten, wie viel Prügel sie bezogen haben. Lion Feuchtwanger, der enge Freund von Bert Brecht, schilderte andererseits in seinem Schlüsselroman „Erfolg" die Entwicklung des Faschismus in der Stadt; darin treten nur leicht getarnt alle Größen der Politik, Wirtschaft, Finanz, Kultur und Medien in München auf, wie sie sich bekämpften, einander liebten, miteinander kungelten, intrigierten, und wie sich schleichend der Faschismus ausbreitete. Und wie wenig Menschen einen Durchblick hatten – ein Ziel oder einen Leitfaden hatten noch viel weniger Menschen.

Diejenigen, die eisern an ihrem Ziel festhielten, waren die Nazis und ihre Hintermänner in der City of London und Washington, das internationale Kapital und das deutsche nationale Kapital. Ob ihnen der Anstreicher gefiel oder nicht – und vielen gefiel er nicht, Hindenburg z. B. nannte ihn immer den böhmischen Gefreiten – so hielten sie aber zusammen wie Pech und Schwefel.

Und die Kommunisten? Die hielten theoretisch zusammen. Die sprachen viel von einer sehr breiten Front, einer Volksfront, in der alle antifaschistischen Kräfte zusammengefasst werden müssten, dies anzupacken, gelang ihnen aber nicht. Was wenig später Mao Tse-tung in China gelang, brachten die „alt-erfahrenen Revoluzzer" in der Heimat des Marxismus und Kommunismus nicht zustande.

Allerdings ist es ihnen gelungen, trotz dieser gewaltigen Phalanx, die da in Deutschland gegen die zweitgrößte kommunistische Partei der Welt angetreten war, die alle Eliten das Gruseln lehrte, trotz des unablässigen Terrors, des pausenlosen Mediengedröhns, dieses eherne Bündnis aus Kapital, konservativen Politikern, Feudaladel, Krautjunkern, Medien und Tod und Teufel, diesen gewaltigen Koloss ins Wanken zu bringen. Bei den letzten ‚freien' Wahlen **am 6. November 1932** verloren die Faschisten über zwei Millionen Stimmen. KATASTROPHE! In der gesamten Reaktion raufte man sich die Haare. Wie war das nur möglich. Es herrschte Heulen und Zähneklappern. Die KPD hatte tatsächlich ¾ Millionen zugelegt, die Bürgerlichen legten zu, die SPD hatte an Stimmen verloren. Obendrein passierte dann das Unglaubliche, dass die KPD in der Tat über ihren Schatten gesprungen ist und der SPD ein Bündnis angeboten hat. Zusammen hätten sie mit einer bequemen Mehrheit die Kiste wuppen können. Aber die SPD mit ihrem abgrundtiefen Hass auf die Roten, die Kommunisten, war dazu nicht in der Lage. Sie schmierten sich sogar an die Nazis an. Wer hat uns verraten? Sozialdemokraten! Wieder und wieder und immer wieder. Aber das wird ja mit Fässern Tinte, Gesülze und Lügen verwischt, verfälscht, verbrannt.

Danach verstärkten die Nazis, die bereits an der Regierung waren, aber ohne absolute Mehrheit, den Terror um das Vielfache und zündeten, um ganz sicher zu gehen, auch noch den Reichstag an, was den Kommunisten in die Schuhe geschoben wurde, was gelogen war, aber das spielte keine Rolle. Für den **5. März** hatte man Neuwahlen anberaumt, wobei endlich das richtige Ergebnis heraussprang: Nazis erreichten ihre Mehrheit. (Diese Wahl hat Starikov fälschlicherweise mit den Wahlen vom 6. November 1932 verwechselt.)

In seltener Einigkeit stimmten alle bürgerlichen Parteien erst dem Ermächtigungsgesetz zu und dann konnten sie den alten Hindenburg, der bereits einen kleinen Gesinnungswandel vollzogen hatte, nochmal auf die Beine stellen, damit er die Kanzlerschaft seinem ‚böhmischen Gefreiten' endlich überreichen konnte. Und damit hat sich die ‚Weimarer Demokratie' definitiv ihr eigenes Grab geschaufelt und verschwand sang- und klanglos von der Bildfläche.

Sozis plus Kommunisten haben die Revolution 3 mal in den Sand gesetzt. Aus dem Krieg hätten sie als Sieger heimkehren und mit so einem Bonus die Revolution machen, Kaiser und Adel zum Teufel jagen können. Stattdessen haben sie ihr Vaterland verraten. Dann haben sie auch die Revolution in Deutschland vermasselt und als Drittes haben sie es auch nicht fertig gebracht, den „Herrn Gefreiten“ zum Teufel zu jagen. Wer so viel Mist baut, den bestraft das Leben.

Dabei hatte es einen guten Plan gegeben hatte von einem Käpt‘n Bilbo, „Mitbegründer des Kampfbundes gegen den Faschismus“. Er war geborener Hugo, Cyrill, Kulp Baruch, der arme Zweig der reichen Baruchs, und hatte auf eigene Faust eine exakte Untersuchung über alle NSDAP-Größen erstellt, wo sie leben, wann sie das Haus verlassen, wann sie kommen, was sie wo treiben, ihre Ess- und Trinkgewohnheiten etc. pp. Damit ging er zur KPD und brachte seine Idee eines Simultanschlages gegen alle diese Verbrecher vor. Aber die schlugen nur die Hände über dem Kopf zusammen. Die Nazis erwischten ihn sodann, steckten ihn in ein KZ. Er wurde gefoltert, konnte fliehen, erst nach Spanien, dann nach England, wo er kurze Zeit interniert wurde, aber später mit seiner Frau eine Galerie gründete, später auch in Spanien und am Ende in Berlin, seiner geliebten Heimatstadt, wo ihn Henry Miller traf und sein Freund wurde. Er war mit vielen Künstlern wie Schwitters, Hein Heckroth u.a. befreundet. Als ich in Berlin auf seine Kneipe „Käptn Bilbos Hafenspelunke“ stieß, war sie geschlossen und Bilbo war gestorben. Ich habe mich manches Mal gefragt, wie die Geschichte wohl verlaufen wäre, wären die Nazi-Größen liquidiert worden. Meiner Meinung nach mit vollem Recht auf Grund der ungezählten Morde, die sie verbrochen hatten.

Ja, ich neigte stets dazu, dass dieser Schlag gegen die Faschisten gerechtfertigt gewesen wäre. Ich habe inzwischen auch bei Kurt Gossweiler eine Bestätigung gefunden auf der Webseite Sascha‘s Welt mit einem Artikel von „Kurt Gosweiler: Ist Gewalt zur Verteidigung des Kommunismus unmoralisch?" (8. November 2013) Hans Heinz Holz wurde von den kleinbürgerlichen DKP-Leuten angegriffen, weil er unter Umständen für Gewalt ist, und zwar dann, wenn es darum geht, den Kommunismus, die eigene Klasse zu verteidigen gegen die Angriffe der Bourgeoisie oder der Faschisten. U. U. sei auch ein Erstschlag möglich, den auch Stalin nicht ausgeschlossen hat für 1942, wenn die SU besser vorbereitet und noch besser gerüstet ist.

Gossweiler findet es auch durchaus richtig, dass Russland bei der „sogenannten 4. Teilung Polens" lediglich „Die von Polen 1920 geraubten sowjetischen Gebiete (zurück-) holte, womit erstens ein von Polen begangenes historisches Unrecht beseitigt wurde und zweitens war diese neue Grenzlinie genau die Linie, die der britische Außenminister Curzon 1919 als Grenze zwischen Polen und Sowjetrußland vorgeschlagen hatte." Das ist auch die Rechtfertigung für die Rückholung von Elsass -Lothringen durch Wilhelm II und Bismarck, die ich immer verteidigt habe, was viele Leute nicht einsehen wollen, weil sie prinzipiell alles, was die Deutschen tun, als Unrecht ansehen.

Aber auch der Krieg gegen Finnland war gerechtfertigt nach dem großzügigen Angebot der SU, das im übrigen nur für den Kriegsfall gelten sollte, was die Finnen aber engstirnig und entrüstet, durch Hetze der Deutschen noch ermuntert, rundweg ablehnten. Es ist wirklich fraglich, ob Leningrad hätte überleben können, wenn die Faschisten auch im Westen vor der Haustür gestanden hätten.

Auch die Frage, warum die KPD die Gegenwehr gegen die Faschisten untersagt hat, war für mich immer ein christliches „die andere Backe hinhalten". Das habe ich in dem erzkatholischen Franken gelernt, auf jeden Angriff hart zurückzuschlagen. Weichst du zurück, bedeutet das Schwäche oder gar Feigheit. Das ist im Kleinen ganz genau so wie im Großen.

Nicht ein Mord der Faschisten wurde gesühnt, keiner kam hinter Gitter, außer mal pro forma, um gleich wieder frei gelassen zu werden, alle Regierungen, inklusive der SPD, waren ja schon leicht angebräunt. Und alle fanden es ganz prima, dass die Arbeiter von ihren eigenen Leuten verdroschen wurden. Wie war das nochmal mit der Solidarität? Ist das nicht das erste, was Sozialisten und auch die Kommunisten lernen? Die KPD reagierte äußerst defensiv auf den Terror, was ihnen den Vorwurf der Feigheit einbrachte – bei Arbeitern kein Plus – und sie verbot sogar ‚Saalschlachten', was die Spezialität der Faschisten war. „Lasst euch nicht provozieren!" Hieß es immer. Und dann lagen nach den großen Aufmärschen immer ein paar Tote herum.

Hitler hatte seine 300 000 SA-Sturmtruppen. Außerdem war er eng verbandelt mit den Freikorps, die Kaiser-treuen Truppen, die nach der Abdankung des Kaisers ultra-reaktionären Generälen oder sonstigen Militärs in die Hände fielen, mit Churchills Hilfe (wie wir oben sahen) und das waren nochmal 250 000 Mann und die Polizei war ganz überwiegend auch in reaktionären Händen. Sie alle, in trauter Eintracht mit der Justiz, schützten die Faschisten. Und was hatten die Kommunisten? In der ganzen Zeit der Weimarer Republik waren sie Freiwild. Sie hatten nichts.

Starikov listet alles auf, was gegen einen Angriff auf Russland sprach, was Hitler selbst auch oft genug gesagt und geschrieben hatte. U. a. dass auf keinen Fall ein 2-Fronten-Krieg in Frage kommt. Dass die Vorbereitungen zum Krieg 1943 abgeschlossen sein würden. Er wolle England für ein Bündnis gegen Russland gewinnen. Alles konnte er nicht verwirklichen. Er begann den Krieg vier Jahre früher, hat England nicht für sich gewinnen können, obwohl er ihnen ihre komplette Armee, die bei Dünkirchen eingekesselt war, geschenkt hat und er griff trotz Krieg im Westen mit einer 2. Front Russland an, obendrein mitten im Sommer. Ich frage mich, warum der Gröfaz nicht England erledigte; warum er die englische Armee laufen ließ; eine interessante Frage. Das kann eigentlich nur mit seiner Abhängigkeit vom anglo-sächsischen Kapital zusammenhängen. Er hoffte ja immer auf ein Bündnis mit den Briten gegen die Russen. Aber die Briten waren zu gewitzt, von einigen kleineren Versuchen abgesehen – einmal gegen die Sowjets ganz zu Anfang in Kumpanei mit allen westlichen ‚Demokratien' und später noch einmal oben in Norwegen auf Seiten der Finnen – nicht gegen die Russen anzutreten. Sie wollten immer nur, dass sich die Deutschen und die Russen gegenseitig zerfleischen. Im 1. und im 2. Weltkrieg und jetzt versucht es das angelsächsische Imperium wieder.

Als dann Deutschland im Handumdrehen alle drei Armeen im Westen – die englische, französische und die belgische – schlug und Polen niederwalzte, bekamen sie das Muffensausen bei der Vision, dass die Deutschen auch noch Russland besiegen würden, sich damit die Kornkammer Ukraine, die Ölfelder in Baku und alle russischen Bodenschätze holen würden. Das Motto der Amis war auch das ihre: Wenn die Deutschen am Siegen sind, unterstützen wir die Russen, siegen die Russen, dann unterstützen wir die

Deutschen. Als dann die Russen am Siegen waren und mit reichlich Tempo die deutschen Armeen aufrollten, hatten es die Amis eilig, noch rasch einzugreifen, um zu verhüten, dass Russland ganz Deutschland besetzt. Dann hätten die Kommunisten auch noch in Frankreich und Italien ganz demokratisch gesiegt und das Spiel wäre für die Angelsachsen aus gewesen.

Es kam anders. Die Amerikaner hatten planmäßig an ihrer kommenden Vormachtstellung gearbeitet, in geheimer und enger Kooperation mit der Secret Society. Da die Pläne der S. S. im ersten Weltkrieg nicht verwirklicht werden konnten, fabrizierte man ein Friedensabkommen, das eine Fortsetzung implizierte. Generäle und Politiker sagten voraus, dass damit der nächste Krieg gesichert sei. Und manche sagten sogar ziemlich genau den Zeitpunkt voraus: in 20 Jahren. Natürlich sorgten die Engländer dafür, dass wieder vor allem die anderen den Kopf hinhalten mussten, damit sie wieder, wie schon im 1. Weltkrieg die wenigstens Opfer hätten. Nur die Amis hatten weniger, weil die ja in Europa nicht viel zu kämpfen hatten – sie organisierten hauptsächlich die Raubsafaris durch Deutschland.

Sie hatten den Engländern riesige Darlehen in Form von Waffen und Rüstungsgütern gegeben, wie auch den Deutschen und Franzosen. Von der großen Hilfe an Russland, von der immer gequatscht wird, ist nicht viel angekommen. Viele Schiffe mit Waffen und Munition, wovon die Engländer stets einen Teil abzweigten (sie bauten sogar die Motoren aus Flugzeugen aus!), die auf dem Weg nach Murmansk Norwegen umfahren mussten, wurden von deutschen U-Booten versenkt. Kurz gesagt – Europa war völlig an Amerika verschuldet, das sich dumm und dämlich verdient hatte.

Es gibt Leute, die meinen, dass die USA unter der Knute der City of London steht. Wie hier ein gewisser Multirapid in einem Kommentar zu diesem schon genannten Artikel auf RT v. 30. 6.2018 „Ali Özkök „Marshall-plan diente der Schaffung eines Absatzmarkes für die Überproduktion der USA' schreibt:

„Mein Gott, dem haben die aber in der Frankfurter Schule die Gehirnwäsche als 24-Stunden-Service verpasst ... Geld ist keine Ware - es ist ein Organisationsmittel. Die U-SA haben das Empire nicht von den Engländern übernommen - sie sind maximal der Vasall und Hofhund von der Queen und ihrem Kron-Rat. Und schon gar nicht nach dem zweiten Weltkrieg – die Umwandlung in ein "Informelles Empire" unter dem Decknamen Commonwealth wurde per Westminster Statut schon 1931 besiegelt. Es war eine Tarnkappenoperation, die mit der Bildung und Organisation der verschiedenen faschistischen Diktaturen einherging. (z.B. Finanzierung der Nazis über M. Norman und Prescott Bush...)"

Der gute Mann hat das geflügelte Wort Mao Tse-tungs „Die Macht kommt aus den Gewehrläufen" vergessen. Und die gibt es nun mal in den USA und nicht in England. Aber richtig ist, dass die Secret Society sich seit Mitte des 1. Welkrieges fest in den USA, sprich Wallstreet, etabliert hat und quasi ein Mafiosi-Kombinat gründete mit der Queen als Aushängeschild. Die ist schon lange nicht mehr der Boss.

Aber da habe **ich Unrecht gehabt und muss mich korrigieren**. Gerade sah ich den Film ‚The Spider's Web: Britain's Second Empire' von Michael Oswald, der erst vor 10 Wochen aufgelegt und bereits von einer Million Leuten gesehen wurde. Richtig ist, dass die Engländer sich enorm verschätzt hatten, nicht darin, dass sich Russen und Deutsche gegenseitig zerfleischten (die Deutschen nicht im gewünschten Maße), sondern darin, dass sie wieder nicht die totale Weltherrschaft errangen: sie wurden zum Anhängsel der USA. Sie reden immer noch viel vom Britischen Imperium und sie lieben es, „unseren Feinden" in die Waden zu beißen, wenn sie schon am Boden liegen, aber niemand nimmt sie mehr ernst. Den Deutschen, die nicht wesentlich dezimiert waren, Ackerbau und Viehzucht als Hauptaufgabe zu verschreiben, klappte auch nicht, da die Amis erkannten, wie wichtig the Germans wieder als Kanonenfutter werden könnten. Und trotz immenser Plünderungen durch die USA und Israel wurden die Deutschen wieder sehr schnell nach den USA die ersten auf dem Weltmarkt.

Die Amerikaner hatten bis in die 70-er Jahre des vorigen Jahrhunderts die imperiale Vorherrschaft. Aber die Briten hatten zwar ihr Kolonialreich verloren, aber heimlich, still und leise bauten sie ein zweites Imperium auf, ein Finanzimperium auf Basis von Steuerparadiesen, und zwar in den winzigen Resten ihres Kolonialreiches auf kleinen Inseln, die über die Welt zerstreut liegen: Bahamas, Guernsey, Jersey, City of London, die Marshall-Inseln, Macau, Caymaninseln etc. Ihr erinnert euch, wie man die Schweiz gezwungen hat (durch die USA), ihr Bankgeheimnis aufzugeben, während all die Banken in den englischen Steuerparadiesen, in denen unvorstellbare Reichtümer gehortet sind, NULL Transparenz herrscht und man nicht daran denkt, das Bankengeheimnis zu lüften (Den Film ‚Spider's Web' ansehen und runterladen). Damit erfüllten sie auch den Wunsch von Cecil Rhodes und der ursprünglichen Secret Society, ihre ‚Kolonie', die USA, wieder heim ins Reich zu holen.

Aber durch welchen Zauber schafften es die Russen – trotz 41 Millionen Toten, dem Vielfachen an Millionen Verwundeten, 10000 zerstörten Städten und Dörfern, verbrannter Erde, so weit das Auge reichte – im Handumdrehen ihr Land wieder aufzubauen und zur Weltmacht zu machen? Das war ein weit größeres Wirtschaftswunder als in der BRD. Dieser verdammte Kommunismus, zu nichts anderem gut, als uns die Suppe zu versalzen, war natürlich daran Schuld. Aber das sollte niemand erfahren. Deswegen wurden gigantische Lügenkampagnen in Gang gesetzt und mit Milliarden Summen an Dollar und D-Mark und Pfund Diversion und Sabotage betrieben, Hetze in Zeitungen, Schundblättern, Illustrierten, Kulturerzeugnissen, Radio, Kino und Fernsehen und – sehr wichtig – durch Parteien, alle, aber vor allem die linken als auch die Gewerkschaften, wurden unterwandert und umgedreht. Und es wurden für den Fall der Fälle noch Geheimarmeen in allen unseren fabelhaften Demokratien aufgestellt, die man auch gut gegen die Rote Armee Fraktion und in Italien gegen alle Linken einsetzen konnte. Und so konnte man linkes Denken und Handeln in Europa weitgehend tot knüppeln und gleichzeitig wieder faschistisches Gedankengut auf den Markt werfen.

Und wieder servierten einige Zionisten, die alte Lüge von den 6 Millionen toten Juden wie schon 1918. Ein ganz gerissener Typ – oder vielleicht mehrere – kam auf die glorreiche Idee, alle Gebäude in Auschwitz und anderen KZs gründlich zu zerstören. Dem sind natürlich auch der Theatersaal und der Konzertsaal, die Bibliothek und die Malerwerkstatt zum Opfer gefallen, die von allen Khazaren benutzt werden konnten. In diesem Video kann man „Opfer" erzählen hören was wirklich in Auschwitz geschah – hier folgt der link zu YouTube! https://www.youtube.com/watch?v=xm8Um-MuRSSw&bpctr=1538326158

Die Beseitigung der Bauten diente natürlich dem Zweck, einfach behaupten zu können, was immer einem einfiel: das seien alles Öfen gewesen, in denen man die armen Juden vergast und verbrannt hat. Und dann müssen diese verdammten deutschen Gojim zahlen, bis sie bluten. So ist es dann ja auch gekommen, als nach und nach alle Medien begannen, diesen ganzen Mist mit tiefster Empörung und Überzeugung zu verbreiten. Ach ja, und man fand ja Überlebende noch und nöcher, die alle Augenzeugen für die furchtbarsten und schrecklichsten Verbrechen der Deutschen gewesen sind. Ich habe keine Lust, diesen ganzen Quatsch hier wieder auszubreiten, da es genug Literatur und Dokumentationen darüber gibt. Ich will nur auf einen Punkt hinweisen. Jedermann kann die Bücher von dem französischen Kommunisten Rassinier lesen, der gleich nach dem Krieg echte Augenzeugen suchte und nicht einen gefunden hat. Alle die Millionen Deutschen, denen die Schauermärchen vorgesetzt worden sind, haben doch so gut wie alle mal mindestens einen oder sogar mehrere Krimis gelesen und Kriminal-Filme gesehen, die sich auch in Deutschland großer Beliebtheit erfreuen. Ist ihnen da noch niemals aufgefallen, dass Augenzeugen-Berichte so gut wie keinen Beweiswert haben, denn es ist bekannt, dass von 3 Leuten, die einen Mord gesehen haben, der eine sagt, der Mörder war schwarz, der andere, dass er weiß war und der dritte meint, dass er schwarze Haare hatte und wie ein Asiate aussah. Zweitens, dass Verbrecher, die äußerst sorgfältig ihre Spuren verwischen, damit ihr eigenes Schuldurteil unterschreiben. Genau das haben die Khazaren auch gemacht mit viel fremder Hilfe. Nur ist es halt ein bisschen viel auf einmal gewesen und das alles wurde nicht so genau durchdacht und durchgeführt. Erst 30 Jahre nach dem Krieg kam Prof. David Irving auf die Idee, dass man doch mal das Gelände in Auschwitz genau untersuchen könnte. Selbst verbrannte Überreste von 6 Millionen Menschen können sich nicht einfach in Luft auflösen. Und diese Zyankali Gifte haben es an sich, viele Spuren zu hinterlassen.

Ach der arme Prof. David Irving, der von der ganzen Welt als bester Historiker des Dritten Reiches gepriesen wurde ("Tatsache ist, daß (David) Irving mehr über den Nationalsozialismus weiß, als die meisten professionellen Gelehrten auf diesem Gebiet. Sein Buch über ‚Hitler's Wars' bleibt die beste Studie, die wir über die deutsche Seite des 2. Weltkriegs besitzen." Gordon A. Craig in "Los Angeles Times" vom 7.1.2000, S. 1), dessen Bücher in allen Bibliotheken der Welt standen (und immer noch stehen), setzte sich damit gehörig in die Nesseln. Alle fielen sie über ihn her, in dem Augenblick, als er bezweifelte, dass Hitler die Juden vernichten wollte. Alle bezichtigten ihnen aller möglicher Schandtaten und am Ende wurde der alte Mann mit 75 Jahren noch in das Gefängnis geworfen. Es wurden Gesetze und Verbote erlassen, über die Morde, das „schlimmste Verbrechen aller Zeiten" nachzudenken, zu schreiben, zu reden und auch nicht rein wissenschaftlich zu forschen. Man darf nach 2000 Jahren über den Mord an Cäsar forschen, über die Ermordung der Hugenotten in Paris, den Genozid an den Hereros in Deutsch-Südwestafrika – über alles und jedes kann man forschen (naja, halt, halt – es gibt vieles, über das NICHT geforscht werden darf, man braucht da nur an die Pharma- und GMO-Industrie zu denken, die es nicht gerne sieht, wenn man ihre Produkte näher untersucht), aber nicht über den Holocaust. Und dazu haben 99 Prozent aller Akademiker und Intellektuellen geschwiegen und schweigen noch. Welch eine Schande!

Und nochmals zum Kriminalroman: die besten Beweise sind Dokumente und Tatwaffen, möglichst mit Fingerabdrücken oder irgendwelchen DNA-Spuren. Und da sieht es halt bei dieser furchtbaren Holocaust-Geschichte ganz finster aus. Es gibt nicht ein Dokument, mit dem der millionenfache Mord nachgewiesen werden konnte. Es gibt keine Öfen und keine Gaskammern, doch, aber nur kleine Räume, wo die Klamotten der Gefangenen entlaust wurden, **wie es sie in allen Gefängnissen und allen Lagern und KZs der ganzen Welt gibt**. Ansonsten gibt es nur Spekulationen und Ratespiele.

Das heißt nicht, dass nicht viele Khazaren und Juden, Demokraten, Sozialisten, Kommunisten vor allem, ‚Zigeuner' und sonstiges „unwertes Leben" misshandelt, getötet, erschossen wurden und durch Hunger und Krankheit umgekommen sind. Das Rote Kreuz hat nach Kriegsende genaue Zählungen durchgeführt und kam auf die Zahl von ca. 360 000 toten Khazaren und Juden. Eine solche Menge sind in meinen Augen auf jeden Fall ein großes Verbrechen. Für die Khazaren war das eine Banalität und sie kamen auf ihre mysteriöse Zahl 6 Millionen zurück. Das Dokument vom Roten Kreuz wurde als Lüge und Fälschung bezeichnet und kam in den Mülleimer. Seltsamerweise sind die neuesten Forschungen von Juden und „Revisionisten“ (siehe Rassinier, Gerard Menuhin, etc.) auch auf diese Zahl gekommen.

Zu diesem gigantischen Geschäft oder besser gesagt Reibach, kommen noch viele andere Kriegs- Entschädigungen. Die jüdischen Kriegsteilnehmer forderten Reparationen, obwohl sie damals ja noch gar keinen Staat hatten und obendrein als erste zum Krieg gehetzt haben; die IG-Farben-Zwangsarbeiter forderten Entschädigungen, jüdische Zwangsarbeiter in anderen Fabriken forderten Entschädigungen. Das war ja vollkommen in Ordnung und sie alle bekamen sie natürlich auch. Gelegentlich griffen sie zu Drohungen und Erpressungen, wie hier gegen den deutschen Botschafter am 10. Februar 1965:

„Eine Delegation jüdischer Kriegsveteranen drohte dem deutschen Botschafter Heinrich Knappstein, sie würde [...] ihren ganzen Einfluß geltend machen, um eine Wiedervereinigung Deutschlands zu verhindern. Die Deutschen, berichtete die Zeitung der Organisation ‚The Jewish Veteran‘, wurden an den wirksamen Boykott deutscher Waren durch unsere Organisation im Jahre 1933 erinnert. Wir sind bereit, eine derartige Aktion notfalls zu wiederholen.“

Ist das nicht großartig? Sie geben sogar zu und sind stolz darauf, als erste Deutschland den Krieg erklärt zu haben, bevor Hitler überhaupt an der Macht war! Aber das spielt alles keine Rolle. Das kann man nur mit Deutschland machen oder natürlich gegen beliebige Länder der 3. Welt. Das sind genau die Methoden, die von den Weißen in der ganzen Welt seit mehr als 500 Jahren angewandt worden. Plus Kanonenboote, Bomber, Totschlag, Mord, Vergiftung und Entführung. Damit haben sich die Weißen Billionen an Silber und Gold, seltenen Erzen und Erden, Erdöl und Naturgas, Diamanten und Rubine und endlos viele Ressourcen, vor allem auch die Ressource Arbeitskraft unter den Nagel gerissen. Und schaut euch an, was sie damit gemacht haben, mit ihrem Kapitalismus. Vergiftete Atmosphäre, vergiftete Gewässer, Grundwasser, Meere. Ausgelutschte Ackerflächen. Milliarden Menschen, die hungern oder am Rande des Hungers leben und keine Aussicht auf eine Besserung haben. Es kommt unsereinem halt nur unfassbar und fast komisch vor, wenn diese Methoden gegen unsereinen angewandt werden.

Inzwischen ist ja noch so ein äußerst blutiges Kasperl-Theater den Menschen vorgeführt worden – ich spreche von 9/11 natürlich. Auch hier geschah ein UNGEHEURES, UNSÄGLICHES UND NIE DAGEWESENES VERBRECHEN, das seither so viele Kriege nach sich gezogen hat, dass man sie kaum zählen kann. Und auch hier wurden sofort alle Spuren verwischt – so gut es ging – aber der Ort des Verbrechens war ja auch reichlich groß, dass das nur unvollständig geschehen konnte. Ich habe am ersten Tag mit Freunden gesprochen und die Meinung vertreten: Wenn sie das man nicht selber waren. Knapp zwei Monate später hat der sehr kompetente Professor für Strategie und Taktik Stan Goff von der Westpoint Militär-Akademie eine 10-Seiten-Analyse auf den Tisch gelegt, die alle, die alle Äußerungen aus Washington als totalen Blödsinn bezeichneten. Den Rest besorgte sein Freund Michael Ruppert in seinem Buch „Crossing the Rubicon" (gibt es kostenlos online. Ruppert wurde am Ende in den Selbstmord getrieben). Inzwischen haben tausende und aber tausende Wissenschaftler, Statiker, Architekten, Nobelpreisträger, Ingenieure, Politiker und selbst Staatspräsidenten wie Dr. Mahathir von Malaysia und der Präsident Irans Ahmadinedschad auch eine anständige unabhängige Untersuchung gefordert. Das kümmert die Regierung der USA aber einen feuchten Dreck und sie bleibt bei ihrer Mammut-Lüge.

Also Freispruch für die Deutschen von der Khazaren-Holocaust-Story. Allerdings ist das **kein Freispruch für die Gräuel**, die an ihnen und an den Kommunisten und an Sinti, Roma etc. begangen worden sind. Die hätten alle in einem ordentlichen Prozess geahndet werden können. Nun kann diese Story allenfalls dann nochmals aufgerollt werden, wenn es darum geht, dass die Khazaren die erschlichenen Billionen Euro zurückzahlen müssen. Na das gibt ein Heulen und Zähneklappern. Doch erst einmal kommen wir jetzt zum nächsten Kapitel, dem wahren Gemetzel, das ununterbrochen fast vier Jahre lang im Osten – in Polen und Russland – im Gange war.

Der wahre Holocaust

Tja, der wahre Holocaust. Der erlogene Khazaren-Holocaust wurde ja u. a. deshalb auch so stark forciert, um den WAHREN HOLOCAUST im Osten an den Russen zu vertuschen. In Russland sind im Weltkrieg 23 Millionen zivile Menschen umgebracht wurden (und 4 – 5 Millionen Soldaten), was die meisten Deutschen nicht wissen. Bei der vorangegangenen anti-Sowjet-Invasion 1918 gab es nochmal 13 Millionen Tote. Insgesamt in 25 Jahren 40 Millionen Tote. Das würde die Hälfte der deutschen Bevölkerung bedeutet haben, die damals ca. 80 Millionen betrug. Ich habe mich oft gefragt, wieso Russland es sich gefallen ließ, dass die Khazaren mit ihren erlogenen 6 Millionen hausieren gingen, und Russlands Verluste dem Vergessen anheim gegeben wurden. Wohl gemerkt: nicht jedoch im Lande selbst. Das kann man sehr gut beobachten, wenn man sich die Märsche zur Erinnerung an die Gefallenen anschaut. Die Menschen haben den Krieg nicht vergessen und deswegen sind sie auch entschiedene Kriegsgegner. Unser Vergessen geht heute so weit, dass die Amis sich widerspruchslos als Sieger aufführen können. Ausgerechnet die, die sich als letzte reingeschlichen haben, aus dem einen Grund, um an der Beute teilhaben zu können. Und ihre ungeheuren, punktgenauen Plünderungen haben sie generalstabsmäßig geplant. Schon Ende 1944 schickten sie undercover Brigaden ins Land, die in alle Betriebe eindrangen und in erster Linie alle Patente, Konstruktions-Pläne und Zeichnungen stahlen, aber auch komplette Maschinen einpackten. Das wurde am Ende ein Berg von 1 Million Dokumenten, die sie natürlich waidlich ausgeschlachtet haben. Adenauer hat erstaunlicherweise tatsächlich diesen Raub öfters zur Sprache gebracht, was aber von den Herren Siegern überhaupt nicht beachtet wurde. Im übrigen hatte sich die USA auch das gesamte Reichsvermögen einverleibt (i. e. gestohlen wie die Engländer im 1. Weltkrieg – siehe das YouTube Video über den Marshall-Plan), hier auch noch ein Video aus US-Propapganda-Sicht mit dem Titel „Der Kalte Krieg Marschall Plan – Reportage über den Marschall Plan) UND alle in den USA in Banken deponierten deutschen Vermögen von Privatpersonen. Adenauer nannte jedenfalls den Patenteklau (hier ist ein Auflistung – DsR Neue Westfälische Zeitung Januar 1947 marks.JPG - zu finden über die bedeutendsten Patente – alle aufzuführen, würde Bände füllen. Auf der Webseite https://lupocattivoblog.com ist weiteres Material zu finden) einen gigantischen Raub, den größten der Geschichte, mit dem eigentlich schon die Reparationen abgegolten seien. Sie logen aber non-stop über den Raub der Russen an den armen Ostdeutschen.

Vor knapp 30 Jahren habe ich in Hamburg die große Ausstellung über die deutsche Armee gesehen, über die immer nach US-Manier gesprochen wurde: Die Armee war sauber, aber natürlich gab es ein paar faule Äpfel drunter. Das gilt weder für die US- noch die deutsche Armee. Allerdings müssen wir unterscheiden, denn es scheint fast, als hätten die Deutschen zwei verschiedene Armeen gehabt. Die im Westen, in Frankreich, in Belgien, in Holland und Norwegen und dann die Ostarmee. Die im Westen hat sich nach allem, was ich gehört und gelesen habe, einigermaßen ordentlich aufgeführt (naja, wenn man von Guernica, Oradour, Rom etc. absieht) aber die im Osten hat sich aufgeführt wie – weiß der Teufel, was man dazu sagen soll. Man braucht sich auch nur die Bilder, die Filme und Dokumente anzuschauen, um zu wissen, was da los war. Alles, was die deutsche Armee besetzte, wurde platt gemacht, spätestens beim Rückzug. Das fing ja damit an, dass man die Russen und die Slawen samt und sonders als Untermenschen bezeichnet hat, die bestenfalls als Sklaven eingesetzt werden konnten. Die Hetze gegen die Russen ging sofort nach der Revolution 1918 los unter maßgeblicher Beteiligung der SPD. Sie kam dann richtig in Schwung mit der Buch-Schwarte, die der Gröfaz fabrizierte. Da hat er sich ja schon gegen die Kommunisten und die Bolschewiken ausgetobt. Und als die Invasion 1941 begonnen wurde, hat er sogleich den Tages-Befehl erlassen, jeden Politkommissar auf der Stelle zu erschießen. Jeder dieser Erschossenen ein Kriegsverbrechen. Und da kann man ruhig davon ausgehen, dass jeder dieser

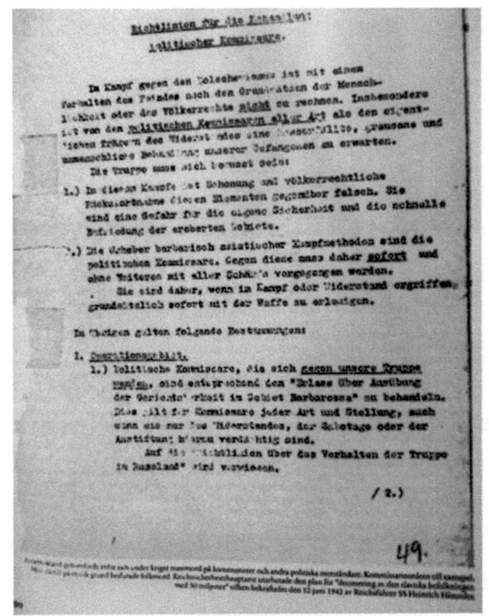

Richtlinien für die Behandlung
politischer Kommissare.

Im Kampf gegen den Bolschewismus ist mit einem Verhalten des Feindes nach den Grundsätzen der Menschlichkeit oder des Völkerrechts nicht zu rechnen. Insbesondere ist von den politischen Kommissaren aller Art als den eigentlichen Trägern des Widerstandes eine hasserfüllte, grausame und unmenschliche Behandlung unserer Gefangenen zu erwarten.

Die Truppe muss sich bewusst sein:

1.) In diesem Kampfe ist Schonung und völkerrechtliche Rücksichtnahme diesen Elementen gegenüber falsch. Sie sind eine Gefahr für die eigene Sicherheit und die schnelle Befriedung der eroberten Gebiete.

2.) Die Urheber barbarisch asiatischer Kampfmethoden sind die politischen Kommissare. Gegen diese muss daher sofort und ohne Weiteres mit aller Schärfe vorgegangen werden.

Sie sind daher, wenn im Kampf oder Widerstand ergriffen, grundsätzlich sofort mit der Waffe zu erledigen.

Im Übrigen gelten folgende Bestimmungen:

1. Operationsgebiet.

1.) Politische Kommissare, die sich gegen unsere Truppe wenden, sind entsprechend dem "Erlass über Ausübung der Gerichtsbarkeit im Gebiet Barbarossa" zu behandeln. Dies gilt für Kommissare jeder Art und Stellung, auch wenn sie nur des Widerstandes, der Sabotage oder der Anstiftung hierzu verdächtig sind.

Auf die "Richtlinien über das Verhalten der Truppe in Russland" wird verwiesen.

/ 2.)

49.

Für Politkommissare gelten keine Menschenrechte

Männer mehr Grips im kleinen Finger hatte als der Gröfaz im Kopf.

Übrigens wurde die Politik der verbrannten Erde sogar in der Finnmark beim Rückzug aus Finnland durchgeführt, was dort fast zu hundert Prozent die Samen betraf, ein Volk, das niemals einen Krieg geführt hat und schon gar nicht gegen die Deutschen. Und das ist auch ein Genozid gewesen, denn die Deutschen hatten nicht nur die Siedlungen der Samen platt gemacht, sondern auch ihre Rentier-Herden vernichtet, wodurch ihre Lebensgrundlage zerstört wurde. Hätte es nicht ein paar Idealisten gegeben (Franzosen und Engländer), die über die BBC Aufrufe sendeten, wodurch Millionen Dollar hereinkamen, wären die Samen großenteils verschwunden. Denn den Finnen und Schweden wäre das nur recht gewesen. Das war das erste, was ich in aller Frühe von dem Wirt eines Restaurants mit Tankstelle in Karesuando zu hören bekam, der meine deutsche Autonummer gesehen hatte, als ich zur Tür hereinkam.

Und als ich dann später oben auf dem Berg in dem Hotel saß, Notizen machte und beschloss, endgültig umzudrehen, weil der Sommer damals kein Sommer war, sondern viel mehr dem Spätherbst mit endlosem Regen ähnelte, kam ich mit einem Norweger ins Gespräch, der mir erzählte, dass die Deutschen auf den Lofoten ein Gefangenenlager mit 5000 Russen hatten, die sie alle vor dem Abzug erschossen haben. Ein Massaker, das nur zu gerne verschwiegen wird. Wenn man bedenkt, dass die Russen die deutschen Kriegsgefangenen besser ernährten als die eigenen Leute, weshalb aus den russischen Gefangenenlagern 90 % Deutsche heimkehren konnten (im Gegensatz zu den amerikanischen Lagern!) Und

Russische Ärtztinnen

im Gegensatz zu den russischen Kriegsgefangenen, von denen nur 30 PROZENT ihre Heimat wiedersahen. Wer hat sich denn da menschlich benommen? Auch dies ist eine unerhörte Schande.

Aber das ist noch nicht alles. Am 5. Mai 2018 habe ich in Rostock im Kröpeliner Tor, das sehr geschmackvoll als Museum eingerichtet wurde, eine kleine Ausstellung gesehen über das Schicksal der russischen Ärztinnen und Schwestern, die in deutsche Gefangenschaft gerieten. Da sie natürlich auch eine Pistole trugen, wurden sie zu Anfang wie die weiblichen russischen Soldaten als „Flintenweiber" summarisch erschossen. Aber da die Deutschen dringend Arbeitskräfte brauchten (!), wurden sie später geschont und in den Lagern und Krankenhäusern für russische Gefangene eingesetzt. Eindrucksvolle Fotos erzählten ihr Schicksal. Man konnte sogar einige von den Ärztinnen und Schwestern in Russland ausfindig machen, die nach der Befreiung glücklich wieder in ihre Heimat reisen konnten. Bedenkt man, was diese Frauen sehen und erleben mussten, fragt man sich, wie sie nach diesem Terror, der Willkür, der Brutalität jemals in ein normales Leben zurückfinden konnten.

In einem klugen Artikel „History of World War II: Conduct of Hitler's "Operation Barbarossa" against Russia" (Global Research vom 2. November 2018) wird die Kriegführung von Hitler und Fidel Castro verglichen. Fidel Castro erklärt zum ethischen Aspekt der Behandlung der Feinde:

„... er sei ein psychologischer Faktor von großer Bedeutung. Wenn ein Feind Respekt gewinnt oder sogar vom Gegner bewundert wird, haben Sie einen psychologischen Sieg errungen ... Ich habe einmal zu denen gesagt, die uns beschuldigt haben, die Menschenrechte verletzt zu haben: "Ich fordere Sie heraus, einen einzigen Fall von außergerichtlicher Hinrichtung zu finden; ich fordere Sie heraus, einen einzigen Fall von Folter zu finden".... Ich sage Ihnen, dass kein Krieg jemals durch Terrorismus gewonnen wird. Es ist so einfach, denn wenn man Terrorismus einsetzt, verdient man sich die Opposition, den Hass und die Ablehnung derer, die man braucht, um den Krieg zu gewinnen. Deshalb hatten wir die Unterstützung von über 90% der Bevölkerung Kubas".

Auf die Idee konnte Hitler gar nicht einmal kommen in seiner Verblendung. Im Sportpalast hat er gegrölt, was die Soldaten als Gegner vorfinden werden:

„ ... er besteht nicht aus menschlichen Wesen, sondern aus Tieren und Bestien. Wir haben jetzt gesehen, was der Bolschewismus aus menschlichen Wesen machen kann."

Er hätte nur an Stelle von Bolschewismus das Wort „Nationalsozialismus" einsetzen müssen, dann hätte er die vollständige Wahrheit vor sich gehabt.

Da wir gerade dabei sind, will ich folgende schlimme Ironie der Geschichte auch gleich abhandeln. Tausende und aber tausende deutsche Soldaten konnten nicht schnell genug in den letzten Tagen des Krieges hinüber zu den Amis kommen und gerieten damit direkt in den Rachen des Teufels. Sie hatten es so eilig, dass eine ganze Einheit – weiß nicht mehr, ob es 10 oder 20 Tiger Panzer waren, allesamt nagelneu und nie im Einsatz gewesen – mit vollem Tempo mitten auf der Straße, die dazumal wahrlich nicht sehr breit waren, angerast kam auf den Checkpoint der Amis zu und dabei am Wagen meines Vaters einen breiten Streifen aus dem Blech herausrissen, weil er gar nicht ausweichen konnte. Rechts ein Graben, vorne Fuhrwerke, hinten Fuhrwerke. Damit wir uns richtig verstehen. Es war ein US-Checkpunkt, an dem sich links von der Straße ein großer Wiesenhang bergauf zog, auf dem schon zahllose beschlagnahmte deutsche Autos standen, schön in Reih und Glied. Mein Vater wurde in eine ‚Straße' eingewiesen, er musste aussteigen, wo klar wurde, dass er nur ein Bein und rechts eine Prothese trug, was den Ami nicht interessierte. Der setzte sich ins Auto und versuchte alles Mögliche, es in eine Parklücke zu fahren. Aber die Schaltung war ja für meinen einbeinigen Vater umgebaut. Der Soldat hantierte wie wild, würgte den Motor ab und es ging nicht. Dann stieg er aus und sagte ‚Goddamm', was ich gut behalten habe, und winkte schimpfend meinem Vater zu, dass er mit seiner ramponierten Kiste verschwinden solle. So konnte er seinen Hansa-Borgward noch bis in die 50-er Jahre fahren.

Tja, und die Amis haben dann **1 Million Soldaten** auf den Rheinwiesen interniert und hinter Stacheldraht unter schwerer Bewachung eingesperrt und verrecken lassen – nicht ohne ihnen zuvor den Status von Kriegsgefangenen aberkannt, der ihnen laut Genfer Konvention zustand, und sie in „disarmed ennemy forces" umbenannt zu haben. Es gab keine Baracken, keine Hütten, keine Zelte – nichts. Sie gruben sich mit den Händen Löcher in den Dreck und Schlamm, sie bekamen so gut wie nichts zu fressen und sie verhungerten und verdursteten langsam. Das hatten sie dem „Phantom-Image" vom guten Amerikaner zu verdanken. Dagegen hat sogar General George Patton protestiert, aber der fanatische und rassistische Eisenhower ließ sich nicht von seinem Genozid abbringen. An seine Frau schrieb er: „Mein Gott, wie ich die Deutschen hasse!"

Dann kam der Clou. Hier gibt es eine umfassende Dokumentation mit zahlreichen Filmen und Videos einer grandiosen Fälschung, für die sich Alfred Hitchcock zur Verfügung gestellt hat, der dann später zu einer großen Film-Ikone aufgestiegen ist. Man hat die Leichen von den Rheinwiesen nach Auschwitz geschafft (http://www.hist-chron.com/eu/D/1945-rheinwiesenlager/004-deutsche-Leichen-fuer-Hitchcocks-KZ-filme.html – ich muss den link auf diese Weise reinlegen, was am sichersten ist. Markiert ihn und legt ihn in euren Browser.) Deutsche Leichen nach Auschwitz? Und in jüdische Leichen verwandelt? Wieso denn das?

Weil's dort keine gab. Obendrein erzählte die Ami-Propaganda den Deutschen, dass die Russen deutsche Gefangene in Sibirien verhungern ließen. Vor nicht allzu langer Zeit wurden ja die Archive geöffnet und was kam da heraus? Dass

90 % der Gefangenen heimkehrten und lediglich 10 Prozent der Gefangenen an Krankheiten und Hunger gestorben sind, aber nur deshalb, weil die Russen selbst nichts zu fressen hatten. Das traf nicht auf die Amerikaner zu, da sie bis obenhin gefüllte Lager hatten. Der Kanadier James Bacque hat darüber ein dickes und lehrreiches Buch geschrieben (Verschwiegene Schuld: Die alliierte Besatzungspolitik in Deutschland nach 1945; by amazon)

Erst heute wieder (am 23. März 2018) musste ich bei der Übersetzung eines klugen Artikels „Russland kämpft gegen einen tödlichen Feind" von Petr Akopov (https://einarschlereth.blogspot.com/2018/03/russland-kampft-gegen-einen-todlichen.html) an diese Merkwürdigkeit denken, dass die Russen sich so schnell die Holocaust-Lüge zu eigen machten, aber ihre eigenen vielfachen Verluste nicht entschiedener in der Weltöffentlichkeit bekannt machten. Es scheint, als ob die russischen Führer ALLESAMT, von Stalin bis Breschnew, Chruschtschow, Gorbatschow (bis hin zu Putin) Rücksicht gegenüber England übten, und vor allem Stalin, der ja sein Plazet gegeben hat für die Gründung Israels, denn ohne ihn wäre kein Staat Israel entstanden. Akopov drückt sich auch vorsichtig aus, indem er nur von dem alten Macht- und Geldadel spricht, dessen Zentrale sich in der Londoner City befindet und dessen wichtigste FILIALE in der Wall Street liegt. Ja, und wessen Geld ist das? Es ist überwiegend das Geld der Khazaren, der Rothschild, Morgan, Goldman Sachs sowie einigen Goyim wie Rockefeller etc. Sie alle – von Stalin bis Putin – haben gesehen, was mit Deutschland passierte, gegen das die Khazaren so brutal vorgegangen sind. Und vor so einem Schicksal haben sie alle Angst gehabt.

Hauptstadt des 2. Israel

Wer weiss denn, dass es zwei Israel gibt?

Wohl kaum jemand. Aber Stalin wusste es, denn er hat den Khazaren jüdischen Glaubens (KhjG) 1934 einen eigenen Staat in der SU gegeben, die ‚Jüdische Autonome Oblast' (s. Wikipedia) in Sibirien am Amur an der Grenze zu China mit der Hauptstadt Birobidschan (s. Wikipedia).

Warum Stalin das tat, weiß ich nicht. Einerseits vielleicht, weil die Khazaren ja immer nach einem eigenen Staat jaulten und andererseits wollte Stalin vielleicht die häufigen Pogrome gegen die Juden, wie sie sich in der SU nannten, vermeiden, weswegen die Russen von den Engländern besonders häufig angegriffen wurden.

Wer etwa meint, dass es sich da um ein abgelegenes eisiges Gebiet in the middle of nowhere handelt, irrt sich gewaltig. Es handelt sich um ein wunderschönes Land, das mehr als ein Drittel größer ist als die jetzige Entität in Palästina, in dem bei Ende des 2. Weltkrieges etwa 80 000 KhjG wohnten. Und dort gehörten sie viel eher hin, da die Khazaren im 7. Jahrhundert ein großes in Südrussland gründeten mit großen Gebieten der Ukraine, Georgien und Teilen des heutigen Kasachstans in Sibirien, zur gleichen Zeit, als Waräger aus Schweden das Reich Rus mit der Hauptstadt Kiew gegründet hatten. Die Waräger waren es, die dann im 10. Jahrhundert das Chasarische Khaganat völlig zerschlugen. Ein Jahrhundert zuvor übernahmen die Khazaren den jüdischen Glauben (von wegen Jahrtausende alte Geschichte).

Da sie anfänglich ein nomadisches Turk-Volk waren und ihr Name Umherzieher bedeutet, nahmen sie das Umherziehen wieder auf und verteilten sich über Europa, mit dem sie durch Handel mit den Gewürzen aus China schon an vielen Orten bis hinunter nach Granada viele Beziehungen hatten. Sie versuchten gleichzeitig durch Erzählungen und Dokumente eine direkte Verbindung zu Juden und Palästina herzustellen, was sich jedoch immer als Legenden und Fälschungen erwies. Hier gibt es noch eine Variante zur Geschichte der Khazaren („Hidden History of the Incredibly Evil Khazarian Mafia" vom Chefherausgeber von Veterans Today auf der Webseite Worldtruth TV publiziert), die mir aber nicht so glaubwürdig erscheint.

Jedenfalls besaßen die KhjG seit 1934 einen Staat, den sie selbst – aber eben auch Stalin – tot schwiegen und stattdessen einen Staat in Palästina forderten, der ihnen von dem englischen Premier Balfour am 2. November 1917 mit der üblichen britischen Arroganz versprochen worden war. Sie wollten endlich eine richtige und echte Verbindung zu ‚Israel'

- das es gar nicht gab – herstellen. Und der Rassist Churchill sah darin sofort eine große Chance. Mitten in den arabischen Kernlanden einen ‚Brückenkopf der Zivilisation' aufzuschlagen, um die verhassten Araber unter Kontrolle zu halten.

Anfangs versuchten die Khazaren sich friedlich in Palästina einzukaufen, aber das dauerte ihnen viel zu lang. Vor allem brauchten sie Menschen und zwar KhjG, die aber nicht versessen darauf waren, dort hinunter zu ziehen. Doch dann sorgte Hitler mit seiner Politik dafür, dass viele doch wollten. Aber das wiederum wollten nicht die zionistischen Häuptlinge, die wollten nicht Hinz und Kunz, sondern wollten sich die ‚Rosinen' rauspicken, vor allem junge Männer im kriegstauglichen Alter, um die sie mit Eichmann feilschten. Das klappte gut und bald konnten sie ihre ersten Einheiten aufstellen und mit ihrer Gewalt und ihrem Terror gegen die Palästinenser beginnen, aber auch gegen die Besatzer des britischen Weltreiches. Bei der palästinensischen Bevölkerung machten sie sich dadurch gründlich verhasst, wohingegen die Briten sie sehr nachsichtig behandelten, zweifelsohne auf Anweisung von ganz oben. Am Ende des Weltkrieges machten diese Khazaren in Palästina weiter, wo Hitler aufgehört hatte. Mit ungeheurer Brutalität eroberten sie sich ihren Staat und haben inzwischen mehr Palästinenser umgebracht, als Hitler Khazaren.

Diese Menschen wollten keinen Frieden, sie wollten ‚ihr' Land und nicht nur ihr Land, sondern ein GROßES Land – GROßISRAEL – vom Nil bis zum Euphrat (s. Wikipedia). Deswegen hat dieses Volk und das Land, das es sich schließlich ergaunert hatte, von Anfang an Krieg geführt, unterstützt von dem gesamten Westen, inklusive Russland – der größte Fehler Stalins – und besonders von England und so sachte auch von den USA, noch ein Land, das in seiner gesamten Geschichte immer nur Krieg führte und genau wie ‚Israel' immer bedroht wurde. Daher wurden beide auch die besten Lügner und die besten Freunde. Äußerst merkwürdig ist ja, wieso der Jüdische Autonome Oblast nicht aufgelöst wird, wenn dort kaum noch Juden leben? Nun ja, die KhjG haben mit der USA noch etwas gemeinsam - wo sie einmal hocken, dort bleiben sie für immer und ewig.

NOCHMALS WEIMAR, wo das Elend ja seinen Ursprung hatte. Der Skandal ist doch gewesen, dass in dieser sogenannten Weimarer Demokratie ein Buch wie ‚Mein Kampf' überhaupt erscheinen konnte und nicht sofort verboten wurde, wegen offenem Aufruf zu Mord und Kriegen und Verteufelung der slawischen Völker, die uns unendlich viele großartige Kulturgüter und ungezählte medizinische, biologische, technische und physikalische Erkenntnisse geliefert haben, wovon der Gröfaz natürlich keine Ahnung hatte. Von kommunistischer Seite hat man sich selbstverständlich gegen diese Hetze gewehrt, aber eine breite und tiefere Erziehung der Massen fand ja leider nicht statt. Gewiss hat der von John Heartfield gegründete Malik Verlag (da gibt es auf der deutschen Wikipedia-Seite einen ordentlichen Artikel) sehr gute und wichtige Bücher herausgebracht, die von den ARBEITERN auch gelesen wurden (die Studenten hingegen lasen Karl May – nachzulesen in den Jahresbüchern des Gutenberg-Verlages), aber das waren ein paar hunderttausend gegenüber den Millionen, die für die KPD stimmten. Man kann sagen, dass eine Mehrheit, wie groß, wage ich nicht sagen, sich in aller Seelenruhe diese Hetze aus Zeitungen, den

Boulevardblättern, Radio und Büchern und den – nicht zu vergessen – beliebten Wochenschauen, die damals ja aufkamen, ohne Widerspruch reingezogen hat. Und diese Mehrheit gab es natürlich auch in der Armee und die haben teilnahmslos und auch ohne Widerspruch zugeschaut, wie die größten Verbrechen an ihren Mitmenschen begangen wurden. Einen großen Anteil an der Russenhetze hat im übrigen auch die Katholische Kirche – aus Wut, weil die Russen die Orthodoxe Kirche gewählt haben (siehe Guy Mettan „Russie-Occident, une guerre de mille ans" – Russenhass, ein Krieg seit 1000 Jahren, von Karl d. Gr. bis Obama).

Und heute erleben wir dieselbe Hetze in grün abermals gegen Russland. Man schämt sich halb zu Tode. Die Russen haben uns zweimal befreit – einmal vom Joch Napoleons und zum anderen Mal vom Joch Hitlers. Gut, einmal unter dem schwachen Zar Nikolaus haben sie im ersten Weltkrieg uns angegriffen, endlos aufgehetzt von den Engländern und Franzosen. Obwohl Kaiser Wilhelm alles versuchte, seinen Cousin Nikolaus von dem Krieg abzubringen und ihn bewegen wollte, mit Deutschland zusammenzuarbeiten. Vielleicht hat er es nicht stark genug versucht? Wusste er nicht, dass sein Cousin Nikolaus in den Klauen von Rothschild in Paris war? Er hätte seine Schulden bezahlen können. Es wäre auf jeden Fall billiger gewesen als der Krieg. Aber es war alles vergeblich. Ihr konntet weiter oben seine Worte tief empfundener Trauer lesen. Die Geschichte hätte einen ganz anderen Verlauf nehmen können, ob einen besseren, ist schwer zu sagen. Einen schlimmeren bestimmt nicht. Wilhelm musste sich aber vorwerfen, dass er den Vertrag mit Russland nicht erneuert hat, allerdings auf Rat des Adelsmannes Friedrich von Holstein und Caprivi, den Bismarck höchstpersönlich noch rasch vor seinem Abgang eingesetzt hatte. Wilhelm wollte gerne den Vertrag verlängern. Auch wieder etwas (er habe den Vertrag mit Russland gekündigt), was ihm fälschlicherweise in die Schuhe geschoben wurde.

Dabei hat es in weiten Teilen Russlands und Deutschlands immer auch große wechselseitige Sympathien gegeben und viele Menschen traten für enge Freundschaft und Zusammenarbeit ein. Heute versucht dies ununterbrochen Putin. Aber zwei Harpyien in London und in Berlin weisen alles brüsk zurück, aus Blödheit oder Unterwürfigkeit gegenüber dem Washingtoner Konsens (Diktat sollte es heißen) – wer weiß es. Aber hast du nicht gesehen? Plötzlich hat sich seit dem 1. März, als Wladimir Putin seine inzwischen berühmte Rede an die ganze Nation hielt, das Blatt von Grund auf geändert. Das haben sogar die Amis gemerkt, nur unsere Deppen in Berlin und London nicht. Die Militärmacht USA ist – ohne es zu merken – nun auf den 2. Platz gerutscht, und nun wollen sie alle plötzlich wieder mit Russland reden. (Das hat sich inzwischen ja schon wieder geändert. Jetzt gibt es SOWOHL ALS AUCH. Russia bashing und Geschäfte mit Russland.)

Aber wir sind noch in der „Weimarer Republik", der diese irrsinnige Russophobie als Geschenk des Himmels gelegen kam mitsamt dem Kommunistenhass und der Kommunistenhatz. Wieviele deutsche Kommunisten von SA/SS umgebracht wurden, ist m. W. nicht bekannt oder es wird verheimlicht. Hunderttausend habe ich mal gehört, aber beschwören kann ich es nicht. Nicht wenige jedenfalls. Und das fand die Mehrheit der Deutschen prima. Auch Klemperer fand es nur gut, dass endlich mal mit denen aufgeräumt wird. Was hat er sich dabei gedacht? Sicher nicht viel. Dass man sie halt wegmacht, irgendwie. In die Garderobe ging nicht, also in das KZs und was dort passierte, ging einen nichts an. Ein Theologe, Martin Niemöller, hat es ja gut auf den Begriff gebracht: „Als die Nazis die Kommunisten holten/ habe ich geschwiegen/ ich war ja kein Kommunist/ etc“

Die Russen hat man als Untermenschen dargestellt, vorbereitend auf die Schlacht gegen den Bolschewismus. Untermensch und Kommunist. Oh Gott-o-Gott. Das ging ja nun gar nicht. Das Ungeziefer konnte man dann einfach wegwischen, als es los ging. Obwohl – ich habe bei dieser Vorstellung Schwierigkeiten, wie man in einem anderen Menschen NICHT mehr den Menschen erkennen kann. Wenn NAZIS sagen, Kommunisten, Schwarzköpfe, Zigeuner oder Schwule müssen platt gemacht werden, dann müssen sie meiner Meinung nach dringend medizinisch versorgt werden. Das gilt auch für religiöse Fanatiker. Aber viele sind wohl nicht der Meinung und denken, man müsse ihnen nur gut zureden. Oder sie finden es gut, wenn die Terroristen in Syrien allen Andersgläubigen den Kopf abschneiden. Ich weiß es nicht. Man kommt da in einen Dschungel von Gefühlen und Gedanken, die nur schwer zu sortieren sind. Ich hätte wirklich Probleme, diesem Pack in Syrien zu verzeihen, von denen ich weiß, dass sie tausende Menschen, Kinder und Frauen, Alte und Junge bestialisch umgebracht haben. Die habe ich auch in Deutschland, wenn ich dran denke, mit wie vielen Mördern, Totschlägern, Vergewaltigern ich gelebt habe. Das ist kein angenehmer Gedanke. Aber die Merkel sorgt ja dafür, dass noch mehr von dem Gesindel in unser Land kommt.

Das, was da in Russland geschehen ist, halte ich für viel

schlimmer als die Phantasien vom Holocaust. Da waren ja relativ wenig Leute beteiligt. Aber in Russland standen Millionen und aber Millionen Soldaten und tausende, aber tausende waren beteiligt an den Schandtaten oder sie schauten zu oder meinetwegen auch weg. Aber kann man wegschauen, wenn ein ganzes Dorf in die Kirche getrieben und die Kirche dann angesteckt wird? Sie konnten nicht sagen, ‚Was hätten wir denn tun sollen?'. Sie hatten doch Knarren in der Hand und hätten die paar Anstifter (das sind immer nur wenige) umnieten können und sagen können: Bei uns gibt es so etwas NICHT. Basta. Sie hätten ein Beispiel schaffen können und sicher hätte man weitere Einheiten gewinnen können. Im Notfall hätte man überlaufen können. Also bitte, keine blöden Ausreden.

Und noch etwas. Konnten die Menschen wirklich glauben, dass sie so ohne weiteres riesige Gebiete – die Ukraine, Weißrussland, Moldavien und das endlose Gebiet bis hin zum Ural, dem Kaspischen Meer und den Ölfeldern – sich unter den Nagel hätten reißen können? Ein Gebiet mit fast doppelt so vielen Einwohnern, wie Deutschland hatte? Ein völliger Irrsinn. Aber sie haben dem Gröfaz ja jeden Schwachsinn abgenommen. Das hätte ständigen Aufruhr und Aufstände bedeutet, ein Krieg ohne Ende. Ein Sumpf wie Vietnam für die USA. Rest-Russland hätte sich garantiert damit nicht abgefunden. Aber so weit hat man in Deutschland halt nicht gedacht. Rein kommt man in ein Land meist ganz gut, aber raus wird es immer viel schwieriger.

Diesen WAHREN HOLOCAUST hat niemand in Deutschland auf dem Radar. Die DDR hat geklagt, dass sie alleine die Reparationen an Russland bezahlt hat, weil Westdeutschland sich weigerte, an die Russen zu zahlen. Russland berechnete die von den Deutschen verursachten Schäden auf 262 Mrd. Dollar.

Auf der Webseite Sascha's Welt gibt es eine gute Zusammenfassung der Schäden und der Reparationen unter dem Titel: „Geschichte: Reparationen an die Sowjetunion nach 1945", die bei weitem nicht vollständig ist:

„Jeder, der den Krieg als Soldat selbst erlebt hat, weiß, daß die Sowjetunion dieses Land (mit den größten Verlusten) ist. Während der Kampfhandlungen und durch die systematische Zerstörung des Landes beim Rückzug der faschistischen Wehrmacht („verbrannte Erde" – erinnern wir uns an die Wochenschauen in den letzten Jahren des Krieges!) wurden u. a. vernichtet: 1.700 Städte, 70.000 Dörfer, 32.000 Industrieunternehmen, 65.000 km Eisenbahnstrecke, 98.000 Kollektivwirtschaften, 84.000 Schulen, 70.000.000 Stück Rindvieh wurden abgeschlachtet oder nach Deutschland geschafft." Stalin hat im übrigen die Hälfte der ursprünglichen Reparationen gestrichen.

IM WESTEN hatten allein die gestohlenen Patente einen Wert von 10 Mrd. Dollar. Außerdem mussten allein an Besatzungskosten jährlich 1.5 Mrd. Dollar bezahlt werden. Man muss also gerechterweise sagen, dass die Wessis von den Amis sehr viel intensiver geschröpft wurden als die Ossis von den Russen. Dabei hatten die Amis ja überhaupt kein Anrecht auf Reparationen, weil es in ihrem Land keinerlei Schäden gegeben hat. Obendrein haben die Wessis noch die Schulden aus dem 1. Weltkrieg bis zum Jahr 2010 abbezahlen müssen.

Aber im Westen dröhnten sie uns die Ohren voll mit der US-Hilfe, der Schulspeisung und vor allem mit dem Marshall-Plan. Zur Schulspeisung fand ich einen einzigen Artikel, der ziemlich genau mit meiner Erinnerung übereinstimmt, vor allem der Kakao-Geschmack, den alle Suppen immer hatten. Der Bericht stammt aus der britischen Besatzungszone, wo die Schulspeisung im Frühjahr 1946, 10 Monate nach Ende des Krieges, begann. Wurde berechnet, wieviele Menschen, aber überwiegend Kinder da schon tot waren? Bei uns in der US-Besatzungszone fing sie noch später an. Ich wurde als Heide in die evangelische Volksschule gesteckt. Es gab so wenig ‚Evangelen' in der Stadt, dass alle Klassen in ein einziges Zimmer passten. Da absolvierte ich wohl mit 9 Jahren die 4. Klasse Volksschule nach 2-jähriger Pause (die 1. Klasse hatte ich noch in Ostpreußen gemacht, aber alle Schulen wurden dann in Hospitäler für die Front-Verwundeten umgewandelt). Danach habe ich die Prüfung für das Gymnasium absolviert. Erst dort bekamen wir dann die Schulspeisung, was also frühestens erst 1947 war.

Von dem Marshall-Plan haben wir, die Bevölkerung, ja gar nichts bemerkt. Davon hat man uns nur immer erzählt. Ich habe jetzt erst herausbekommen, dass sogar Propaganda-Filme als Vorlauf-Filme gedreht wurden, die den Menschen vorgaukelten, was alles von den amerikanischen Freunden durch den Plan für uns gemacht wurde, nur hat keiner was davon gesehen. Hier könnt ihr hören, dass weder Gelder geflossen sind noch Konsumgüter herangekarrt wurden, noch Maschinen nach Deutschland geschickt wurden, sondern vor allem Rohstoffe wie Baumwolle, Tabak usw. was die Amis ja in Hülle und Fülle hatten und verditschen wollten. (“Wie wir alle Amis wurden - 60 Jahre Marshall Plan - Arte Themenabend - Teil 1” on YouTube) Es galt den Markt wieder anzukurbeln – nachdem in den West-BZs die Demontage ganzer Kriegsbetriebe Hunger und Elend noch vertieft hatten – da Westeuropa von dem „kommunistischen Gespenst“ erfasst wurde, d. h. die stärker werdenden kommunistischen Parteien den Westen in die Arme Stalins zu treiben drohten.

Und hier ist ein ganz neu auf RT erschienener Artikel in zwei Teilen über den Marshall-Plan, den US-Dollar und seine Demontage durch China zu finden „Finanzexperte: US-Dollar ist die größte Blase – China leitet den Zusammenbruch von US-Dominanz ein“ - in 2 Teilen (auf YouTube).

Also wurde der Rückwärtsgang eingelegt. Deutschland sollte nicht mehr total ausgehungert, um die Hälfte dezimiert werden oder zum Hühnerhof umgewandelt werden oder was an widerlichen und abartigen Plänen für die Deutschen während des Krieges von Morgenthau und anderen Kumpanen ausgebrütet wurde. Die Briten hatten auf Befehl Churchills in den letzten Kriegstagen, die sich in Schleswig-Holstein bedingungslos ergeben hatten, nicht entwaffnet, sondern als Reservetruppe gegen die Russen in Bereitschaft gehalten. Graf Bassewitz in Bristow fällt mir ein. Das Gespråch zwischen ihm und meinem Vater war vielleicht doch nicht so dämlich, wie ich immer dachte. Und es muss mein Vater gewesen sein, der etwas läuten gehört hat von Churchills Plan.

Jedenfalls wurde der Marshall-Plan im April 1948 aus der Taufe gehoben; er wurde bis 1952 12,4 Mrd $ auf 13,12 Mrd aufgestockt wurde. Der galt im übrigen für ganz Westeuropa und nicht nur für Deutschland, wie viele meinen. Deutschland erhielt gerade mal 1,4 Mrd. $. Frankreich erhielt doppelt so viel, England 2,5 mal so viel und selbst Italien erhielt mehr. Laut Wiki gab es dafür drei Gründe:

- Hilfe für die notleidende und teilweise die hungernde Bevölkerung Europas
- Eindämmung der Sowjetunion und des Kommunismus (siehe auf Wikipedia die „Containment-Politik") sowie
- Schaffung eines Absatzmarktes für die Überproduktion der USA.

Ich denke, jeder versteht, welches der wichtigste Punkt war. Wir sind wie immer belogen und betrogen worden. Um ihre Ziele zu erreichen, hatte man erst einmal die OEEC gegründet (auf der homepage OECD liegen die notwendigen Erläuterungen), zu der 1948 alle europäischen – auch die Ostblock-Länder – zu einer Konferenz nach New York eingeladen wurden. Die UdSSR roch den Braten und zog sich schnell zurück. Die Hilfsgelder machten laut Wikipedia nur knapp 3 % des Nationaleinkommens aller Länder aus und steigerte das BNP um 0,5%. Gigantisch? Noch ein wichtiger Punkt: Der Plan gilt als „erster Schritt zur europäischen Integration", wozu also heute die abschließenden Schritte unternommen werden sollen. Sage keiner, dass die Amerikaner nicht langfristig planen könnten. Genau genommen reicht die Planung noch weiter zurück, nämlich zur Planung des 2. Weltkrieges mit dem nützlichen Idioten, na ihr wisst schon, dem Anstreicher aus Österreich, seiner Finanzierung, aber auch die der übrigen Kriegsparteien, damit der Krieg wirklich richtig blutig und verlustreich wird, bei dem sie dann, die Amerikaner, als die neue Supermacht auf den Plan treten würden.

Dass sich die Wirtschaft Westeuropas dennoch so rapide erholte, wird von etlichen Forschern der Liberalisierungspolitik und der Aufhebung aller zwischenstaatlichen Handelsbeschränkungen zugeschrieben. Aber das halte ich für einen typischen Schreibtisch-Experten-Schmarrn. Der bedeutendste Faktor war der ungeheure Einsatz der Trümmerfrauen, die Erfindungskraft und das „Selbst ist der Mann"-Denken. Der Deutsche, Mann oder Frau, stellt sich nicht in die Landschaft und wartet, dass ihm jemand hilft. Er/sie packt an.

Das ist aber nicht nur eine besondere Eigenschaft des deutschen Volkes. Das haben wir gesehen in Nordkorea, wo das Land gleich zweimal nacheinander aufgebaut wurde, beim 2. Mal sogar, als es von den Amis weitaus mehr zerstört war als Deutschland. Das haben wir ebenso im Irak gesehen, wo das irakische Volk ihr Land gleich 3 x aufbaute: 1958 nachdem der korrupte König und der Knecht der Queen gestürzt wurde, haben die Revolutionäre, besonders ab 1979 unter Saddam, ihr zu den ärmsten Ländern der Welt gehörende Land in enormem Tempo auf das Niveau von Portugal oder Griechenland gebracht. Nach den Zerstörungen durch die Khomeini-Diktatur wurde es abermals rapide wieder hergestellt und nach dem 1. Bush-Krieg ebenfalls, als die Amis sagten, die würden mindestens 20 Jahre dazu brauchen. Bei uns hieß es ja, Saddam würde die Öl-Dollars verjubeln für private Paläste und Luxusleben. Diese Lügenpropaganda kam direkt aus dem Pentagon und wurde getreulich bei uns nachgebetet.

Ein drittes Beispiel ist Thomas Sankara, Präsident von Burkina Faso von 1983 – 1987. In nur vier Jahren hat er dass bitterarme Land in einen selbstversorgenden Staat mit Grundnahrungsmitteln verwandelt vermittels einer Landreform, hat Meningitis, Gelbfieber und Masern ausgerottet, zehn Millionen Bäume gegen die Desertifikation gepflanzt, die Frauenrechte hergestellt, Beschneidung der weiblichen Genitalien verboten, Zwangsheirat und Polygamie verboten, die Alphabetisierung durchgeführt und und und. Deswegen mussten die Franzosen ihn natürlich ermorden, wie so viele besonders fähige schwarzafrikanische Staatsmänner. Und damit sich dann „große Staatsmänner" hinstellen und sagen können: ‚Schaut mal, was das für shitholes in Afrika sind.'

Weitere Beispiele wären Fidel Castro, Evo Morales und Hugo Chávez und Bashar al-Assad genau jetzt nach Rückkehr zehntausender Flüchtlinge, aber das schenke ich mir, weil ich über sie auf meinem Blog schon endlos viel geschrieben habe. Nun mag einer fragen, was hat dies alles mit Deutschland zu tun, mit Deutschlands Ausplünderung und rohen Erniedrigung zu einem Marionetten-Staat. Oh, sehr viel. Diese Beispiele hier habe ich eigentlich nur aus dem Grund angeführt, damit wir uns nicht auf das hohe Ross setzen.

Also weiter im Hauptthema. Wir waren bei der Nachkriegs-Ausplünderung. Das oben Angeführte ist noch lange nicht alles. Wie ich erst jetzt durch meine Nachforschungen erfuhr, haben die Amis nicht nur Patente, Maschinen, ganze Fabriken geklaut und Wissenschaftler verschleppt, die ihnen die A-Bombe bauen mussten, sowie massenhaft faschistische Folterknechte, denen sie jede Freiheit ließen in ihrem erlernten Beruf. Nein, sie gingen viel weiter. Sie sammelten allen Besitz von Deutschen in allen umliegenden Ländern Amerikas, den staatlichen und privaten, auch in den neutralen Ländern, wie der Schweiz und Schweden, ein. Sie klauten Kunst aus Museen und Kirchen, aus den Herrscherhäusern und jedes Gramm Gold, das sie zu fassen bekamen. Es gibt genügend Dokumente, auch Videos, wo man mit ein bisschen Mühe alles finden kann. Das waren auf alle Fälle Milliarden-Beträge, die auf Nimmerwiedersehen in ihrem unersättlichen Magen verschwanden.

Obendrein ist Deutschland immer noch ein besetztes Land, was jeder Ausländer begreift, nur die Deutschen nicht. Für diese Besatzer müssen wir alle anstehenden Kosten bezahlen. Wie unter den Kriminellen üblich, lässt man die Todgeweihten auch noch ihr eigenes Grab graben. Und der Obama hat es den Deutschen kurz vor seinem Abgang auch noch einmal deutlich unter die Nase gerieben. Aber da haben sie wohl alle mal rasch weggehört.

Der Kriegsverbrecher Henry Kissinger hatte am 13. November 1994 laut Welt am Sonntag das Folgende zu sagen: **„Präsident Clintons Gedanke von den Führungspartnern USA und Deutschland war nicht gerade weise, denn dies ist eines jener Schlagworte, die nichts Gutes bringen. – Tatsächlich treibt dieser Gedanke alle auf die Barrikaden, denn letztendlich wurden zwei Weltkriege geführt, um eben das, eine dominante Rolle Deutschlands, zu verhindern."**

Oder Richard Goldstone in der Frankfurter Allgemeine Zeitung vom 17. September 1989: „Wir sind 1939 nicht in den Krieg eingetreten, um Deutschland vor Hitler oder die Juden vor Auschwitz oder den Kontinent vor dem Faschismus zu retten. Wie 1914 sind wir für den nicht weniger edlen Grund in den Krieg eingetreten, daß wir eine deutsche Vormachtstellung in Europa nicht akzeptieren können."

Aber die Deutshen tun weiter so, als wären sie wer. Sie sind gar nichts. Ein Dreck sind sie. Sie sind der Fußabtreter Washingtons und jetzt auch noch Londons. Das entsprechende Video wurde inzwischen gelöscht.) Sie dürfen nicht einmal ihr eigenes Gold bei sich haben, sondern müssen die Hälfte in der Wallstreet und der City of London deponieren. Das dürfen sie auch nicht kontrollieren. Der Merkel erlaubte man gerade mal EINEN Blick drauf zu werfen. Weiß der Teufel, was sie ihr da gezeigt haben – wahrscheinlich eine gut gemachte Atrappe. Deutschland steht dabei auf derselben Stufe wie Venezuela, dem man seine Milliarden auszuliefern, sich einfach weigert. Venezuela hat zumindest kräftig protestiert, aber das traute sich die Merkel natürlich nicht.

Eine 70-Jahre-Besatzung in Deutschland (und natürlich auch in Japan und vor allem Korea) – so etwas hat es in der Weltgeschichte noch nicht gegeben. Das ist ein Skandal. Nach 70 Jahren gibt es immer noch keinen Friedensvertrag. Welch ein Skandal. Noch größer für die Koreaner, die ja auf Seiten der Alliierten fochten, um sofort wieder von den Amis zusammen mit den japanischen Faschisten unterjocht zu werden. Ein Skandal. Die Zerstückelung Deutschlands, einer großen Nation. Ein Skandal.

Nehmen wir doch zum Vergleich uns mal den Herrn Napoleon vor. Er hat mindestens ebenso viele Länder mit Krieg überzogen wie der Anstreicher. Er hat anderen seine Diktate auferlegt. Er war ein Rassist und hat auch die Errungenschaften der Großen Französischen Revolution zum Teil rückgängig gemacht, etwa die Sklavenhaltung. Den ersten Friedensvertrag nach seiner Niederlage und Verbannung nach Elba hat er souverän umgehend zerrissen und einen 2. Krieg begonnen, den er bei Waterloo definitiv verlor. Den Wiener Kongress, wo die Friedensverhandlungen geführt wurden, verwandelten die illustren Teilnehmer in eine jahrelange Mammuth-Party mit viel Wein, Weib und Gesang und Verlustierungen aller Art und Frankreich wurde trotz all seiner Verbrechen als Großmacht wieder anerkannt. Als dann endlich nach Waterloo die Friedensverträge I & II unterzeichnet wurden, da hat man an den französischen Grenzen nur minimale Korrekturen und Berichtigungen vorgenommen und Frankreich wurden lediglich 700 Millionen Franken an Reparationen auferlegt. Und das war alles. Und dann konnte es schon gut 50 Jahre später wieder einen Krieg gegen Deutschland vom Zaun brechen, den es ebenfalls verlor. Doch wurde es von Deutschland im „Vorfrieden von Versailles" (s. Wikipedia) sehr human behandelt. Und danach bastelte es knapp 30 Jahre später zusammen mit der Secret Society und King George am dritten Krieg gegen Deutschland. **Aber nein, die Deutschen sind doch die Kriegstreiber!**

Und da dies **von den Siegermächten für immer und ewig festgelegt wurde**, sind die Deutschen notwendigerweise heute auch noch die Stiefellecker der faschistischen Mafia in Tel Aviv. Diese drei gescheiterten Schurkenstaaten USRAELENGLAND behandeln Deutschland als eine Gans, die goldene Eier legt. Ein Anruf in Berlin genügt und Deutschland zahlt. Das gilt natürlich nicht für die Hartz4-Empfänger, die haben das Maul zu halten. Tun sie auch freiwillig. Es gilt aber für die Entität in Tel Aviv, die bislang laut Zeit-Online 71 Milliarden $ erhielt, laut „Viel Spass im System" auf wordpress.com 700 Mrd. abgezockt hat, aber es gibt andere Quellen mit Schätzungen in Trillionen Höhe. Darin sind nicht enthalten z. B. die von Deutschland geschenkten U-Boote – das sind halt einfach kleine Geschenke so nebenbei. Das ist ungeheuerlich. Für ein niemals bewiesenes „Verbrechen" werden seit einem dreiviertel Jahrhundert endlos viele Gelder bezahlt.

Es gibt auch im Ausland Stimmen, die meinen, dass Deutschland endlich Gerechtigkeit widerfahren sollte. So schrieb schon die schwedische Webseite blueshift.nu 2014:

„Es ist an der Zeit für das organisierte Judentum, Deutschland für die größte Verleumdungskampagne der Weltgeschichte um Verzeihung zu bitten.

Die Zeit ist gekommen für das politische Judentum, öffentlich Deutschland und das deutsche Volk um Verzeihung zu bitten für das Leiden und die Verfolgung, denen es seit fast einem Jahrhundert ausgesetzt wurde und das mit Judeas Kriegserklärung 1933 begann.

Auschwitz war nur ein Arbeitslager und nach der Kriegserklärung der Judenheit, hatte Deutschland laut Völkerrecht jedes Recht der Welt, die Juden zu verhaften und dort einzusperren."

Ich bin allerdings der Meinung, dass derlei Forderungen nicht allein stehen dürfen, sondern absolut mit der Bedingung verbunden gehören, den wahren Holocaust an Russen, slawischen Völkern, an den Spaniern, Griechen, Jugoslawen usw. endlich zuzugeben und all diese Völker um Verzeihung zu bitten und Reparationen zu bezahlen.

Doch die Stunde der Wahrheit wird irgendwann einmal schlagen und dann werden die Billionen auf Heller und Pfennig zurückgezahlt werden müssen. Und mit Zinsen, bitte!

Die vielen immateriellen Werte kann man ja gar nicht in Rechnung stellen. Wie etwa die Eingriffe in die menschlichen Grundrechte, wie die Freiheit der Lehre und der Forschung. Eine Monstrosität unter dem Gesichtspunkt der Geistesgeschichte, die von der großen Mehrheit der Akademiker-Krüppel ohne den geringsten Protest hingenommen wurde – wenige Ausnahmen bestätigen die Regel. Genau deswegen sind aber auch gegen die wenigen Ausnahmen ungezählte Prozesse geführt worden, sind zahllose Menschen ins Gefängnis geworfen worden, sind Familien und Karrieren zerstört worden. Gleichzeitig sind alle diese Personen, die sich hinter diese Politik gestellt haben, die eigentlichen Holocaust-Leugner, weil sie den wahren, den Super-Holocaust in Russland und China empört leugnen oder nicht wahrnehmen wollen.

Und das ausgerechnet gegen die Russen, die uns zweimal befreit haben. Was? Wie? Wo? Natürlich nie davon gehört. Weite Teile Deutschlands sind durch die Russen von Napoleon befreit worden. In Hamburg wurden sie mit Jubel begrüßt und überall gastfreundlich behandelt. Welch ein Glück, dass es die Russen waren. Wären es die Amerikaner gewesen – die wären heute noch dort.

Dann die Indoktrinierung eines ganzen Volkes mit Lügen und Schrott, der Mär von der industiellen Tötung von Millionen Menschen – wobei die Frage erlaubt sei, ob lebende Fackeln, durch weißen Phosphor verursacht, etwa humaner sind. Für mich ist das eine so unmenschlich wie das andere. Und vor allem auch der WAHRE Holocaust in Russland.

VII Rache an Deutschland

RACHE? Wieso denn das? Na ist doch klar! Weil Deutschland und die Deutschen immer noch da sind. Weil ihre eigene gekaufte und mit viel Mühe herangezüchtete Marionette Hitler nicht funktioniert hatte, wie sie sollte. Weil viel zu wenig Deutsche umgekommen waren. Weil ihr Industrie-Ausstoß bei Kriegsende ihren höchsten Stand erreicht hatte. Also Rache! Und erst einmal musste ein 2. Mal festgelegt werden, dass Deutschland wieder die alleinige Schuld am Krieg traf. Dazu wurde dann ein echtes Känguruh-Kriegsgericht in Nürnberg eingerichtet, in dem die größten Kriegsverbrecher abgeurteilt werden sollten – nach Gesetzen, die sie erst noch fabrizieren mussten, denn es war das erste Gericht dieser Art. Im nachhinein also, was nach allen demokratischen Regeln absolut untersagt ist.

Aber das stört bis heute niemanden. Z. B. ist in den USA ein Buch „American Nuremburg" erschienen von Rebecca Gordon, in dem sie diskutiert, ob etwa George W. Bush nach den dazumal aufgestellten Gesetzen verurteilt werden könnte. Natürlich könnte er (inzwischen sind die Gesetze ja festgeschrieben), aber er kann dennoch nicht verurteilt werden, weil das IIC in Den Haag, der direkte Nürnberger Nachfolger KEINEN Amerikaner nicht einmal anklagen, geschweige denn verurteilen kann. Ist das nicht ein schönes demokratisches Beispiel? Außerdem bemerkt auch Dr. Rebecca Gordon nicht, dass die damaligen Anklagen gesetzeswidrig, also illegal waren.

Richard Goldstone war überhaupt auch ganz anderer Meinung. Er schrieb am 2. Februar 1996 in der französischen Zeitung Le Monde:

„In Nürnberg hatten die Siegermächte beschlossen, einen Angriffskrieg als Verbrechen zu bezeichnen. Für internationales Recht jedoch ist Kriegführen, auch bei einem Aggressionskrieg, kein Verbrechen, und es bestehen keine Möglichkeiten, jemand anzuklagen, weil er an einem Krieg beteiligt war."

Womit er vollkommen Recht hatte. Der Angriffskrieg muss von allen Völkern der Welt geächtet werden und in Internationales Recht verwandelt werden. Die Frage aber bleibt: Wie soll das denn vor sich gehen? Sollen das die Superverbrecher in Washington, in London, in Israel, die Häuptlinge der NATO tun? Das ist lachhaft. Geht nicht. Wir müssen warten, bis wir alle einigermaßen ehrliche, anständige Regierungen haben. Wie groß sind da die Chancen?

Einen solchen Prozess zu führen wagten ausgerechnet diejenigen Länder, die in der Weltgeschichte die meisten und grausamsten Kriege geführt haben: 1. Großbritannien (90% aller Länder der Welt schon angegriffen); 2. Frankreich; 3. USA (in 230 Jahren Existenz nur 17 Jahre Frieden!). Menschen zu verurteilen nach Gesetzen, die im Nachhinein geschaffen werden, ist das Privileg der Faschisten, und ist nach internationalem Recht ohnehin verboten und verpönt. Aber die Sieger, die dürfen natürlich alles. Zweitens ist es ein Hohn, dass die drei Hauptverantwortlichen für den Weltkrieg – England, die Vereinigten Staaten und Frankreich – diejenigen waren, die sich zum Richter über Deutschland aufschwingen durften.

Mir ist es ein Rätsel, wieso sich die UdSSR an diesem Spektakel beteiligt hat. Zumal, als ersichtlich war, dass alle westlichen Kolonialländer zu den Gründungs-"Vätern" gehörten mitsamt ihren Lakaien und Marionetten. Gerade weil die Sowjetunion am meisten von allen Ländern gelitten hat, hätte sie darauf pochen müssen, alle heranzuziehen, **die für den Kreuzzug gegen die SU eingetreten waren** – die Churchill, Roosevelt, Rothschild, die US-FED Banker, Krupp, Thyssen, Hugenberg & Co. Die hohen deutschen Generäle, die Japanischen Kriegsverbrecher. Das hätte eine sehr lange Liste gegeben. Es ist klar, dass so ein Prozess nie und nimmer hätte stattfinden können. Dann hätten wenigstens diejenigen vor Gericht gestellt werden müssen, die gegen bestehendes internationales Recht, wie die Genfer Konventionen etc. verstoßen haben. Dazu hätten die Hitler-Kamarilla, sowie Churchill, Bomber-Harris, die Verantwortlichen für den A-Abwurf über Hiroschima und Nagasaki gehört. Wäre auch nicht möglich gewesen. Aber hätten sie nicht wenigstens die Auslieferung von Goebbels, Göring etc verlangen können, um zumindest ihnen einen regulären Prozess zu machen? Wäre höchstwahrscheinlich auch nicht drin gewesen. Auf die Weise hätten die SU und Stalin jedoch den Westen bloßstellen können. Als eine durch und durch verlogene und korrupte kapitalistische Gesellschaft, die sich nicht einmal an die eigenen Vorschriften und Gesetze halten kann. Die UNO ebenso, da sie von Anfang an eine Totgeburt gewesen ist.

Letztendlich hätte die SU mit allen Mitteln versuchen sollen, die UNO in eine einigermaßen demokratische Institution umzugestalten. Spätestens dann, als die USA begann, 1950 die UNO als ihr eigenes Instrument z. B. in Korea zu missbrauchen, hätte die SU mit allen Ostblockstaaten die UNO verlassen müssen. Und die Kritik, die von Hugo Chávez und Oberst Gaddafi an ihr geübt wurde, ist nach wie vor gültig.

Wie Deutschland nach dem Krieg behandelt wurde – und immer noch behandelt wird – ist und bleibt skandalös. Kein Friedensvertrag, kein Grundgesetz, seit 70 Jahren besetzt. Man behandelte es wie einen Putzlumpen. Zu tausenden wurden sie in Lager gesteckt, um zur Demokratie erzogen zu werden. Ach ja, da habe wir es DIE UMERZIEHUNG! Ja, die UMERZIEHUNG. Die hätten wir ja fast vergessen.

Der in den USA einflussreiche Psychiater Prof. Langer behauptete angeblich allen Ernstes:

„Hitler ist nicht die Ursache des deutschen Wahnsinns, sondern umgekehrt: Da die Deutschen grundsätzlich wahnsinnig sind, haben sie Hitler geschaffen." Die Wahrheit wie gewöhnlich auf den Kopf gestellt.

Und ein Zitat, wie die Umerziehung erfolgreich sein kann:

„Dazu mussten zunächst die in Deutschland vorhandenen Medien beseitigt werden. Sie wurden verboten. Der nächste Schritt war es, alle Männer und Frauen aus dem öffentlichen Leben zu entfernen, die den Zielen der Umerziehung hätten widersprechen können.

In den Internierungslagern verschwanden in bis zu drei Jahren zwischen 314.000 und 454.000 Menschen (die Angaben in der Literatur schwanken), ohne völkerrechtliche Grundlage und ohne Anklage – von BDM-Führerinnen bis zu hohen Ministerialbeamten, von Ortsgruppenleitern der NSDAP über Schriftsteller bis zu Diplomaten. Das Personal der Rundfunkanstalten wurde entlassen, die führenden Journalisten und Verleger in Internierungslager gesperrt."

Und noch einige US-Zitate:

Der Stellvertretende US-Außenminister Archibald McLeesh sagte 1939: „ **… es müsse das Ziel der Umerziehung sein, den Charakter und die Mentalität der deutschen Nation zu verändern, so dass Deutschland schließlich ein Leben ohne Überwachung gestattet werden könne.** Dafür sei eine Behandlung der Deutschen notwendig, die man mit der eines Kriminellen in einer modernen Strafanstalt vergleichen könne. „Wir werden die gesamte deutsche Tradition auslöschen."

In einem Report der Columbia University von 1944: **„Die Deutschen seien „kollektiv schuldig"**. Der Grund dafür sei eine „allgemeine psychische Minderwertigkeit des deutschen Menschen". Nach seiner Auffassung seien die Deutschen „entartet". Die einzig wirksame Therapie sei es, dass die Deutschen dazu gebracht werden müssen, ihre Schuld anzuerkennen, ja, dass sie sich selbst öffentlich und immer wieder zu ihrer Schuld bekennen." Und Helmuth Mosberg meinte, das : „ … Hauptziel war, dass „die Deutschen ihre Kollektivschuld eingestanden und von ihrer Minderwertigkeit überzeugt wurden".

Und hier noch, wie sich der ehemalige britische Chefpropagandist Sefton Delmer nach der Kapitulation 1945 die Umerziehung der Deutschen vorstellte in einem Gespräch mit dem deutschen Völkerrechtler Prof. Grimm:

"Mit Greuelpropaganda haben wir den Krieg gewonnen … Und nun fangen wir erst richtig damit an! Wir werden diese Greuelpropaganda fortsetzen, wir werden sie steigern bis niemand mehr ein gutes Wort von den Deutschen annehmen wird, bis alles zerstört sein wird, was sie etwa in anderen

Ländern noch an Sympathien gehabt haben, und sie selber so durcheinander geraten sein werden, daß sie nicht mehr wissen, was sie tun. Wenn das erreicht ist, wenn sie beginnen, ihr eigenes Nest zu beschmutzen, und das nicht etwa zähneknirschend, sondern in eilfertiger Bereitschaft, den Siegern gefällig zu sein, dann erst ist der Sieg vollständig. Endgültig ist er nie.

Die Umerziehung (Reeducation) bedarf sorgfältiger, unentwegter Pflege wie englischer Rasen. Nur ein Augenblick der Nachlässigkeit, und das Unkraut bricht durch, jenes unausrottbare Unkraut der geschichtlichen Wahrheit."

Auf der Webseite "faszinationmensch.com" In der oben angegebenen Quelle findet ihr jede Menge einschlägige Zitate, die mehr als deutlich machen, wie man sich die Umerziehung in Deutschland vorstellte.

Nach dieser Umerziehung wussten die Deutschen also Bescheid: sie sind ‚wahnsinnig', ‚entartet' und überhaupt ‚minderwertig'. Sie müssten ständig: Mea culpa, mea culpa, mea maxima culpa brüllen und Asche auf ihre Häupter streuen. Das Redaktionspersonal in den Zeitungen und allen anderen Publikationen wurde gründlich durchleuchtet und ausgetauscht. Die Kirchen fanden das mit der culpa natürlich große Klasse und machten den Vorreiter. Einer der ersten Schritte zu diesem Ziel war das „Stuttgarter Schuldbekenntnis der Evangelischen Kirche Deutschlands (EKD)".

Alle Bücher an Schulen und Universitäten wurden eingezogen und mit amerikanischen ersetzt. Das wurde genauso von den Amis auch unter Jelzin so gemacht. Dies muss ja z. B. meinem Vater sehr gegen den Strich gegangen sein. Vielleicht hat er deswegen nie in ein einziges unserer Schulbücher geschaut, damit ihm möglicherweise kein falsches Wort entschlüpfte, was wir hätten weitererzählen können. Und mit diesem Mist sind wir aufgewachsen. Und das erklärt natürlich auch die maßlose Blödheit und Unbildung des amerikanischen Volkes.

Aber dann gab es in Deutschland berühmte Leute, wie den schon genannten Journalisten und Schriftsteller Paul Sethe, der die Entnazifizierung und Umerziehung als gutes Recht der Alliierten darstellt in dem schon genannten Buch, der selbst nicht diesem ‚guten Recht' unterzogen wurde, obwohl er bis zum bitteren Ende für die Nazi-Presse gearbeitet hat. Er schreibt, dass als weiteres Mittel:

„ … diesmal nicht als Bestrafung, sondern der inneren Erneuerung und Umkehr, erschienen den Alliierten Aufklärung und Propaganda. Wieder mischte sich Kluges und Edles mit Törichtem und Verwirrendem. Dass die Deutschen die volle Wahrheit darüber erfuhren, wie Hitler den Angriffskrieg gewollt hatte und wie tückisch und grausam das Regime gewesen war, hatte eine heilsame Wirkung … Es war auch eine psychologische Notwendigkeit, vorzustoßen bis zu den Wurzeln des Nationalsozialismus, die schon vor Hitler in unserem Volksleben wirksam gewesen waren und seinen Sieg über das deutsche Volk erleichtert hatten." Etc. etc. pp.

Mit so einem Schmonzes wurde das deutsche Volk gefüttert, wobei Sethe noch einer der besseren und nicht zu 100 % verblödeten Journalisten war. Wer sich ein wenig mit dieser Politik der „Aufklärung und Propaganda" befasst, wird sodann verstehen, warum sich alle danach an den „großen Bruder" anschleimten, auch wenn er ihnen noch so viel Tritte in den Allerwertesten verpasste. Wie sie buckelten und

Kratzfüße machten, wenn ein Ami ihnen die Hand reichte. Wenn einer jahrelang besonders schön buckelte, bekam er allmählich vielleicht einen Ehrendoktor in den USA. Da platzte dann die Brust aus allen Nähten.

Einen besonderen Trick der Umerziehung hatte man mit der Holocaust-Lüge bei der Hand. Mit allen Raffinessen wurde ihnen eingebleut, wer die Schuld am Weltkrieg zu tragen hatte, obwohl es ihr gekaufter Agent war, der nur die deutschen und vor allem die russischen Kommunisten, die Bolschewiken vom Antlitz der Erde wischen sollte. Leider hat ihre Marionette nicht so richtig einwandfrei funktioniert, sondern hat ab und zu nach hinten ausgekeilt. Aber dann, ja dann hatte man ja noch einen Supertrick, die Deutschen richtig unter die Knute zu bringen: den Holocaust. Ja, von morgens bis abends, Sonn- und Feiertag ohne Pause. Die durften nicht mehr zur Besinnung kommen. Nach siebzig Jahren immer noch.

Nicht nur in Deutschland, nein in der ganzen Welt wird diese Superlüge Tag und Nacht verbreitet. Auch hier in Schweden vergeht kein Tag, was sage ich, keine Stunde, dass nicht in der Zeitung, in Romanen, in Musiksendungen, in Filmen, im Internet das Wort Holocaust fällt oder über die Aggression der Deutschen gefaselt wird, irgendwie eingeflochten wird und die Mär vom schlimmsten Verbrechen der Weltgeschichte – was ebenfalls erstunken und erlogen ist. 60 Millionen Indios ist natürlich nichts dagegen. Die Spanier schreien nicht ‚Mea culpa'. Nein, die feiern die „Entdeckung" noch heute mit Pomp und Gloria.

Und die Imperialisten hatten die Atombombe, mit der die Yankees es den „Gelben" mal richtig zeigen konnten. Das wurde hierzulande natürlich nicht laut gesagt. Aber es gab Leute, vor allem und fast ausschließlich in der 3. Welt, die sofort wussten, wie der Hase läuft. Wie etwa die Mutter von Fela Kuti, dem großen nigerianischen Musiker. Sie hatte als einflussreiche Marktfrau in Lagos viel mit dem Gouverneur zu tun und am Tag der Nachricht von Hiroshima rannte sie empört zu ihm und beschwerte sich bitterlich: „Das habt ihr nur gemacht, weil es Farbige waren. Weil ihr uns allen Angst und Schrecken einjagen wollt.“ Diese Frau hatte nie studiert, aber sie war einfach klug und sie konnte 2 und 2 zusammenzählen, was bei uns viele Akademiker nicht können.

Schwedische Agitprop. Anmerkung zum Bild: Dieser angebliche Nazi-Plan zur Besetzung Schwedens wird heute noch weithin und immer wieder verbreitet.

Zum Entsetzen der Imperialisten dauerte dieses Vorrecht nicht allzu lange, da hatten die Russen auch die Bombe. Aber die kleineren und schwachen Länder mit dieser furchtbaren Waffe einzuschüchtern und zu terrorisieren – dazu taugte sie noch lange, eigentlich bis heute. An große Länder wie Pakistan und Indien wagten sie sich natürlich nicht ran. Nur das kleine Irak und das noch viel kleinere Libyen verließen sich nur allzu gern auf das Abrüsten und die Versprechungen der weißen Imperialisten, um mit dem eingesparten Geld vernünftige Sachen zu machen. In den 68-er Jahren hieß es: „Trau keinem über dreißig." Viel angebrachter wäre für die 3. Welt und alle Unterdrückten: „Trau nie den honigsüßen Worten eines weißen Mannes."

Die **Umerziehung** resultierte lediglich in die **Umgestaltung** der braunen in die **schwarze Diktatur**. Da es keine Demokratie gab, linkes Denken und Handeln gründlich ausgemerzt wurde mit aktiver Hilfe der CIA und BBC und Sender „Freies Berlin", stampften alle in einem Sumpf von äußerst konservativem Christentum aller Varianten (vor allem das ganze Sektengesockse, was aus den USA angeschleppt wurde) mit ihrem extrem prüden und widerlichen Sittlichkeitskodex und halbbraunem Gesülze herum. Besonders anfällig waren natürlich all die Millionen aus Ost- und Westpreußen, aus Schlesien und dem Sudetenland, die am meisten unter dem Krieg und seinen Folgen gelitten hatten. Denen fiel natürlich nichts besseres ein, als auf Revanchismus zu machen; und sie wurden das beste und treueste Wählerpotential von CDU/CSU, von Adenauer und Strauß. Die alle vor allem eines gemeinsam hatten: den anti-Kommunismus. Und nicht ganz zu Unrecht. Dass Stalin große Teile von Deutschland abgerissen hatte, widersprach den kommunistischen Grundsätzen. Und deswegen konnten die Kommunisten auch keinen Fuß mehr auf den Teppich bekommen. Damit hat sich Stalin viele Feinde gemacht, er hat dem Kommunismus geschadet und hat den Deutschen geschadet – und allen unseren Feinden hat es genutzt.

Und es wurden noch weiere Lügen in die Welt gesetzt, von

denen sich viele gehalten haben. So etwa die Millionen Toten auf der Flucht. Die ersten Millionen flohen ja gen Westen mit Soldaten, Invaliden, Kranken und den Truppen. Unter ihnen waren viele, wie z. B. mein Vater, die flohen, weil sie wußten, was mit ihnen passieren würde. Sie sind mit dem Leben davongekommen. Anders war es mit denen, die ein relativ gutes Gewissen hatten und keine Mittel für eine Flucht. Ausgerechnet diese Leute wurden dann von den Polen und Tschechen oft bestialisch behandelt, vergewaltigt, bestohlen und verjagt.

Diese Untaten benutzte man dann, um sie gewaltig aufzublasen mit der Absicht: Seht, auch die anderen haben Schuld, nicht nur wir. Haisenko zitiert Adenauer aus seinen Memoiren:

„Es sind aus den östlichen Teilen Deutschlands … 13,3 Millionnen Deutsche vertrieben worden. 7,3 Millionen sind in der Ostzone und in der Hauptsache in den drei Westzonen angekommen. Sechs Millionen Deutsche sind vom Erdboden verschwunden. Sie sind gestorben, verdorben.“ (S. 174)

Diese Zahlen wuchsen mit der Zeit immer mehr an. Tilman Zülch von der Gesellschaft für bedrohte Völker erzählte mir was von über 15 Millionen Vertriebenen und Millionen Toten. Dann müssen wir uns mal ein bisschen die Statistiken anschauen:

Es gab es im Deutschen Reich laut Wikipedia (suchen unter „Volkszählung im Deutschen Reich 1939“) insgesamt 79.375.281 Mill. Menschen; davon hatte Ostpreußen 2.4 Mill., Schlesien 4,788 Mill., Sudetenland 2.919 Mill.

In Nachkriegsdeutschland hat Wikipedia (s. unter „Liste der Volkszählungen in Deutschland“) 1950 für die Bundesrepublik 49.842.624 Mill. und für die DDR 18.388.172 Mill.

gefunden, was zusammen 68.238.796 ergibt.

Da man Wikipedia ja nicht richtig trauen kann, schaute ich noch im Statistischen Bundesamt nach und siehe da, die ersten Zahlen oben stimmen, die zweiten nach dem Krieg nicht. Da steht für 1950 die Zahl 69.346 Millionen. Ein Unterschied von 1,1 Millionen. Aber der Link zu der Datei ist innerhalb weniger Wochen inzwischen verschwunden. Merkwürdig, was alles ständig im Netz jetzt passiert.

Als Kriegstote gibt Wikipedia für Deutschland 6.350.000 Millionen an, davon 5.180.000 Soldaten und knapp 1 Mill. Zivilisten. Es sind also insgesamt genau 10 Millionen verschwunden, abzüglich der 6,35 Millionen Kriegstoten, bleiben 3.7 Mill.

In der Liste Volkszählungen für Deutschland gibt Wikipedia für 1946 genau 65.137.274 Mill. an. Ein Unterschied von 14,2 Millionen. Ohne Kriegstote bleiben also 7,85 Mill. Zu dem Zeitpunkt waren aber noch nicht die Millionen deutschen Soldaten aus der Gefangenschaft heimgekehrt. Und die Million Gefangenen, die Eisenhower verhungern ließ, sind da auch noch nicht drin. Da hätte dann Adenauer mit 6 Millionen vielleicht doch Recht gehabt. Aber 15 Millionen tote Flüchtlinge ist definitiv aus der Luft geholt, zumal nur 10 Millionen in Ostpreußen, Schlesien und Sudetenland überhaupt lebten. Und schließen hatten die auch Soldaten an der Front gehabt.

Aber auch die Hälfte ist noch eine enorme Zahl und es müsste im Interesse aller liegen, die Wahrheit herauszufinden – außer denen, die manipuliert haben, wie vor allem bei den Zahlen der Opfer des Bombenterrors. Darauf hat Peter Haisenko am 5. Februar 2015 auf der Webseite AnderweltOnline.com in einem Artikel verwiesen (Die „Dresden Lüge“ – 225.000 Tote klagen an):

„Im Frühjahr 1945 hat das IKRK in Genf einen Bericht veröffentlicht in dem unzweifelhaft festgestellt wird, dass mindestens 250.000 Menschen diesem völkerrechtswidrigen Angriff der Alliierten zum Opfer gefallen sind. Der Bericht stellt weiterhin fest, dass die Opferzahl noch wesentlich höher gewesen sein könnte, weil sich in Dresden Hunderttausende Flüchtlinge aufgehalten haben, die nirgendwo registriert waren. Die offizielle deutsche Geschichtsschreibung – und nur die – hat diese an sich unzweifelhafte Zahl seit einigen Jahren auf 25.000, also auf ein Zehntel herunter gefälscht.“

Das sind ja die üblichen Methoden, mit denen man so lange herumoperiert, bis die richtigen Zahlen herauskommen. Haisenko prangert auch die nachträgliche Leugnung an, dass die Alliierten längst verbotene Phosporbomben einsetzten, was seine eigene Mutter erlebt hat. Davon hat mir auch meine Tante in Hamburg erzählt. Andererseits hält Haisenko an der Ermordung von acht oder gar dreizehn Millionen Deutschen fest, was auf keinen Fall stimmen kann, wie wir gerade sahen.

Das wirkliche Drama ist doch, dass Deutschland die wenigsten Kriege aller großen Mächte geführt hat – mit großem Abstand. Auf der französischen Webseite L'Alsace.fr wird ehrlich beschrieben, wie Ludwig XIV gewaltsam in einem sich lang hinziehenden Krieg das Elsass von Deutschland nach und nach losgerissen hat. Er hat danach sogar noch Freiburg im Breisgau, Breisgau und Kehl auf dem rechten Ufer mitgehen lassen. Der nächste französische Angriff fand zwischen 1800 – 1812 durch Kaiser Napoleon statt, der auf deutscher Seite mehrere Marionetten-Staaten schuf, Preußen besiegte und dann weiter nach Russland zog, wo er vernichtend geschlagen wurde. In Deutschland begann auf seinem Rückzug der Befreiungskrieg mit Hilfe der Russen (bei dem, wie ich schon weiter oben schrieb, die Russen auch Hamburg befreit haben). In Napoleons letzter großen Entscheidungsschlacht 1815 bei Waterloo haben die Deutschen unter Blücher den alles entscheidenden Anteil an Wellingtons Sieg gehabt. Frankreich wurde für seine zahllosen Kriege und Invasionen außerordentlich schonend behandelt, was natürlich daran lag, dass die Kaiser von Österreich, der Zar von Russland sowie der König von Preußen in Frankreich keineswegs das Wiedererstehen einer revolutionären Regierung, sondern die Restauration des französischen Königreiches wünschten.

1870 – 71 hat Frankreich unter Napoleon III einen erneuten Raubzug gegen Deutschland gestartet, den allerdings Preußen gewann. Diese Gelegenheit ergriff der Kanzler Bismarck, um Wilhelm zum Deutschen Kaiser zu küren. Deutschland nahm sich das Elsass zurück, was weniger aus national geprägten Wünschen geschah, sondern mehr aus geo-stratregischen Gründen, da auf dem rechten Rheinufer viele wichtige Städte lagen, die alle im Schussfeld französischer Kanonen lagen. Äußerst gemäßigte Reparationen wurden von Frankreich verlangt (s.weiter oben).

1914 dann erklärten zuerst Russland, danach Frankreich und England Deutschland den Krieg und Wilhelm II als letzter. In allen diesen Kriegen – inklusive dem 1. Weltkrieg – haben Deutschland und das verbündete Österreich-Ungarn eine ethische Kriegführung eingehalten. Die Gräuelmärchen, die über Deutschland und die deutschen Soldaten verbreitet wurden, haben sich später alle durch die Bank als grobe

Lügen herausgestellt. Wir haben auch gesehen, dass Wilhelm aus ethischen Gründen den Einsatz von Kolonialtruppen ablehnte. Es mögen vielleicht rassistische Gründe mitgespielt haben oder aber, dass man nicht fremde Völker für die eigenen Interessen einsetzen wollte. Ich kann das hier nicht entscheiden.

Bewusst habe ich hier den Begriff **Ethik** gewählt und nicht **Moral**. Die Moral basiert überwiegend auf Religion, Aberglaube, Wahnvorstellungen, Sitten und Gebräuchen. Es werden Regeln, Gebote aufgestellt und erlassen, die kaum ein Mensch einhalten kann, höchstens zum Teil. Aber das ist ja der Zweck, denn daraus ziehen die Kirche, der Papst, die Patriarchen, die Pfaffen ihre Werkzeuge, um die Menschheit unter Druck zu setzen, sie zu bestrafen, mit saftigen Bußen (Profite) zu belegen und ihnen ein schlechtes Gewissen einzuimpfen, was schon zahllose Menschen in den Selbstmord getrieben hat. Doch wird dieser Stachel nicht nur gegen das Ich gerichtet, sondern auch gegen andere, was dann zu Kreuzzügen und Vernichtungskriegen führt – unter dem einen oder anderen Deckmantel.

Die Regeln und Gebote haben noch ein Gutes: Die gewaltige Mehrheit kann sie niemals einhalten, aber sie kann sich entrüsten. Oh ja, die moralische Entrüstung ist etwas Schönes, weil der Einzelne sich dann in der Sonne des Gutmenschentums wärmen kann. Aus all diesen Gründen hat mich die christliche Moral einen Dreck gekümmert. Mir war schon sehr früh, mit 14 oder 15 Jahren ganz klar geworden: wenn ich gut sein soll, nicht lügen, stehlen, morden soll, nur weil ich ansonsten bestraft werde, würde ich aus Trotz das Gegenteil tun. Diese Moral war für mich einfach irrelevant. Daher finde ich auch, dass die Erklärungen zur Moral und Ethik, die beim Googeln hoch kommen, völlig unbefriedigend sind (wie etwa in dem Video „Ethik und Moral - Das ist der Unterschied“ auf Chip.)

Meiner Meinung nach kommt die **Ethik** erst auf einer höheren Ebene ins Spiel. Die moralischen Entrüstungen sind ein un-ethisches Verhalten. Wer gegen Ehrlichkeit und Gerechtigkeit verstößt, der handelt nicht ethisch. Dies sind keine Gebote, sondern sie machen das Innerste eines Menschen aus. Und wo sie nicht gelten, löst sich eine ganze Gesellschaft auf, was wir heute deutlich erkennen können. Sie führen zu Misstrauen, zur Verlogenheit, zur Bestechlichkeit, allgemeiner Korruption, am Ende zu dem heutigen Zustand, wo ein Dutzend Menschen die halbe Welt besitzen. Da greifen weder Moral noch moralische Entrüstung, da helfen nur ein grundlegender, revolutionärer Umsturz und – wenn nötig – unter Einsatz von Gegen-Gewalt, von bewaffneter Selbstverteidigung. Denn die Minderheit der Superreichen wird ihre Macht und Gewaltmittel NIEMALS aus freiem Willen noch durch Wahlergebnisse niederlegen, wie die Geschichte hunderte Male bewiesen hat. Friedliche Revolutionen sind ein Widerspruch in sich selbst – eine contradictio in adiectu.

Wir haben das an der Secret Society (S. S.) gesehen. Eine kleine Gruppe von Menschen, die mit Lug und Betrug, mit Bestechung, verlogener Propaganda und äußersten Gewaltmitteln Deutschland zerschlagen wollte, was ihnen teilweise gelungen ist. Deshalb hat Deutschland einen ethischen Krieg, einen Verteidigungskrieg geführt und unter weitgehender Einhaltung der Kriegs-Ethik, wie in allen Kriegen gegen Frankreich auch.

Im zweiten Weltkrieg hingegen hat Deutschland einen Krieg geführt, der gegen jede Ethik verstieß. Und zwar unter tatkräftiger Mithilfe von Churchill, der gesamten S. S. in England und in Amerika. Hungersnot, Lügen, pausenloser Propaganda und Gewalt haben die Deutschen getrieben und verführt, an diesem Verbrechen teilzunehmen. Die Tragik daran ist, dass so viele ehrliche und aufrichtige Menschen daran physisch und psychisch zerbrachen, zu Grunde gingen oder ins Elend gerieten. Tucholsky, Heinrich Mann, Ossietzky, Oscar Maria Graf, Feuchtwanger, Liebknecht, Rosa Luxemburg, Brecht, Bonhoeffer, Hermann Broch, Kurt Eisner, Ernst Toller, Erich Mühsam, Gustav Landauer und viele mehr.

Und die Tragik nahm kein Ende nach dem Krieg. Das deutsche Volk wurde verteufelt bis zum Geht-nicht-mehr. Generationen wurden mit einer Schuld für ein Verbrechen beladen, das überhaupt nie stattgefunden hatte. Gleichzeitig wurde ein noch viel größeres Verbrechen an dem russischen Volk verschwiegen. Und da gibt es so gut wie kein Schuldgefühl, weil die meisten Menschen so gut wie nichts davon wissen. Auch nicht wissen wollen, kann man hinzufügen. Dennoch ist eine Mehrheit der Deutschen gegen einen Krieg gegen Russland. Aber eine kleine Minderheit will es schon wieder mit aller Macht in einen Krieg gegen Russland treiben. Dafür fehlen mir die Worte.

Auf der Phantom-Schuld gegen die Juden wurde die Abtrennung eines Drittels von Deutschland, die Vertreibung zahlloser Menschen, die Teilung Deutschlands und die totale Knechtung des Volkes aufgebaut, die bis heute anhält. Es ist seit 70 Jahren besetzt, hat keinen Friedensvertrag erhalten, es ist bestraft worden wie so viele andere Länder auch und noch schlimmer in der Weltgeschichte – in den beiden Amerikas, den Kanaren und Afrika, in Asien und Australien. Wir müssen also dankbar sein, dass wir überhaupt noch leben.

Ja, wir leben noch. Aber wie!? Friedrich Engels hat 1850 in „Der deutsche Bauernkrieg" vermutet (s. www.mlwerke.de), dass die große Niederlage in den Bauernkriegen, als sich der Adel mit bestialischer Gewalt ganz furchtbar an den Bauern rächte, den Deutschen traumatisch in Fleisch und Blut übergegangen ist und in ihnen diesen Untertanengeist erzeugt hat. Um wieviel mehr muss die doppelte Abladung der gesamten Kriegsschuld auf die Deutschen sie geknickt und gebrochen haben. Ganz besonders natürlich die ungeheuerliche Geschichte vom Holocaust, die in allen sadistischen Farben ausgemalt wurde. Ich weiß, wie meine Tochter (die dritte Generation also) darunter gelitten hat. Millionen und aber Millionen wurden rein seelisch gebrochen. Alle Gräuel auf den Schlachtfeldern mitsamt den abscheulichen Übergriffen an den Zivilisten sind nicht so schlimm und werden eigentlich gar nicht besonders beachtet, außer in der Statistik, wo sie alle in eine Zahl verwandelt werden. Aber die Holocaust-Phantasie (Gilad Atzmon beschreibt viele Phantasien der Juden wie die ägyptische und babylonische Gefangenschaft etc.) ist und bleibt nun einmal das Nonplusultra.

Dennoch bleibt festzustellen, dass die Deutschen bisher auch nicht zu einem ethischen Standpunkt gefunden haben. Das werden sie nur schaffen, wenn sie sich ein für alle Mal von den religiösen Fesseln befreien werden. Wenn die „größte Mafia der Weltgeschichte" (Kurt Deschner) ein für alle Mal ihre Kirchen schließen muss. Religion gehört in das stille Kämmerlein. Dort kann jeder denken und glauben, was immer er will. Aber allen Menschen ihren Schmarrn über Kirchen, Fernsehen, Radio und Medien ins Hirn zu blasen und gar Kinder von klein auf zu programmieren ist unethisch. Eine Vergewaltigung der Gefühle und des Denkens, was sich letztlich auch auf das physische Sein, die Gesundheit, die Psyche und die Seele auswirkt. Wir sollten uns ans Vorbild der Chinesen halten und Ethik zur Grundlage der Staatsräson zu machen.

VIII. Schlusswort

Ach, aber nun, wo USRAELNATO gerade alles so schön vorbereitet hatten für einen Krieg gegen die bösen Russen und den noch böseren Putin und die deutschen Militärs wieder mit Eifer in ihren Panzern an die russische Front ranrutschen, da hält der Putin eine Rede, die den Amis im Pentagon, im Weißen Haus und im Schlangennest der Oligarchen das Fürchten lehrte. Die Russen sind in ihrer Waffentechnologie den Amis ein oder zwei Generationen voraus! Wie war das nur möglich! Wir geben das Vielfache für unsere Rüstung aus, wir sind doch immer die Aller-Besten gewesen! Das kann nicht wahr sein. Sie lügen. Naja, ein paar Vernünftige gibt es ja noch in der US-Armee, die sehr gut wissen, dass die Russen selten lügen.

Diese Einsicht von Trump war sicher der Grund, dass er sofort nach dem Strohhalm griff, Kims Angebot anzunehmen, um aus seinem selbst produzierten Strudel von schrecklichen Drohungen herauszukommen. Denn die neuen Waffen der Russen erreichen nicht nur die USA, sondern können auch große vitale Teile der USA vollständig zerstören.

Und was alle die M‘s (Macron, May, Merkel) in Europa aufführen, ist doch nur ein Eiertanz. Die Russen sollen und die Russen müssen und die Russen kümmern sich einen Dreck darum, was diese unterbelichteten Typen in Europa von sich geben. Der größte Teil sind Lügen und der Rest ist ein Schmarrn. Die Mehrheit der Bevölkerung ist gegen Krieg und hat Sympathien für Russland. Soll doch die Vonderleinen mal losmarschieren und nach ein paar Kilometern einen Blick zurückwerfen. Oh Gott, da ist ja keiner. Oh, wie schnell sie umdrehen wird. Es wird ausgehen wie das Hornberger Schießen.

Und was will Trump tun? Jetzt, wo er sich mit der G6 angelegt hat – selbst Macron und Trudeau hat er gegen sich aufgebracht – die zwei Hühner in London und Berlin wollen und wollen doch nicht – dabei ist der einzig vernünftige Weg klar vorgezeichnet – von Putin. Friedliche Kooperation ist ein win-win Projekt. Also, und was soll Trump dagegen tun? Alle Alliierten bombardieren oder wie?

Komisch – Leute wie Schröder oder Schmidt sind nach ihrer Amtszeit immer besonders schlau. Warum haben sie nicht, als sie am Ruder waren, an normalen Beziehungen (freundliche sind gar nicht mal nötig) zu arbeiten versucht? Nicht nur an die eigene Brieftasche denken und mit Putins Hilfe in das Ölgeschäft einsteigen. Sie und der Genscher natürlich auch sind nicht einmal in der Lage gewesen, die Abmachungen zur Wiedervereinigung und das Versprechen der Nichannäherung der NATO an die russischen Grenzen zu Papier zu bringen. Aber sie mussten ja alle, bei allem, was sie taten, immer mit einem Auge nach Washington schielen. Am liebsten hätten sie ja alle, dass Deutschland als 51. Staat der USA angeschlossen wird. Nun ja, die Russen, mit Gorbatschow an der Spitze, sind genauso blöde gewesen. Sie haben bis heute nicht gelernt, dass man a) den Amis nicht ein Wort glauben darf und b) jedes Stück Papier, das sie unterschreiben, sofort in die Toilette gehängt werden kann. Und jetzt ist man empört, wenn die Amis vor der Haustür St. Petersburgs ihre Kriegsspiele aufführen.

Die friedliche Kooperation mit Russland wäre insbesondere für das deutsche Volk auch die einzige Möglichkeit, endlich das US-Joch los zu werden und der Rache des perfiden anglo-sächsischen Packs zu entgehen. Heute – am 3. Oktober 2018 – gab es einen kleinen Lichtblick. Pepe Escobar schrieb einen Artikel, den ich gleich übersetzte und auf meinen Blog „Endlich widersteht die EU der US-Schikane wegen der IRAN-Sanktionen" legte. Die EU-Außenministerin Federica Mogherini und der iranische Außenminister Javad Zarif legten der UNO am 25. September 2018 den SPV Plan vor, der den fortgesetzten Handel mit dem Iran vorsieht, unter Umgehung des US-Dollars. Pepe nennt dies einen schicksalhaften geopolitischen Moment. Und er hofft natürlich, dass sich die EU damit auch dem Eurasia-Wirtschaftsraum zuwenden wird. Nun ja, ich hoffe mit ihm. Bis dahin wird es noch viel Getwitter aus Washington geben. Hoffentlich haut nicht jemand in der Wut auf den roten Knopf.

Wie es mit England jetzt nach der Ablehnung des May-Brexit-Deals weitergehen wird, wissen wohl nicht einmal die Engländer. Sie werden wahrscheinlich noch enger mit dem Big Brother verschmelzen. Möglicherweise wird die City of London nach New York umziehen, weil es im Alten Europa nicht mehr viel zu holen gibt, falls Deutschland und Frankreich sich doch lieber an Russland orientieren wollen. Was das Vernünftigste wäre. Die schneeweißen Anglo-Sachsen werden dann in ihrem eigenen Saft schmoren und können zuschauen, wie Eurasien mit China, Indien, Pakistan und den restlichen BRICS-Ländern floriert.

Zum Abschied dieses wundervolle Lied aus den Befreiungskriegen:

Die Gedanken sind frei,
wer kann sie erraten,
sie fliehen vorbei,
wie nächtliche Schatten.
Kein Mensch kann sie wissen,
kein Jäger erschießen.
Es bleibet dabei:
Die Gedanken sind frei.

Ich denke, was ich will,
und was mich beglücket,
doch alles in der Still,
und wie es sich schicket.
Mein Wunsch und Begehren
kann niemand verwehren,
es bleibet dabei:
die Gedanken sind frei.

Und sperrt man mich ein
im finsteren Kerker,
das alles sind rein
vergebliche Werke;
denn meine Gedanken
zerreißen die Schranken
und Mauern entzwei:
die Gedanken sind frei.

Stichwortverzeichnis

Über den Autor

1937 in Marienwerder/Wpr., heute zu Polen gehörig. 1945 am 1. Januar 10-monatige Flucht der Familie nach Bad Neustadt a. d. S. in Franken, Heimat meines Vaters. 1956 Abitur, Studium der Anglistik und Romanistik in Hamburg. Wegen Bruch mit meinem faschistischen Elternhaus musste ich Studium selbst fianzieren, durch Arbeit in ca. 50 Branchen (Bau, Hafen, Filmstatist etc.).

1957 in Paris Prügel auf Demos gegen Algerien-Krieg erhalten. 1960-65 in Freiburg/Bg studiert. 1965-66 Artdirector in bekannter Schweizer Galerie. Ende -66 nach Stockholm gezogen 1967 eng mit der FNL-Bewegung gegen Vietnam-Krieg gearbeitet.

1968 Rückkehr nach Frankfurt/M, wo die 68-er-Bewegung voll im Gange war. Erste Vorträge, Artikel, Übersetzungen sowie erste Publikation 'Indonesien: Analyse eines Massakers'. Werke von Philippe Gavi und Frantz Fanon übersetzt. Mitbegründer der 1. Zeitschrift in der BRD für Fragen der 3. Welt. Kooperation mit türkischen und spanischen Arbeitern und Palästinensern.

1971 Umzug nach Hamburg, wo ich 25 Jahre lang freier Mitarbeiter von NDR 3, Radio Bremen und Mecklenburg/Vorp war. Schrieb Features zur 3. Welt, Umwelt (Spanien, Schweiz, Kanada), Minderheiten (Basken, Samen, Rätoromanen). Weitere Publikationen zu Indonesien und China. 1979-81 mit Familie in Tansania, wo ich Features fürs Radio und 2 Bücher schrieb (von denen wegen der Wirtschaftskrise allerdings nur eines erschien: 'Null Uhr - wenn die Sonne aufgeht').

Interesse für die 3. Welt verschwand und ich widmete mich Übersetzungen. Weltautoren wie Juan Goytisolo 'La chanca', Jan Myrdal u. a. 'Indien wartet', Artur Lundkvists großes Poem "Neruda", Fatima Mernissi 'Angst vor der Moderne', Victor Ostrovskys Mossadbücher übersetzt. 2011 Jan Myrdals zweites Buch über Indien übersetzt sowie das Buch von Arundhati Roy "Wanderung mit den Genossen" für den Zambom Verlag. Dort erschien 2012 auch Gilad Atzmon "Der Wandernde - Wer?" und von André Vltcheks "Indonesien - Archipel der Furcht" (Indonesia - Archipel of Fear) in meiner Übersetzung.

1993 in Andalusien gelebt, wo mich Kalle Hägglund, mein schwedischer Verlegerfreund zum Schreiben meiner Memoiren animierte. Als Kalle Hägglund viele Jahre später sich entschied, sie zu publizieren, starb er sehr plötzlich.

1994 mein Freund und ich in Süd-Schweden jeder sein Traum-Häuschen. 1997 zog ich endgültig nach Schweden um wegen der horrenden Mietpreise in HH. Mir Übersetzungen und Jobs besorgt bis ich mit 68 Jahren Pensionär mit Volkspension wurde.

Seit 2009 führe ich meinen Blog einartysken, nach 2 Jahren als Redakteur bei Tlaxcala. Auf den verschiedenen Webseiten liegen über 4000 eigne und übersetzte Artikel.

einar.schlereth@gmx.net